Die unmittelbare Wirkung von Richtlinien in dreipoligen Rechtsbeziehungen

Europäische Hochschulschriften
Publications Universitaires Européennes
European University Studies

Reihe II
Rechtswissenschaft

Série II Series II
Droit
Law

Bd./Vol. 3519

PETER LANG
Frankfurt am Main · Berlin · Bern · Bruxelles · New York · Oxford · Wien

Winnie Hartisch

Die unmittelbare Wirkung von Richtlinien in dreipoligen Rechtsbeziehungen

PETER LANG
Europäischer Verlag der Wissenschaften

Bibliografische Information Der Deutschen Bibliothek
Die Deutsche Bibliothek verzeichnet diese Publikation in der Deutschen Nationalbibliografie; detaillierte bibliografische Daten sind im Internet über <http://dnb.ddb.de> abrufbar.

Zugl.: Berlin, Humboldt-Univ., Diss., 2002

ISSN 0531-7312
ISBN 3-631-50143-9

www.peterlang.de

Vorwort

Die vorliegende Untersuchung wurde im Juni 2002 von der Juristischen Fakultät der Humboldt-Universität zu Berlin als Dissertation angenommen.

Mein besonderer Dank gilt meinem wissenschaftlichen Betreuer, Herrn Prof. Dr. Dr. h.c. *Ulrich Battis*. Ihm danke ich für die – in angenehmer Weise – unkomplizierte sowie außerordentlich zügige Abwicklung meines Promotionsvorhabens. Seine konstruktiv-kritischen Anregungen und Hinweise, seine ständige Ansprechbereitschaft und die jederzeit gewährte wissenschaftliche Freiheit haben zum Gelingen dieser Arbeit wesentlich beigetragen. Herrn Prof. Dr. *Gerd Seidel* danke ich für die zügige Erstellung des Zweitgutachtens.

Die Idee, sich mit der Direktwirkung von Richtlinien in dreipoligen Konstellationen zu befassen, entstand anlässlich meiner Teilnahme an einem Moot Court-Wettbewerb der *European Law Moot Court Society*. Der im Jahr 1999/2000 zu bearbeitende Fall befasste sich unter anderem mit dieser Problematik und hat – nicht zuletzt wegen der Vielschichtigkeit sowie der Aktualität dieser Fragestellung – mein wissenschaftliches Interesse geweckt. In diesem Zusammenhang möchte ich mich nochmals bei den Herren Dres. *Oliver Dörr*, *Ulrich Forsthoff* sowie *Jörg Gundel* für die engagierte Betreuung unseres Moot Court-Teams bedanken.

Der *Konsul Karl und Dr. Gabriele Sandmann-Stiftung* in Berlin danke ich für die großzügige Gewährung eines Promotionsstipendiums.

Herzlich danken möchte ich auch meinen Eltern, *Gabriele und Hans-Joachim Hartisch*, die mich stets in vielfältiger Weise unterstützt haben.

Kleinmachnow, im September 2002 *Winnie Hartisch*

Inhaltsverzeichnis

Vorwort 5

Abkürzungsverzeichnis 13

Einleitung 17
A Problemaufriss 17
B Gang der Untersuchung 22

Kapitel 1 Allgemeine Aspekte der unmittelbaren Wirkung von Richtlinien 23
A Klarstellung der verwendeten Terminologie 23
I Richtlinien und der Begriff der *unmittelbaren Geltung* 24
II Richtlinien und der Begriff der *unmittelbaren Anwendbarkeit*... 25
III Das Konzept der *unmittelbaren Wirkung* bzw. *Direktwirkung* von Richtlinien 25
B Inhalt der unmittelbaren Wirkung von Richtlinien 28
I Die Richtliniennorm als *streitentscheidende Anspruchsnorm* 29
II Die Richtliniennorm als *Maßstabsnorm* 31
1. Sinn und Zweck dieses Anwendungsbereichs 32
2. Bindung an die Voraussetzungen der Direktwirkung 33
III Zusammenfassung 35
C Voraussetzungen der unmittelbaren Wirkung von Richtlinien 36
I Unterlassene bzw. mangelhafte Umsetzung nach Fristablauf 36
II Das Kriterium der *Unbedingtheit* einer Richtliniennorm 37
III Das Kriterium der *hinreichenden Bestimmtheit* einer Richtliniennorm 37
1. Die *EuGH*-Rechtsprechung zur Direktwirkung der Abfallrahmenrichtlinie sowie der UVP-Richtlinie 38
2. Abhängigkeit des Bestimmtheitskriteriums von der *Funktion* einer Richtliniennorm im Rahmen der Direktwirkung 42
IV Direktwirkung von Richtliniennormen und „subjektive Rechte“ 43
1. Subjektive Rechte als Voraussetzung der Direktwirkung 44
2. Prozessuale Bedeutung: Die Individualberechtigung 45

3. Materiellrechtliche Bedeutung: Richtlinienimmanente subjektive Rechte 49
D Teilergebnis 51
Graphische Darstellung: Direktwirkung und prozessuale Geltendmachung 53

Kapitel 2 Die Problematik dreipoliger Rechtsbeziehungen und relevante EG-Richtlinien 55
A Die drei „Pole“ 56
I Der spezifisch gemeinschaftsrechtliche Staatsbegriff 56
1. Die Rechtsprechung des *EuGH* zum gemeinschaftsrechtlichen Staatsbegriff 58
2. Zusammenfassende Einschätzung 60
II Der Begriff des *begünstigten* Privaten 61
1. Prozessuale Geltendmachung der Begünstigung und der Gedanke der *funktionalen Subjektivierung* 62
2. Begünstigter Personenkreis und Vereinsklage 64
III Der Begriff des *belasteten* Privaten 65
B Richtlinien mit potentieller Bedeutung für dreipolige Konstellationen 66
I Die UVP-Richtlinie bzw. die UVP-Änderungsrichtlinie 67
II Die IVU-Richtlinie 69
III Die Flora-Fauna-Habitat-Richtlinie 70
IV Die Wasserrahmenrichtlinie 73
C Zusammenfassung und Teilergebnis 76

Kapitel 3 Auswertung der *EuGH*-Rechtsprechung im Hinblick auf eine mögliche Beurteilung dreipoliger Rechtsbeziehungen 77
A Verbot einer unmittelbaren Verpflichtung bzw. Belastung Privater.... 78
B Relativierung des Belastungsverbots 79
I Die Richtlinie 71/305/EWG über die Koordinierung des Verfahrens zur Vergabe öffentlicher Bauaufträge 79
1. Die Rechtssache 103/88 – *Costanzo* 80
2. Die Verallgemeinerungsfähigkeit der *Costanzo*–Rechtsprechung 83
a) Erster Einwand: Die Rechtssache C-221/88 – *Busseni* ... 83
b) Zweiter Einwand: Die Konkurrenzkonstellation 85
c) Dritter Einwand: Die Besonderheit des Vergabeverfahrens 86
3. Zusammenfassung 86
II Die Richtlinie über die Umweltverträglichkeitsprüfung 87

1. Die Judikatur des *EuGH* 87
a) Die Rechtssache C-431/92 – *Großkrotzenburg* 87
b) Die Rechtssache C-72/95 – *Kraaijeveld* 89
c) Die Rechtssache C-435/97 – *WWF/Bozen* 91
2. Zusammenfassende Bewertung der Rechtsprechung zur UVP-Richtlinie 93
III Quasihorizontale Direktwirkung von Richtlinien im Privatrecht 98
1. Die Richtlinie 72/166/EWG über die Kfz-Haftpflichtversicherung (Die Rechtssache C-129/94 – *Bernáldez*) 99
2. Die Zweite Unternehmensrichtlinie (Die Rechtssache C-441/93 – *Panagis Pafitis*) 100
3. Die Richtlinie 83/189/EWG über ein Informationsverfahren im Bereich technischer Normen 103
a) Die Rechtssache C-194/94 – *CIA Security* 103
b) Die Rechtssache C-143/98 – *Unilever* 105
4. Zusammenfassung 107
C Teilergebnis 108
D Tabellarische Darstellung der Rechtsprechungsanalyse 110

Kapitel 4 Darstellung und methodenbezogene Kritik an den im Schrifttum bereits entwickelten Lösungsansätzen zur Beurteilung der Problematik 115
A Generelle Bejahung/Verneinung der Direktwirkung in dreipoligen Konstellationen 115
B Abstrakt-differenzierende Betrachtungsweisen 116
I Differenzierung nach drittbegünstigenden und drittbelastenden Richtlinien 117
II Direktwirkung bei Existenz richtlinienimmanenter subjektiver Rechte 117
C Konkrete Betrachtungsweisen 118
I Einbeziehung des Vertrauensschutzaspektes 118
II Einbeziehung der Grundrechte 119
D Stellungnahme und Teilergebnis 119
I Stellungnahme bezüglich einer generellen Bejahung bzw. Verneinung der Direktwirkung in dreipoligen Konstellationen 119
II Stellungnahme bezüglich einer Differenzierung nach drittbegünstigenden und drittbelastenden Richtlinien 120
III Stellungnahme bezüglich einer abstrakten Konfliktlösung auf der Ebene der Richtliniennorm 121

IV Stellungnahme hinsichtlich der konkreten Betrachtungsweisen.. 122
V Teilergebnis ... 123

Kapitel 5 Gegenüberstellung der Aspekte für bzw. gegen eine Direktwirkung in dreipoligen Konstellationen ... 125
A Argumente zugunsten einer Direktwirkung ... 125
I Der Grundsatz des *effet utile* ... 125
II Der Grundsatz der *einheitlichen Anwendung des Gemeinschaftsrechts* ... 128
III Notwendigkeit einer Gleichbehandlung von Primär- und Sekundärrecht bei struktureller Gleichartigkeit ... 130
B Argumente gegen eine Direktwirkung ... 134
I Das *estoppel*-Prinzip ... 135
II Die Systematik des Art. 249 EG ... 137
III Die Grundsätze des *Vertrauensschutzes* und der *Rechtssicherheit* ... 138
1. Der Grundsatz des *Vertrauensschutzes* ... 138
2. Der Grundsatz der *Rechtssicherheit* ... 140
IV Der Grundsatz des *Gesetzesvorbehalts* ... 141
1. Der Gesetzesvorbehalt des nationalen Rechts ... 142
2. Der gemeinschaftsrechtliche Gesetzesvorbehalt ... 144
3. Zusammenfassung ... 147
V Der Grundsatz des *effektiven Rechtsschutzes* ... 147
1. Rechtsschutz mit Blick auf die belastende Maßnahme des *nationalen* Rechts ... 148
2. Rechtsschutz des belasteten Privaten gegenüber der Richtlinie ... 149
a) Das Vorlageverfahren nach Art. 234 EG ... 150
b) Die Nichtigkeitsklage gemäß Art. 230 Abs. 4 EG ... 151
aa) Die Rechtsprechung des *EuGH / EuG I* ... 152
bb) Stellungnahme ... 153
3. Gemeinschaftsrechtliche Staatshaftung ... 155
4. Zusammenfassung zur Rechtsschutzproblematik ... 156
C Zusammenfassung und Teilergebnis ... 157

Kapitel 6 Konzeption zur Beurteilung der Direktwirkung in dreipoligen Konstellationen ... 161
A Dogmatischer Ausgangspunkt ... 161
B Die einzelnen Entscheidungskriterien auf der Begründetheitsebene ... 162
I Erster Schritt: *Teleologisches* Kriterium ... 162

1. Die Richtliniennorm als *streitentscheidende (Anspruchs-) norm* ... 163
2. Die Richtliniennorm als *Maßstabsnorm* ... 163
3. Zusammenfassung ... 163
II Zweiter Schritt: Differenzierung nach der *Art* der Belastung ... 164
1. *Verfahrensrechtliche* Belastungen eines Privaten ... 164
a) Begriffsbestimmung ... 164
b) Beispiele ... 165
2. *Materiellrechtliche* Belastungen ... 166
a) Begriffsbestimmung ... 166
b) Beispiele ... 166
III Dritter Schritt: Das *Unmittelbarkeitskriterium* ... 167
1. Bedeutung des *Unmittelbarkeitskriteriums* für die Direktwirkungsproblematik ... 167
2. Inhaltliche Konkretisierung des *Unmittelbarkeitskriteriums*. 168
a) Abspaltung des *Unmittelbarkeitskriteriums* vom Adressaten der richtlinienimmanenten Verpflichtung ... 168
b) Parameter für eine inhaltliche Konkretisierung des *Unmittelbarkeitskriteriums* ... 169
aa) Die „Vorwegnahme" der behördlichen Sachentscheidung ... 169
bb) Der Begriff des *Sachentscheidungsspielraumes* ... 170
(1) Unmittelbare materiellrechtliche Belastungen ... 170
(2) Mittelbare materiellrechtliche Belastungen ... 171
C Zusammenfassung und Teilergebnis ... 172
Graphische Darstellung: Eckpunkte zur Beurteilung der Direktwirkung von Richtlinien in dreipoligen Konstellationen ... 174

Kapitel 7 Die Direktwirkung von Richtlinien in dreipoligen Konstellationen und das deutsche Verwaltungsverfahrens- bzw. Prozessrecht 175
A Die Zulässigkeitsebene eines Rechtsbegehrens ... 176
I Die Antrags- bzw. Klagebefugnis ... 176
1. Die Ausgangssituation des deutschen Rechts: Das Primat der Schutznormtheorie ... 176
2. Erweiterung der Antrags- und Klagebefugnis bei einer prozessualen Geltendmachung von unmittelbar wirksamen Richtliniennormen ... 177
3. Integration der gemeinschaftsrechtlichen Postulate in das deutsche Verwaltungsrecht ... 180

II Die Fristenproblematik 181
1. Verfristung eines Widerspruchs in dreipoligen Konstellationen 181
2. Verfristung eines Widerspruchs und prozessuale Geltendmachung unmittelbar wirksamer Richtliniennormen 182
a) Die *EuGH*-Rechtsprechung zur Fristenproblematik.......... 182
b) Die Rechtsprechung des *BVerwG* zur Fristenproblematik 185
c) Zusammenfassung 186
B Die Begründetheitsebene eines Rechtsbegehrens – Umfang des gerichtlichen Kontrollauftrages 187
I Abhängigkeit der Rechtmäßigkeitsprüfung vom Ausmaß der Rechtsverletzung 187
II Direktwirkung von Richtliniennormen und Erweiterung der verwaltungsgerichtlichen Kontrollbefugnis bzw. – pflicht 188
C Zusammenfassende Betrachtung der Problembereiche 188
D Teilergebnis 190

Ergebnis der Untersuchung 193

Literaturverzeichnis 197

Abkürzungsverzeichnis

a.A.	anderer Ansicht
aaO	am angegebenen Ort
AbfG	Abfallgesetz
ABlEG	Amtsblatt der Europäischen Gemeinschaft
Abs.	Absatz
a.E.	am Ende
a.F.	alte(r) Fassung
AJCL	*American Journal of Comparative Law*
Alt.	Alternative
Anm.	Anmerkung
Art.	Artikel
BayVBl	*Bayerische Verwaltungsblätter – Zeitschrift für öffentliches Recht und öffentliche Verwaltung*
BGBl	Bundesgesetzblatt
BImSchG	Bundesimmissionsschutzgesetz
BNatSchG	Bundesnaturschutzgesetz
BVerfG	Bundesverfassungsgericht
BVerfGE	Entscheidung des Bundesverfassungsgerichts
BVerwG	Bundesverwaltungsgericht
BVerwGE	Entscheidung des Bundesverwaltungsgerichts
CLJ	*Cambridge Law Journal*
CJEL	*Columbia Journal of European Law*
CLR	*Columbia Law Review*
CMLRev	*Common Market Law Review*
ders.	derselbe
dies.	dieselbe
DÖV	*Die Öffentliche Verwaltung*
DV	*Die Verwaltung*
DVBl	*Deutsches Verwaltungsblatt*

ebd.	ebenda
EELR	*European Environmental Law Review*
EG	Bezeichnung des Vertrages zur Gründung der Europäischen Gemeinschaft in der Amsterdamer Fassung (z.B. Art. 249 EG)
EG (en)	Europäische Gemeinschaft(en)
EJIL	*European Journal of International Law*
ELJ	*European Law Journal*
ELRev	*European Law Review*
EMRK	Europäische Menschenrechtskonvention
EPL	*European Public Law*
EU	Europäische(n) Union; Bezeichnung des Vertrages über die Europäische Union in der Amsterdamer Fassung (z.B. Art. 6 EU)
EuG	Europäisches Gericht 1. Instanz
EuGH	Europäischer Gerichtshof, Europäischen Gerichtshof(es)
EuGHE	Entscheidungssammlung des Europäischen Gerichtshofes
EuGRZ	*Europäische Grundrechte Zeitschrift*
EuR	*Europarecht*
EuZW	*Europäische Zeitschrift für Wirtschaftsrecht*
EWG	Europäische(n) Wirtschaftsgemeinschaft
EWS	*Europäisches Wirtschafts- & Steuerrecht*
Fa.	Firma
Fn.	Fußnote
FS	Festschrift
GA(e)	Generalanwalt, Generalanwaltes, (Generalanwälte)
GG	Grundgesetz
ggf.	gegebenenfalls
h.M.	herrschende Meinung, herrschender Meinung
Hrsg.	Herausgeber
i.d.F.	in der Fassung
i.d.R.	in der Regel
i.E.	im Ergebnis
ICLQ	*International and Comparative Law Quarterly*
IIC	*International Review of Industrial Property and Copyright*
i.ü.	im übrigen
i.V.m.	in Verbindung mit

JZ	*Juristenzeitung*
JEL	*Journal of Environmental Law*
JICL	*Journal of International and Comparative Law*
JuS	*Juristische Schulung*
kurs. i.O.	kursiv im Originial
Lit.	Literatur
LQR	*The Law Quarterly Review*
MJ	*Maastricht Journal of European and Comparative Law*
m.w.N.	mit weiteren Nachweisen, mit weiterem Nachweis
MS	Mitgliedstaat, Mitgliedstaaten
n.F.	neuer Fassung
NJW	*Neue Juristische Wochenschrift*
NuR	*Natur und Recht*
NVwZ	*Neue Zeitschrift für Verwaltungsrecht*
OJLS	*Oxford Journal of Legal Studies*
OVG	Oberverwaltungsgericht
RIW	*Recht der Internationalen Wirtschaft*
Rspr.	Rechtsprechung
RTDE	*Revue trimestrielle de droit européen*
RL(en)	Richtlinie(n)
Rn.	Randnummer(n)
Rs.	Rechtssache(n)
Rz.	Randziffer(n)
S.	Satz; Seite
sog.	so genannte(r)
s.o.	siehe oben
Spstr.	Spiegelstrich
st. Rspr.	ständige Rechtsprechung
TA	Technische Anleitung
UA	Unterabsatz, Unterabsätze
u.a.	und andere
UPR	*Umwelt- und Planungsrecht*

UStG	Umsatzsteuergesetz
UTR	*Jahrbuch des Umwelt- und Technikrechts*
UVP	Umweltverträglichkeitsprüfung
VA	Verwaltungsakt
VBlBW	*Verwaltungsblätter für Baden-Württemberg*
verb.	verbundene
veröff.	veröffentlicht
VerwArch	*Verwaltungsarchiv*
VG	Verwaltungsgericht
vgl.	vergleichen Sie
VO(en)	Verordnung(en)
VVDStRL	*Veröffentlichungen der Vereinigung der Deutschen Staatsrechtslehrer*
VwGO	Verwaltungsgerichtsordnung
VwVfG	Verwaltungsverfahrensgesetz
WuV	*Wirtschaft und Verwaltung*
WHG	Wasserhaushaltsgesetz
YEL	*Yearbook of European Law*
ZfW	*Zeitschrift für Wasserrecht*
Ziff.	Ziffer
ZUR	*Zeitschrift für Umweltrecht*

Einleitung

A Problemaufriss

Der *Richtlinie* des Gemeinschaftsrechts ist vor einigen Jahren einmal – freilich in etwas provokanter Form – sowohl die „Richtung“ als auch die „Linie“ abgesprochen worden.[1] Blickt man auf den normativen Rahmen, in dem diese Handlungsform der Gemeinschaft eingebettet ist, so scheint zunächst eine klare Richtung vorgegeben zu sein:

> „Die Richtlinie ist für jeden Mitgliedstaat, an den sie gerichtet wird, hinsichtlich des zu erreichenden Ziels verbindlich, überlässt jedoch den innerstaatlichen Stellen die Wahl der Form und der Mittel“ (vgl. Art. 249 Abs. 3 EG).

Auf den ersten Blick deutet der Wortlaut dieser Norm darauf hin, dass Richtlinien – als staatengerichtete Rechtsakte – erst in Form eines mitgliedstaatlichen Umsetzungsaktes rechtliche Wirkungen im innerstaatlichen Bereich entfalten können.[2]

Allerdings stellt der Umstand, dass zahlreiche Mitgliedstaaten ihren Umsetzungsverpflichtungen lediglich in unzureichendem Maße nachkommen, ein Problem fortwährender Aktualität dar. Diesem Vollzugsdefizit hat der *EuGH* bereits frühzeitig durch die Entwicklung des Rechtsinstitutes der *unmittelbaren Wirkung von Richtlinien* entgegenzuwirken versucht.[3] Wenngleich das Konzept der Direktwirkung mit Blick auf seine *konkrete inhaltliche Ausgestaltung* noch klärungsbedürftig ist, so geht es doch im Grunde um die Verpflichtung innerstaatlicher Behörden und Gerichte, eine Gemeinschaftsrechtsnorm als streitentscheidende Norm bzw. als Rechtmäßigkeitsmaßstab anzuwenden.[4] Von Seiten des

---

1 Vgl. insofern *Hilf*: Die Richtlinie der EG – ohne Richtung, ohne Linie?, in: EuR 1993, 1ff.

2 *Ruffert*, in: *Callies/Ruffert* (Hrsg.), EUV/EGV, Art. 249, Rn. 69.

3 Vgl. mit Blick auf die Direktwirkung von Richtlinien EuGHE 1974, Rs. 41/74, 1337 – Van Duyn, Rn. 12ff.

4 Diese Definition geht auf *Sacha Prechal* zurück (vgl. *dies.*, Directives in EC Law, S. 276f.: „... direct effect is the obligation of a court or another authority to apply the relevant provision of Community law, either as a norm which governs the case or as a standard of legal review“. Vgl. ausführlich zu dieser Problematik Kap. 1 A III und B.

Schrifttums ist die *EuGH*-Rechtsprechung von Anfang an ausgesprochen interessiert – und bisweilen ebenso kritisch – begleitet worden. Während jedoch die allgemeinen Fragestellungen der Direktwirkung von Richtlinien bereits Gegenstand zahl- und umfangreicher Untersuchungen waren,[5] ist die Problematik *dreipoliger Rechtsbeziehungen* in diesem Zusammenhang bislang lediglich tangiert worden.[6]

Dieser Problembereich zeichnet sich zunächst durch den Umstand aus, dass die in einer Richtliniennorm enthaltene Verpflichtung nicht an einen Privaten, sondern vielmehr an einen *staatlichen Entscheidungsträger* adressiert ist. Im Regelfall handelt es sich um richtlinienimmanente Verpflichtungen, denen eine staatliche Behörde im Rahmen ihrer Verwaltungstätigkeit nachzukommen hat: Beispielhaft kann auf die in einer Richtliniennorm enthaltenen Umweltstandards verwiesen werden, die eine Verwaltungsbehörde bei der Genehmigungserteilung zu beachten hat. Wird diese richtlinienimmanente Verpflichtung von der Genehmigungsbehörde erfüllt, so hat dies für eine Privatpartei (z.B. den betroffenen Anlagenbetreiber) belastende, für einen privaten Dritten (z.B. den Nachbarn der Anlage) dagegen begünstigende Konsequenzen.

Diese Doppelwirkung birgt aus Sicht des Gemeinschaftsrechts insofern eine erhebliche Brisanz in sich, als der *EuGH* in ständiger Rechtsprechung ein Verbot der Belastung Privater aus einer Richtliniennorm postuliert: Danach ist es sowohl Privaten[7] als auch dem Staat[8] verwehrt, sich zu Lasten Einzelner auf Richtliniennormen zu berufen, welche nicht (bzw. nicht ordnungsgemäß) in nationales Recht umgesetzt worden sind. Allerdings kann diesem Belastungsverbot kein absoluter Charakter beigemessen werden: Dabei lässt sich zunächst festhalten, dass der *EuGH* bislang noch nicht eindeutig bzw. abschließend zur Frage der Direktwirkung von Richtlinien in dreipoligen Konstellationen Stellung bezogen hat. Daneben deuten einige Judikate aus den Bereichen der öffentlichen Auftragsvergabe

---

5 Vgl. aus dem kaum noch überschaubaren Literaturbestand z.B. *Oldenbourg*, Unmittelbare Wirkung von EG-Richtlinien; *Dendrinos*, Direktwirkung; *Prechal*, Directives in EC Law; *Simon*, La directive européenne; *Gstaltmeyer*, Bewehrung von Richtlinien; *Classen*, Nichtumsetzung von Gemeinschaftsrichtlinien; *Heim*, Unmittelbare Wirkung von EG-Richtlinien; *Nettesheim*, Die mitgliedstaatliche Durchführung von EG-Richtlinien; *Renke*, EG-Richtlinien und verwaltungsgerichtlicher Rechtsschutz.

6 Eine überblicksartige Darstellung der einzelnen Positionen zur Beurteilung der Problematik erfolgt im 4. Kapitel. Eine Auseinandersetzung mit den einzelnen Argumenten für bzw. gegen eine Direktwirkung in dreipoligen Konstellationen erfolgt im Rahmen des 5. Kapitels.

7 EuGHE 1994, Rs. C-94/92, I-3325 – Faccini Dori, Rn. 20; EuGHE 1996, Rs. C-192/94, I-1281 – El Corté Inglés, Rn. 10; EuGHE 1997, verb. Rs. C-253/96 bis C-258/96, I-6907 – Kampelmann, Rn. 46.

8 EuGHE 1987, Rs. 80/86, 3969 – Kolpinghuis Nijmegen, Rn. 8.

und des Umweltrechts sowie aus dem Bereich des Privatrechts auf eine Relativierung des soeben dargelegten Belastungsverbotes hin.

Aufgrund der häufig zu verzeichnenden Umsetzungsdefizite der Mitgliedstaaten erfährt die Problematik der Direktwirkung von Richtlinien eine fortwährende „Renaissance". Mit Blick auf die hier interessierenden dreipoligen Konstellationen sei vor allem auf jene Schwierigkeiten verwiesen, welche im Zusammenhang mit der Umsetzung der UVP-Richtlinie[9] bzw. der UVP-Änderungsrichtlinie[10], der IVU-Richtlinie[11] sowie der FFH-Richtlinie[12] aufgetreten sind. Diese „Misere"[13] im Bereich des Umweltrechts führt zu erheblichen Unsicherheiten auf Seiten derer, die von den Umsetzungsdefiziten und ihren teilweise ungeklärten Konsequenzen betroffen sind: Den zuständigen nationalen Verwaltungsbehörden bereiten der Umgang mit EG-Richtlinien sowie die Beurteilung der Direktwirkung in dreipoligen Konstellationen erhebliche Schwierigkeiten.[14] Für den privaten Vorhabenträger stellen Unklarheiten hinsichtlich der zu erfüllenden Genehmigungsvoraussetzungen häufig ein beträchtliches Investitionsrisi-

---

9 Richtlinie 85/337/EWG des Rates vom 27. 6. 1985 über die Umweltverträglichkeitsprüfung bei bestimmten öffentlichen und privaten Projekten.

10 Richtlinie 97/11/EG vom 3. 3. 1997 zur Änderung der Richtlinie 85/337/EWG über die Umweltverträglichkeitsprüfung bei bestimmten öffentlichen und privaten Projekten – ABlEG L 73, S. 5. Vgl. zur inhaltlichen Ausgestaltung der UVP-Änderungsrichtlinie z.B. *Becker*, DVBl 1997, 588ff.; *Otto*, NVwZ 2000, 531 (531); *Staupe*, NVwZ 2000, 508ff.; *Peters*, UPR 2000, 172ff.; *Wasielewski*, NVwZ 2000, 14ff.

11 Richtlinie 96/61/EG des Rates vom 24. 9. 1996 über die integrierte Vermeidung und Verminderung der Umweltverschmutzung – ABlEG L 257, S. 26. Zur inhaltlichen Ausgestaltung der IVU-Richtlinie siehe u.a. *Dolde*, NVwZ 1997, 313ff.; *Schwartmann/Maus*, EuZW 2000, 74ff.; *Otto*, NVwZ 2000, 531ff.; *Wahl*, NVwZ 2000, 503ff.; *Wasielewski*, NVwZ 2000, 15ff.

12 Richtlinie 92/43/EWG des Rates vom 21. 5. 1992 zur Erhaltung der natürlichen Lebensräume sowie der wildlebenden Tiere und Pflanzen – ABlEG L 206, S. 7.

13 Unter Zugrundelegung dieses prägnanten Schlagwortes untersucht *Horst Sendler* unter anderem mögliche Ursachen für die fortwährenden Schwierigkeiten der Bundesrepublik Deutschland bei der Umsetzung von Umweltrichtlinien (vgl. *ders.*, NJW 2000, 2871 (2871)). Vgl. zu den möglichen Ursachen für die Umsetzungsdefizite auch *Kloepfer*, NVwZ 2002, 645 (647f.).

14 *Nicklas*, Implementationsprobleme, S. 73ff. Dass in diesem Zusammenhang – unabhängig von den noch ungeklärten theoretischen Fragestellungen – bereits außerordentlich problematische Ausgangsbedingungen praktischer Art zu verzeichnen sind, läßt sich einer Untersuchung von *Christian Engelsberger* entnehmen (*ders.*, Empirische Umfrage, Erscheinungsjahr 1998): Lediglich ein Drittel der deutschen Behörden verfügte zum Zeitpunkt der Untersuchung über die jeweils einschlägigen Richtlinientexte (ebd., S. 169, Tab. 26 und S. 271). Dieser Befund dürfte sich infolge der erleichterten Zugriffsmöglichkeit über das Internet (vgl. http://europa.eu.int/eur-lex/de) etwas gebessert haben.

ko dar.[15] Aber auch für den „Nachbarn", welcher Rechtsschutz gegenüber einem umwelt- bzw. gesundheitsbeeinträchtigenden Vorhaben begehrt, ist teilweise vollständig unklar, welche Erfolgsaussichten eine Geltendmachung der betreffenden Richtlinie vor nationalen Behörden oder Gerichten hat.

Die Frage der *Direktwirkung von Richtlinien in dreipoligen Rechtsbeziehungen* tangiert sowohl das jeweilige nationale Recht als auch das Gemeinschaftsrecht. Es handelt sich folglich weder um ein rein europarechtliches Problem, noch lässt sich diese Fragestellung allein aus dem Blickwinkel des jeweiligen nationalen Rechts angemessen beurteilen. Etwas abstrakter formuliert: Bei der *Direktwirkung von Richtlinien in dreipoligen Konstellationen* geht es um Fragen, welche die Verzahnung der gemeinschaftsrechtlichen Systemebene mit der Systemebene des jeweiligen nationalen Rechts betreffen.

Die Problematik verschiedener Systemebenen ist bereits im Jahr 1961 von *J. David Singer* als „the level-of-analysis problem"[16] erkannt, und mögliche Konsequenzen für eine rechtstheoretische bzw. rechtsvergleichende Tätigkeit im internationalen Bereich sind eingehend erläutert worden. *Singer* zufolge gibt es zahlreiche Blickwinkel, aus denen das jeweilige Phänomen untersucht werden kann: So könne man beispielsweise das Phänomen als Ganzes („systemic level") oder einzelne Komponenten des Phänomens („sub-systemic level") analysieren.[17] Dabei habe die Wahl des Blickwinkels erhebliche methodische Auswirkungen. Betrachtet man den Untersuchungsgegenstand als System, so kann eine umfassende Gesamtanalyse stattfinden, welche auch das Verhältnis der einzelnen Komponenten zueinander berücksichtigt. Dagegen bietet eine Beschränkung der Untersuchung auf einzelne Komponenten den Vorteil, dass die jeweiligen Eigenarten einer Komponente sehr detailliert herausgearbeitet werden können. Dies wäre im Rahmen einer Gesamtbetrachtung nur schwer möglich. An diese Überlegungen anknüpfend, unterscheidet *Singer* zwischen der internationalen Gemeinschaft („systemic level") und den einzelnen Staaten („sub-systemic bzw. national level") und stellt mit Blick auf eine rechtstheoretische bzw. rechtsvergleichende Tätigkeit klar, dass nicht entscheidend sei, welcher Ebene bei der Analyse eine Vorrangstellung zukomme, sondern dass es vielmehr darauf ankomme, dem Umstand Rechnung zu tragen, dass verschiedene Ebenen existieren und daher geklärt werden müsse, auf welche Ebene sich die Untersuchung bezieht.[18]

---

15 So insbesondere im Hinblick auf die mit der IVU-Richtlinie verbundenen Unsicherheiten: *Dolde*, NVwZ 1997, 313 (320).

16 *Singer*, in: *Knorr/Verba*, The International System, S. 77ff.

17 *Singer*, in: *Knorr/Verba*, The International System, S. 77.

18 *Singer*, in: *Knorr/Verba*, The International System, S. 90 – kurs. i.O. Diese Überlegungen sind u.a. von *Renaud Dehousse* mit Blick auf die Durchführung rechtsvergleichender bzw. rechtstheoretischer Untersuchungen im Bereich des Gemein-

Die Unterschiedlichkeit des Blickwinkels, aus welchem der Untersuchungsgegenstand betrachtet werden kann, lässt sich bereits anhand der Direktwirkungsproblematik von Richtlinien im Allgemeinen verdeutlichen: So dürfte beispielsweise die *konkrete Ausgestaltung* der Direktwirkung vor den nationalen Verwaltungsgerichten – je nachdem, ob die Problematik aus dem Blickwinkel des *EuGH* oder jenem des französischen *Conseil d'Etat* beurteilt wird – in erheblichem Maße variieren.[19]

Eine weitere Fragestellung, die im Zusammenhang mit der Direktwirkung von Richtlinien auftritt, ist die Problematik „subjektiver Rechte": Die konkrete Ausgestaltung derartiger Rechte ist von erheblicher Bedeutung für die Frage, welcher Personenkreis sich vor nationalen Behörden bzw. Gerichten auf eine Richtliniennorm berufen kann. Dabei wird zwischen verschiedenen Arten von subjektiven Rechten zu unterscheiden sein – so beispielsweise zwischen den im nationalen Verwaltungsrecht verankerten subjektiven Rechten einerseits, und den in einer Richtliniennorm verankerten subjektiven Rechten anderseits.[20] Die Frage, ob zur Ermittlung des jeweiligen Rechts dieselben Maßstäbe – etwa die Topoi der deutschen Schutznormtheorie – herangezogen werden können, stellt ein Problem verschiedener Systemebenen (Gemeinschaftsrecht – nationales Recht) dar.

Die Dringlichkeit einer Klärung der dogmatischen Vorfrage, welche Systemebene jeweils den Gegenstand der Untersuchung bilden soll, lässt sich auch anhand der Diskussion um den *Gesetzesvorbehalt* veranschaulichen:[21] So könnte man gegen eine Direktwirkung von Richtlinien in dreipoligen Rechtsbeziehungen einwenden, dass die damit verbundene Belastung eines Privaten gegen den Grundsatz vom *Vorbehalt des Gesetzes* verstoße. Auch hier stellt sich dann aber die Frage, welche Systemebene Gegenstand der Untersuchung sein soll: Soll eine Betrachtung beispielsweise unter dem Blickwinkel des deutschen Rechts, oder vielmehr unter jenem des Gemeinschaftsrechts erfolgen? Aus der Beantwortung dieser Frage ergibt sich dann in methodischer Hinsicht die Anwendung des entsprechenden Maßstabes – beispielsweise des *deutschen Gesetzesvorbehalts* oder eines entsprechenden allgemeinen Rechtsgrundsatzes auf der Ebene des Gemeinschaftsrechts.

Anhand dieser beispielhaften Ausführungen wird deutlich, dass eine Klärung der konzeptionellen Vorfrage nach der jeweils interessierenden Systemebene

---

schaftsrechts weitergeführt worden (vgl. *ders.*, in: The American Journal of Comparative Law 1994, 761ff.).

19 Eine Darstellung der Divergenzen zwischen dem *EuGH* und dem französischen *Conseil d'Etat* findet sich z.B. bei *Dal Farra*, RTDE 1992, 631ff.

20 Die Relevanz subjektiver Rechte zeigt sich in Kap. 1 C IV, Kap. 2 A II sowie Kap. 7.

21 Vgl. dazu Kap. 5 B IV.

dringend geboten ist. Im Rahmen der vorliegenden Untersuchung soll eine entsprechende Klarstellung daher bei der Auseinandersetzung mit einzelnen Fragestellungen jeweils explizit erfolgen.

B Gang der Untersuchung

Hauptziel der vorliegenden Untersuchung ist die Ausarbeitung einer praktikablen Konzeption zur Beurteilung der Direktwirkung von Richtlinien in dreipoligen Konstellationen. Unter Berücksichtigung der soeben dargelegten dogmatischen Besonderheiten wird in methodischer Hinsicht wie folgt vorgegangen:

Im Rahmen eines allgemeinen Teils werden grundlegende Fragestellungen der unmittelbaren Wirkung von Richtlinien in dem für die Untersuchung erforderlichen Umfang aufgezeigt (1. Kapitel). Es folgt eine Klärung der Frage, was unter dem Begriff der „dreipoligen“ Rechtsbeziehungen im Sinne der vorliegenden Untersuchung zu verstehen ist. Zu diesem Zweck werden die drei „Pole“ im Einzelnen erläutert. Ferner werden einige Richtlinien vorgestellt, deren Direktwirkung Auswirkungen auf die zuvor definierten dreipoligen Konstellationen haben kann (2. Kapitel). Im Anschluss daran wird die *EuGH*-Rechtsprechung zur Direktwirkung von Richtlinien unter dem Gesichtspunkt des grundsätzlichen Belastungsverbots Privater sowie einer möglichen Relativierung dieses Verbotes eingehend analysiert (3. Kapitel). Es folgt eine Auseinandersetzung mit den bereits im Schrifttum entwickelten Lösungsansätzen zur Beurteilung der Problematik (4. Kapitel). Im Anschluss an diese Rechtsprechungs- und Literaturanalyse werden die Argumente für bzw. gegen eine Direktwirkung in *abstrakter* Form gegenübergestellt und bewertet (5. Kapitel). Auf den zuvor gewonnenen Erkenntnissen aufbauend, erfolgt sodann eine systematische Ausarbeitung von Eckpunkten zur Beurteilung der Problematik (6. Kapitel). Schließlich soll die Frage der Direktwirkung von Richtlinien in dreipoligen Rechtsbeziehungen unter dem Blickwinkel eines mitgliedstaatlichen Rechtssystems näher betrachtet werden (7. Kapitel). In diesem Zusammenhang wird beispielhaft auf das Verwaltungsverfahrens- und Prozessrecht der Bundesrepublik Deutschland zurückgegriffen.

Kapitel 1
Allgemeine Aspekte der unmittelbaren Wirkung von Richtlinien

Das Rechtsinstitut der unmittelbaren Wirkung von Richtlinien wurde vom *Europäischen Gerichtshof* im Wege der richterlichen Rechtsfortbildung entwickelt. Als Grundsatzentscheidung ist in diesem Zusammenhang die Rechtssache *Van Duyn*[22] aus dem Jahr 1974 bekannt geworden: In dieser Entscheidung bejahte der *EuGH* erstmals die Möglichkeit Privater, sich gegenüber einer staatlichen Behörde unmittelbar auf Richtliniennormen zu berufen.[23] Im folgenden Kapitel soll auf einige grundlegende Fragestellungen der unmittelbaren Wirkung von Richtlinien eingegangen werden. Ziel dieser Ausführungen ist es, das dogmatische Fundament für den eigentlichen Untersuchungsgegenstand – die Beurteilung dreipoliger Konstellationen – zu legen.

A Klarstellung der verwendeten Terminologie

Gerade im Zusammenhang mit dem Problembereich der innerstaatlichen Beachtlichkeit von Richtlinien kommt es im Schrifttum häufig zu Missverständnissen konzeptioneller Art. Dies liegt wohl nicht zuletzt daran, dass bei der inhaltlichen Auseinandersetzung mit dieser Fragestellung unterschiedlichen Begriffen gleiche Bedeutungsgehalte beigemessen werden, oder umgekehrt derselbe Begriff vor dem Hintergrund eines jeweils unterschiedlichen Bedeutungsgehaltes verwendet wird.[24]

Um einen einheitlichen Diskussionsrahmen zu schaffen, erscheint es daher zunächst geboten, die Begriffe „unmittelbare Geltung", „unmittelbare Anwendbarkeit" sowie „unmittelbare Wirksamkeit" zu klären.[25]

---

22 EuGHE 1974, Rs. 41/74, 1337 – Van Duyn.

23 EuGHE 1974, Rs. 41/74, 1337 – Van Duyn, Rn. 12 ff.

24 Vgl. zu dieser Problematik im Zusammenhang mit Untersuchungen im Bereich des internationalen Rechts sowie der Rechtsvergleichung ausführlich *Singer*, in: The International System – Theoretical Essays, S. 77 (92).

25 Eine abschließende Auseinandersetzung mit dieser komplexen Materie würde den Rahmen der vorliegenden Untersuchung sprengen. Daher müssen sich die folgenden Ausführungen auf eine – stark pragmatisch ausgerichtete – inhaltliche Klarstellung der verwendeten Terminologie zur Vermeidung von Missverständnissen beschränken. Vgl. grundlegend zur Problematik z.B. *Winter*, CMLRev 1970, 425ff.; *Olden-*

Teilweise wird mit Blick auf Richtlinien von einer *unmittelbaren Geltung* dergestalt gesprochen, dass „Richtlinien ebenso wie Verordnungen als Bestandteil des aus einer autonomen Quelle fließenden Gemeinschaftsrechts... Teil der nationalen Rechtsordnung werden und keiner weiteren wie immer gearteten Inkorporation bedürfen, um innerstaatlich unmittelbar gelten zu können“[26].

Gegen eine Heranziehung des Begriffes der *unmittelbaren Geltung* im Hinblick auf Richtlinien spricht jedoch Art. 249 EG. So heißt es in Absatz 2 dieser Norm: Die Verordnung hat „allgemeine Geltung... sie gilt unmittelbar in jedem Mitgliedstaat“. Dagegen ist die Richtlinie gemäß Art. 249 Abs. 3 EG „für jeden Mitgliedstaat, an den sie gerichtet wird, hinsichtlich des zu erreichenden Ziels verbindlich, überlässt jedoch den innerstaatlichen Stellen die Wahl der Form und der Mittel“[27]. Diese Unterscheidung rechtfertigt es, den Begriff der *unmittelbaren Geltung* lediglich dann heranzuziehen, wenn eine Norm – wie etwa die gemeinschaftsrechtliche Verordnung – „von vornherein und umfassend innerstaatlich zu beachten ist... “[28]. Gestärkt wird dieses auf Wortlaut bzw. Systematik von Art. 249 EG gestützte Argument durch die Erwägung, dass eine Qualifikation von Rechtsnormen als „unmittelbar geltendes“ Recht wenig sinnvoll erscheint, wenn an diesen theoretischen Befund letztlich keine konkreten rechtlichen Konsequenzen, insbesondere eine Anwendungspflicht der nationalen Behörden und Gerichte, geknüpft sind – denn gerade diese Pflicht ist bei Richtlinien vom Vorliegen weiterer Voraussetzungen abhängig.[29]

---

bourg, Unmittelbare Wirkung von Richtlinien, S. 14ff.; *Klein*, Unmittelbare Geltung, S. 3ff.

26 *Langenfeld*, DÖV 1992, 955 (956).

27 So der Wortlaut der deutschen Fassung.

28 *Jarass*, Grundfragen, S. 68; *ders.*, NJW 1990, 2420 (2421); ähnlich *Dendrinos*, Direktwirkung, S. 172ff.; a.A. *Langenfeld*, DÖV 1992, 955 (956). Vgl. bereits GA *Reischl*, Schlussantrag zu EuGHE 1979, Rs. 148/78, S. 1629 – Ratti, S. 1650: „... ist zunächst hervorzuheben, dass es sicher unangemessen ist, von einer unmittelbaren Geltung der Richtlinie zu sprechen. Dieser Terminus ist in Art. 189 des Vertrages nur für Verordnungen, also für die unmittelbare Gemeinschaftsgesetzgebung, verwendet, die auch Rechtsbeziehungen zwischen den einzelnen begründen kann... “ (ebd., Rn. 7).

29 Nach der hier vertretenen Auffassung sind Richtliniennormen lediglich im Falle ihrer unmittelbaren Wirkung als Maßstabsnormen heranzuziehen. Die Heranziehung einer Richtliniennorm als Maßstabsnorm stellt insofern ein Szenarium der unmittelbaren Wirkung dar (vgl. Kap. 1 C I 1).

II Richtlinien und der Begriff der unmittelbaren Anwendbarkeit

Auch die Heranziehung anderer sprachlicher Fassungen von Art. 249 EG birgt die Gefahr von Missverständnissen in der Diskussion um die innerstaatliche Beachtlichkeit von Richtlinien in sich. So werden beispielsweise in der englischen und in der französischen Fassung von Art. 249 Abs. 2 EG – also mit Blick auf Verordnungen – die Formulierungen „directly applicable“ bzw. „directement applicable“ verwendet. Wörtlich übersetzt ist eine Verordnung demnach *unmittelbar anwendbar*. Aus einem Vergleich mit der bereits erläuterten deutschen Fassung könnte man insofern schließen, dass die Begriffe *unmittelbare Geltung* (im Sinne der deutschen Fassung) und *unmittelbare Anwendbarkeit* (im Sinne der englischen und der französischen Fassung) synonym zu verwenden sind. Vor diesem Hintergrund sollte mit Blick auf Richtlinien auch auf eine Heranziehung des Begriffes der *unmittelbaren Anwendbarkeit* verzichtet werden:[30] Denn Richtlinien sind – anders als Verordnungen – gerade nicht von vornherein und umfassend innerstaatlich zu beachten.[31]

III Das Konzept der unmittelbaren Wirkung bzw. Direktwirkung von Richtlinien

Um den soeben dargestellten Unklarheiten im Rahmen der vorliegenden Untersuchung entgegenzuwirken, wird im Folgenden lediglich der Begriff der *unmittelbaren Wirkung* bzw. *Direktwirkung* verwendet, um das Phänomen der innerstaatlichen Beachtlichkeit von Richtlinien zu beschreiben. Diese Vorgehensweise steht letztlich auch im Einklang mit der vom *Europäischen Gerichtshof* verwendeten Terminologie: Er spricht im Zusammenhang mit Richtlinien regelmäßig von einer „unmittelbaren Wirkung“[32].

---

30 *Leitao*, RTDE 1981, 425 (429); *Oldenbourg*, Unmittelbare Wirkung von Richtlinien, S. 17; *Langenfeld*, DÖV 1992, 955 (956); *Jarass*, Grundfragen, S. 69; a.A. wohl *Bach*, JZ 1990, 1108 (1110) sowie *Iven*, NuR 1996, 105 (105). Vgl. in diesem Zusammenhang die bereits von *Winter* vertretene grundlegende Unterscheidung zwischen der *unmittelbaren Anwendbarkeit* und der *unmittelbaren Wirkung* von Richtliniennormen (*ders.*, CMLRev 1970, 425 (437). Mit Blick auf diese Terminologie führt *Winter* aus: „... It is more and more acknowledged that in the framework of Community Law the term „direct applicability“ should be reserved for the method of incorporation of (secondary) Community Law into the municipal legal order (Art. 189). The problem as to when a Community provision is susceptible of receiving judicial enforcement is best described as the question of „direct effect„... “ (aaO, S. 425f.).

31 Vgl. dazu Kap. 1 C I 1.

32 *Jarass*, Grundfragen, S. 68.

Teilweise wird dem Konzept der *unmittelbaren Wirkung* von Richtlinien ein Verständnis zugrunde gelegt, welches sich mit der französischen *invocabilité* vergleichen lässt: Ein Individuum kann Richtliniennormen gegenüber den nationalen Behörden und Gerichten bei Vorliegen bestimmter Voraussetzungen geltend machen.[33] Ein derart „subjektiviertes" Verständnis findet seine Grundlage vor allem in der älteren Rechtsprechung des *EuGH* zur Direktwirkung von Richtlinien.[34] Allerdings lässt diese – an die *Berufungsmöglichkeit* des Privaten anknüpfende – Charakterisierung der *Direktwirkung* außer Betracht, dass sich Private aus vielfältigen Gründen auf Richtliniennormen berufen können: beispielsweise, um eine richtlinienkonforme Auslegung des nationalen Rechts zu erreichen oder um einen Staatshaftungsanspruch durchzusetzen.[35]

Unabhängig davon lassen sich der neueren *EuGH*-Rechtsprechung Anhaltspunkte dafür entnehmen, dass die *Direktwirkung* von Richtlinien primär ein „objektives" Konzept im Sinne einer Anwendungspflicht staatlicher Stellen darstellt.[36] So sind nationale Behörden und Gerichte *von Amts wegen* verpflichtet, den in einer Richtliniennorm enthaltenen „unmissverständlichen Verpflichtungen" nachzukommen.[37] Eine derartige Rechtsanwendungspflicht hat mit der „in der Rechtsprechung des Gerichtshofes anerkannten Möglichkeit für den einzelnen, sich gegenüber dem Staat unmittelbar auf unbedingte sowie hinreichend klare und genaue Vorschriften einer nicht umgesetzten Richtlinie berufen zu können,

---

33 Mit dem Begriff der *invocabilité* umschreibt u.a. *Everling* in: FS Carstens, S. 95 (108) die unmittelbare Wirkung von Richtlinien. Vgl. auch *Timmermans*, CMLRev 1979, 533 (538) sowie *Easson*, ELRev 1979, 67ff.

34 Vgl. z.B. EuGHE 1974, Rs. 41/74, 1337 – Van Duyn, Rn. 12ff.; EuGHE 1982, Rs. 8/81, 53 – Becker, Rn. 22ff.; EuGHE 1988, Rs. 190/87, S. 4689 – Moormann, Rn. 24.

35 *Manin*, RTDE 1990, 669 (674f.); *Prechal*, Directives in EC Law, S. 276; *dies.*, CMLRev 2000, 1047 (1050); *de Witte*, in: *Craig/de Búrca*: The Evolution of EU Law, S. 187. Dabei ist zu berücksichtigen, dass nationale Behörden und Gerichte – unabhängig von einer Geltendmachung der Richtliniennorm durch Individuen – grundsätzlich verpflichtet sind, das nationale Recht richtlinienkonform auszulegen (vgl. EuGHE 1984, Rs. 14/83, 1908 – Von Colson und Kamann).

36 Vgl. dazu *Geddes*, Protection of Individual Rights and EC Law, S. 77f.; *Triantafyllou*, DÖV 1997, 192 (193); *Albin*, Vollzugskontrolle, S. 93; *Dörr*, in: *Sodan/Ziekow*: Nomos-Kommentar zur VwGO, EVR, Rdnr. 380; *Renke*, EG-Richtlinien und verwaltungsgerichtlicher Rechtsschutz, S. 77 und 81.

37 Vgl. u.a. EuGHE 1989, Rs. 103/88, 1839 – Costanzo; EuGHE 1991, verb. Rs. C-87/90 bis C-89/90, 3757 – Verholen; EuGHE 1995, Rs. 431/91, I-2189 – Großkrotzenburg, Rn. 26. Später bestätigt durch EuGHE 1996, Rs. C-72/95, I-5403 – Kraaijeveld, Rn. 55ff. sowie EuGHE 1999, Rs. C-365/97, I-7773 – San Rocco, Rn. 63.

nichts zu tun"[38]. Für eine Bejahung dieser – teilweise als *objektive* Direktwirkung[39] bezeichneten – Pflicht ist demnach weder erforderlich, dass sich ein Individuum auf die betreffende Richtliniennorm beruft, noch dass die in Frage stehende Norm subjektive Rechte enthält.

Sacha Prechal hat das Konzept der *Direktwirkung* vor einiger Zeit – wörtlich übersetzt – als „die einem Gericht oder einer anderen staatlichen Stelle obliegende Verpflichtung, die betreffende Gemeinschaftsrechtsnorm als streitentscheidende Norm bzw. als Rechtmäßigkeitsmaßstab anzuwenden" charakterisiert.[40]

Zwar lässt sich diese Definition – *Bruno de Witte* folgend – zunächst dahingehend kritisieren, dass sie keine spezifischen Aussagen mit Blick auf Normen des Gemeinschaftsrechts trifft, welche nicht gleichzeitig auch für Normen des nationalen Rechts Geltung beanspruchen könnten.[41] Allerdings ist zu berücksichtigen, dass Sinn und Zweck einer derartigen Formulierung nicht die „Lösung" der Direktwirkungsproblematik an sich sein kann. Vielmehr dürfte sich die oben zitierte Definition auf die Erfüllung einer Klarstellungsfunktion[42] beschränken: Sie verkörpert sozusagen das Ergebnis, zeigt jedoch nicht den „Weg" dorthin. Gerade in jenen Bereichen, in denen sich die innerstaatliche Beachtlichkeit des Gemeinschaftsrechts – wenn nicht im Ergebnis (s.o. Definition), so doch in ihren

38 EuGHE 1995, Rs. 431/91, I-2189 – Großkrotzenburg, Rn. 26. Später bestätigt durch EuGHE 1996, Rs. C-72/95, I-5403 – Kraaijeveld, Rn. 55ff. sowie EuGHE 1999, Rs. C-365/97, I-7773 – San Rocco, Rn. 63.

39 *Pechstein*, EWS 1996, 261ff.; *Gellermann*, DÖV 1996, 432 (436); *Rörig*, Die Direktwirkung von Richtlinien in Privatrechtsverhältnissen, S. 24. *Bruno de Witte* charakterisiert dies als „administrative Direct Effect" (*ders.*, in: *Craig/de Búrca*: The Evolution of EU Law, S. 188). Gegen diese im deutschsprachigen Schrifttum vorherrschende Interpretation und die damit verknüpfte Unterscheidung zwischen *objektiver* und *subjektiver* Direktwirkung werden teilweise Bedenken geäußert: Vgl. u.a. *Hilson/Downes*, ELRev 1999, 121 (138), die den Begriff „public law effect" verwenden und betonen, dass dieses Konzept von der unmittelbaren Wirkung zu unterscheiden sei; ähnlich *Epiney*, ZUR 1996, 229 (231ff.), die eine unmittelbare Wirkung von Richtlinien zwingend an das Vorliegen von Rechten Einzelner knüpft und von dieser „unmittelbaren Wirkung" die Bindung des Staates an unmissverständliche richtlinienimmanente Verpflichtungen unterscheidet; anders dagegen *dies.*, in: *Rengeling*, Hdb. zum europ. und dt. UmweltR I § 30 Rn. 5ff.: die *objektive* Komponente der Direktwirkung explizit – neben der *subjektiven* unmittelbaren Wirkung – in das Konzept der Direktwirkung integrierend.

40 Vgl. *Prechal*, Directives in EC Law, S. 276f. „... direct effect is the obligation of a court or another authority to apply the relevant provision of Community law, either as a norm which governs the case or as a standard of legal review.".

41 *De Witte*, in: *Craig/de Burcá*: The Evolution of EU Law, S. 188: „This may seem a rather trivial definition which does not appear to say anything specific about Community Law which cannot be said about norms of national law as well.".

42 Diese Funktion wird in Kap. 1 B erläutert.

Voraussetzungen – von der des nationalen Rechts unterscheidet, dürfte eine derartige Charakterisierung der Direktwirkung im Sinne einer Klarstellung ihre Berechtigung behalten. Insbesondere die hier interessierende Direktwirkung von Richtlinien in dreipoligen Konstellationen beurteilt sich nicht allein danach, ob die betreffende Richtliniennorm – wie Normen des nationalen Rechts – ihrer Normstruktur nach einer Anwendung im konkreten Einzelfall zugänglich ist.[43] Vor diesem Hintergrund soll im Rahmen der vorliegenden Untersuchung grundsätzlich an der oben vorgestellten Definition festgehalten werden. Gleichzeitig erscheint eine Ergänzung mit Blick auf den soeben beispielhaft erläuterten Problembereich geboten: Demnach definiert sich die *Direktwirkung* als die einem Gericht oder einer anderen staatlichen Stelle obliegende Verpflichtung, die betreffende Gemeinschaftsrechtsnorm als streitentscheidende Norm bzw. als Rechtmäßigkeitsmaßstab anzuwenden, soweit nicht maßnahmetypische Besonderheiten[44] einer derartigen Anwendung entgegenstehen.

B Inhalt der unmittelbaren Wirkung von Richtlinien

Die Direktwirkung von Richtlinien umfasst demnach grundsätzlich zwei Anwendungsbereiche: zum einen die Heranziehung einer Richtliniennorm als *streitentscheidende (Anspruchs-)norm*, zum anderen ihre Heranziehung als *Rechtmäßigkeitsmaßstab* zur Beurteilung des nationalen Rechts.[45]

Im Folgenden sollen diese beiden Anwendungsbereiche überblicksartig erläutert werden. Eine Anknüpfung an den eigentlichen Untersuchungsgegenstand

---

43 Vgl. aber *De Witte*: „Therefore, direct effect really boils down, as far as courts are concerned, to a test of justiciability: is the norm sufficiently operational in itself to be applied by a court in a given case?" (*ders.*, in: *Craig/de Burcá*: The Evolution of EU Law, S. 188). Allerdings relativiert *De Witte* diese These selbst, indem er klarstellt, dass dem Konzept der Direktwirkung beispielsweise im Bereich von Richtlinien sowie internationalen Abkommen weiterhin eine Bedeutung zukommt (ebd., S. 188).

44 Gemeint sind die Maßnahmen im Sinne von Art. 249 EG sowie internationale Abkommen gemäß Art. 300 EG. Maßnahmetypische Besonderheiten sind vor allem mit Blick auf Richtlinien sowie internationale Abkommen, beispielsweise das GATT, zu verzeichnen.

45 Vgl. zu einer derartigen Unterscheidung bereits *Waelbroeck*, in: Le droit international demain, S. 85ff.: zwischen „effet direct positif (immédiate)" und „effet direct simple ou négative" unterscheidend. Dabei bezieht sich der erste Begriff auf die Heranziehung einer Norm als „Entscheidungsnorm", während der zweite Begriff die Heranziehung einer Norm als „Rechtmäßigkeitsmaßstab" erfasst. Allerdings scheint *Waelbroeck* dieser Differenzierung ein sehr weit gefasstes Konzept der Direktwirkung zugrunde zu legen.

erfolgt dabei insofern, als die Bedeutung der oben erwähnten Differenzierung für die Problematik dreipoliger Rechtsbeziehungen aufgezeigt wird.

I Die Richtliniennorm als streitentscheidende (Anspruchs-)norm

Die Anwendung einer Richtliniennorm als *streitentscheidende (Anspruchs-)norm* kommt zum Tragen, wenn ein Privater unter Berufung auf die betreffende Richtliniennorm ein *bestimmtes* staatliches Tun oder Unterlassen durchzusetzen versucht.[46] Es geht damit um die Subsumtion eines Sachverhalts unmittelbar unter die Richtlinienbestimmung. Die Richtliniennorm ist streitentscheidend in dem Sinne, dass in ihr die rechtliche Grundlage für das materielle Begehren des (privaten) Antragstellers bzw. Klägers verankert ist. Damit setzt die Heranziehung einer Richtliniennorm als *streitentscheidende (Anspruchs-)norm* – unabhängig von einer Individualberechtigung des Privaten nach Maßgabe des jeweiligen nationalen Rechts – voraus, dass die von der staatlichen Behörde eingeforderte *spezifische* Maßnahme in der betreffenden Richtliniennorm durch eine *entsprechend konkret* formulierte Verpflichtung verankert ist.[47]

In diesem Zusammenhang kann beispielhaft auf die Rechtssache *Becker*[48] verwiesen werden: In dieser Entscheidung aus dem Jahr 1982 ging es um die Direktwirkung von Art. 13 der Sechsten Umsatzsteuerrichtlinie 77/388[49]. Gemäß dieser Richtliniennorm sollten gewisse Tätigkeiten, darunter die Vermittlung von Kreditverträgen, nicht mehr der Umsatzsteuer unterliegen. Die betreffende Richtlinie hätte bis zum 1. Januar 1979 umgesetzt werden müssen. Das deutsche UStG trat hingegen erst am 1. Januar 1980 in Kraft. Ungeachtet dessen beantragte die Klägerin des Ausgangsverfahrens, eine Kreditvermittlerin, beim zuständigen Finanzamt – unter Berufung auf die oben genannte Richtliniennorm – eine Steuerbefreiung bereits für die im Jahr 1979 erzielten Umsätze. Das Finanzamt lehnte eine entsprechende Befreiung ab. In Beantwortung einer Vorlagefrage des im späteren Verlauf angerufenen Finanzgerichts bejahte der *EuGH* die Di-

46 Vgl. dazu u.a. *Jarass*, Grundfragen, S. 82.

47 Ähnlich *Jans*, European Environmental Law, S. 162f. Allerdings können die von *Jans* verwendeten Beispiele insofern nicht überzeugen, als die zugrunde gelegten Richtliniennormen den zuständigen Behörden einen Ermessensspielraum mit Blick auf die *konkret* zu ergreifenden Maßnahmen zugestehen, so dass der betroffene Bürger, sofern er überhaupt eine entsprechende Individualberechtigung vorweisen kann, dennoch keinen Anspruch auf die Ergreifung einer *spezifischen* Maßnahme, beispielsweise einer Genehmigungsaufhebung, haben dürfte.

48 EuGHE 1982, Rs. 8/81, 53 – Becker, Rn. 22ff.

49 ABlEG 1977 L 145, S. 1.

rektwirkung von Art. 13 RL. Infolgedessen konnte die Klägerin des Ausgangsverfahrens nunmehr berechtigterweise eine Befreiung von der Umsatzsteuer bereits für das Jahr 1979 geltend machen. Die betreffende Richtliniennorm diente der Klägerin insofern als *streitentscheidende (Anspruchs-)norm* für die Durchsetzung ihres materiellen Begehrens.

Von besonderer Relevanz für die Problematik dreipoliger Rechtsbeziehungen ist das Umweltrecht. Die Richtlinien in diesem Bereich sind überwiegend durch den Umstand gekennzeichnet, dass die Mitgliedstaaten über einen erheblichen Ermessensspielraum im Hinblick auf die *Art und Weise* der Erfüllung richtlinienimmanenter Umweltstandards verfügen.[50] Gemeint ist dabei nicht die Frage nach dem einschlägigen Rechtsinstrument im Rahmen der normativen Richtlinienumsetzung (z.B. Gesetz, Rechtsverordnung), sondern vielmehr der Umstand, dass den zuständigen staatlichen Stellen bei Ergreifung der – im Sinne einer Richtliniennorm – notwendigen Maßnahmen vielfach ein breites Repertoire an Handlungsmöglichkeiten zur Verfügung steht.

So verpflichtet beispielsweise Art. 4 Abs. 1 RL 87/217/EWG[51] die Mitgliedstaaten dazu, die erforderlichen Maßnahmen zu ergreifen, damit der durch Abluftleitungen in die Luft abgegebene Asbest nicht den Grenzwert von 0,1 mg/m^3 überschreitet. Zwar ist die betreffende Richtlinienbestimmung mit Blick auf den in ihr verankerten *Grenzwert* hinreichend konkret und unbedingt formuliert, jedoch bleibt es den Mitgliedstaaten überlassen, *wie* sie die Einhaltung dieses Grenzwertes erreichen und sicherstellen. Sie können beispielweise in bestimmten Gebieten die Ansiedlung neuer Industriebetriebe verbieten, von den Betreibern die Verwendung entsprechender Filteranlagen fordern oder den Kraftfahrzeugbetrieb eindämmen usw.[52] Aus der hinreichend konkret und unbedingt formulierten Verpflichtung zur *Einhaltung der Grenzwerte* folgt daher regelmäßig nicht die Pflicht, eine *bestimmte* Maßnahme zu ergreifen.[53] Dementsprechend lässt sich in diesem Bereich die Ergreifung *spezifischer* Maßnahmen – selbst bei Bejahung einer Individualberechtigung[54] – nicht gerichtlich durchsetzen.

Auch die UVP-Richtlinie lässt sich im vorliegenden Zusammenhang beispielhaft anführen: Art. 4 Abs. 2 i.V.m. Art. 2 Abs. 1 der UVP-Richtlinie sieht zugunsten der Mitgliedstaaten einen Ermessensspielraum im Hinblick auf die Bestim-

---

50 *Jans*, European Environmental Law, S. 162.

51 Richtlinie des Rates vom 19. März 1987 zur Verhütung und Verringerung der Umweltverschmutzung durch Asbest (ABlEG 1987 L 85, S. 40).

52 Dieses Beispiel findet sich bei *Krämer*, WuV 1990, 138 (144). Je nach Handlungsmodalität kann ggf. auch die zuständige staatliche Stelle (d.h. Legislative oder Exekutive) variieren.

53 So auch *Krämer*, WuV 1990, 138 (144).

54 Gemeint ist die Antrags- bzw. Klagebefugnis eines Privaten.

mung von Kriterien bzw. Schwellenwerten für UVP-pflichtige Projekte vor.[55] Allerdings steht das Vorhandensein eines derartigen Ermessensspielraumes nicht dem Umstand entgegen, dass die in Art. 2 Abs. 1 UVP-Richtlinie enthaltene Verpflichtung zur Durchführung einer Umweltverträglichkeitsprüfung unmissverständlicher Natur ist, und dass Ermessensgrenzen existieren, deren Einhaltung – gegebenenfalls auf „Initiative" eines privaten Klägers -[56] von den nationalen Gerichten überprüft werden kann.[57]

Insgesamt dürfte somit – zumindest im Umweltrecht – die Heranziehung einer Richtliniennorm als *streitentscheidende Norm* bzw. eine entsprechende Möglichkeit Privater, von der staatlichen Behörde – unter Berufung auf eine Richtliniennorm – die Ergreifung *spezifischer* Maßnahmen einzufordern, nicht die Regel, sondern vielmehr eine Ausnahme darstellen.

II Die Richtliniennorm als Maßstabsnorm

Vor diesem Hintergrund kommt dem zweiten Anwendungsbereich der Direktwirkung, der Heranziehung einer Richtliniennorm als *Maßstabsnorm*, gerade im Bereich des Umweltrechts eine erhebliche praktische Bedeutung zu.

Die Bedeutung einer Richtliniennorm als *Maßstabsnorm* lässt sich beispielhaft anhand der – auch unter dem Blickwinkel dreipoliger Konstellationen[58] bedeutsamen – *WWF/Bozen*[59]-Entscheidung aus dem Jahr 1999 veranschaulichen: In dem dieser Rechtssache zugrunde liegenden Sachverhalt ging es um die Entscheidung einer italienischen Verwaltungsbehörde, ein bestimmtes Projekt – die Umstrukturierung eines Flughafens – im Rahmen eines entsprechenden Genehmigungsverfahrens von der Durchführung einer Umweltverträglichkeitsprüfung freizustellen. Gegen diese Genehmigung hatten die Anrainer des Flughafens sowie zwei Umweltschutzverbände vor dem zuständigen Verwaltungsgericht Anfechtungsklage erhoben. Dabei machten die Kläger geltend, dass das Genehmigungsverfahren ohne die nach der UVP-Richtlinie für ein derartiges Projekt erforderliche UVP durchgeführt worden sei.

---

55 EuGHE 1996, Rs. C-72/95, I-5403 – Kraaijeveld, Rn. 50; EuGHE 1999, Rs. C-392/96, I-5901 – Kommission/Irland (Schwellenwerte), Rn. 64.

56 EuGHE 1996, Rs. C-72/95, I-5403 – Kraaijeveld, Rn. 55; EuGHE 1999, Rs. C-435/97, I-5612 – World Wildlife Fund u.a./Autonome Provinz Bozen u.a.. (im Folgenden: WWF/Bozen), Rn. 71.

57 EuGHE 1995, Rs. 431/91, I-2189 – Großkrotzenburg, Rn. 39.

58 Vgl. die Auswertung der betreffenden Rechtssachen mit Blick auf die spezielle Problematik dreipoliger Rechtsbeziehungen in Kap. 3 B II.

59 EuGHE 1999, C-435/97, I-5613 – WWF/Bozen.

In Beantwortung einer entsprechenden Vorlagefrage stellte der *EuGH* klar, „... dass sich einzelne dann, wenn der Gesetzgeber oder die Verwaltung eines Mitgliedstaates das ihnen durch Artikel 4 Absatz 2 und Artikel 2 Absatz 1 der Richtlinie eingeräumte Ermessen überschritten haben, vor dem Gericht eines Mitgliedstaates gegenüber den nationalen Stellen auf diese Bestimmungen berufen und dadurch erreichen können, dass diese nationale Vorschriften oder Maßnahmen außer Betracht lassen, die mit diesen Bestimmungen unvereinbar sind"[60].

1. Sinn und Zweck dieses Anwendungsbereichs

Im Unterschied zu dem zuvor erläuterten Anwendungsbereich der Direktwirkung, der Heranziehung einer Richtliniennorm als streitentscheidende Norm, geht es im Rahmen dieses Anwendungsbereichs weniger um den Schutz bzw. die Verwirklichung von Rechtspositionen Privater, sondern primär um die Gewährleistung eines *judicial review* staatlicher Maßnahmen bezüglich ihrer Gemeinschaftskonformität: Private Kläger und nationale Gerichte werden dergestalt instrumentalisiert, als sie den *judicial review* gerichtlich einbringen bzw. durchführen, um damit sicherzustellen, dass die Legislative[61] bzw. die Exekutive[62] eines Mitgliedstaates ihren richtlinienimmanenten Verpflichtungen – im Rahmen ihres Ermessensspielraums – nachkommt.[63] Der dahinter stehende Grundgedanke ist von *Christine Boch* wie folgt zusammengefasst worden: „The primary focus of judicial review is not private law rights, but public law wrongs."[64]

Der soeben beschriebenen Form *dezentraler* Vollzugskontrolle kommt insbesondere beim laufenden Vollzug des Gemeinschaftsrechts durch mitgliedstaatliche Verwaltungsbehörden eine erhebliche praktische Bedeutung zu:[65] Denn in diesem Zusammenhang auftretende – von der mangelhaften bzw. vollständig unterlassenen Richtlinienumsetzung durch den nationalen Gesetzgeber zu unter-

60 EuGHE 1999, C-435/97, I-5613 – WWF/Bozen, Rn. 71.

61 Vgl. dazu EuGHE 1996, Rs. C-72/95, I-5403 – Kraaijeveld.

62 Vgl. dazu EuGHE 1999, Rs. C-435/97, I-5613 – WWF/Bozen.

63 *Edward*, in: FS Mancini – Bd. 2, S. 423 (441f.). Gleichwohl dürfte sich die damit verbundene Frage, in welchem Umfang bzw. Rahmen Private berechtigt sein sollen, etwaige Ermessensüberschreitungen des nationalen *Gesetzgebers* geltend zu machen, in erster Linie nach dem jeweiligen nationalen Verwaltungs- bzw. Verfassungsprozessrecht beurteilen. Vgl. zur Behandlung der vorliegenden Problematik unter dem Blickwinkel des deutschen Verwaltungsrechts Kap. 7.

64 *Boch*, The Iroquois at the Kirchberg; or some Naive Remarks on the Status and Relevance of Direct Effect, in: Harvard Jean Monnet Working Paper 6/99 – http://www.jeanmonnetprogram.org/papers/, RTF-Format, S. 12.

65 Vgl. dazu bereits *Hilf*, EuR 1993, 1 (17) unter Hinweis auf die damit verbundenen praktischen Schwierigkeiten für den Bürger.

scheidende -[66] Verstöße lassen sich nur schwer im Wege einer *zentralen* Vollzugsüberwachung durch die *Europäische Kommission* nach Maßgabe des Art. 226 EG ahnden.[67]

2. *Bindung an die Voraussetzungen der Direktwirkung*

Teilweise wird die Auffassung vertreten, dass die Anwendung einer Richtliniennorm als Rechtmäßigkeitsmaßstab des nationalen Rechts nicht an die Voraussetzungen der Direktwirkung gebunden sei. Vielmehr solle eine Richtliniennorm auch bzw. gerade in jenen Fällen, in denen die (strukturellen) Voraussetzungen der Direktwirkung verneint wurden, „zumindest" als Maßstabsnorm zur Anwendung kommen.[68]

Die Divergenzen zwischen den im Einzelnen vertretenen Positionen dürften vor allem auf den Umstand zurückzuführen sein, dass dem Konzept der Anwendung als *Maßstabsnorm* jeweils ein unterschiedlicher Bedeutungsgehalt beigemessen wird. So wird der Begriff *Maßstabsnorm* vielfach ausschließlich im Zusammenhang mit einer richtlinienkonformen Auslegung des nationalen Rechts verwendet.[69] Hingegen unterscheidet *Christine Langenfeld* zwar zwischen der Heranziehung einer Richtliniennorm als *Auslegungsnorm* zum Zwecke der richtlinienkonformen Auslegung einerseits, und der Anwendung einer Richtliniennorm als *Maßstabsnorm* zur Durchführung eines *judicial review* des nationalen Rechts andererseits.[70] Gleichzeitig misst sie jedoch den Begriffen *unmittelbare Geltung* bzw. *unmittelbare Anwendbarkeit* eine ausgesprochen weite Bedeutung bei – mit der Folge, dass auch Richtliniennormen derartige Wirkungen entfalten und somit im Rahmen eines *judicial review* herangezogen werden können, ohne an die Voraussetzungen der Direktwirkung gebunden zu sein.[71]

Mit Blick auf diese divergierenden Bedeutungsgehalte ist zunächst klarzustellen, dass sich die hier interessierende Bedeutung der Richtliniennorm als *Maßstabsnorm* erheblich von der Heranziehung einer Richtliniennorm zum Zwecke der richtlinienkonformen Auslegung unterscheidet: Anhand der bereits

---

66 Vgl. zur Notwendigkeit einer Unterscheidung zwischen der normativen Umsetzung von Richtlinien und der innerstaatlichen – normvollziehenden – Rechtsanwendung z.B. *Breuer*, WuV 1990, 79 (97).

67 Vgl. zu den Schwierigkeiten der Kommission bei der Durchführung entsprechender Vertragsverletzungsverfahren Kap. 5 A I 2.

68 So z.B. *Timmermans*, CMLRev 1979, 533 (545); *Dendrinos*, Direktwirkung, S. 198ff.; *Simon*, La directive européenne, S. 95ff.

69 Vgl. *Dal Farra*, RTDE 1992, 631 (647ff.).

70 So z.B. *Langenfeld*, DÖV 1992, 955 (957), allerdings beide Konstellationen nicht an die Voraussetzungen der unmittelbaren Wirkung knüpfend.

71 *Langenfeld*, DÖV 1992, 955f. Vgl. zu dieser Problematik bereits Kap. 1 A.

erwähnten Rechtssache *WWF/Bozen* wird deutlich, dass es nicht um die *Auslegung* des nationalen Rechts im Lichte einer Richtliniennorm, sondern vielmehr um die gerichtliche Überprüfbarkeit der Einhaltung richtlinienimmanenter Ermessensgrenzen geht: Dabei ist im Falle einer Überschreitung des von einer Richtliniennorm gewährten Ermessensspielraumes keine *Auslegung*, sondern vielmehr die *Nichtanwendung* des richtlinienwidrigen nationalen Rechts geboten.

Die Notwendigkeit einer Unterscheidung zwischen einer Maßstabsnorm im hier (ausschließlich) interessierenden Sinne und einer Maßstabs- bzw. Auslegungsnorm im Sinne der richtlinienkonformen Auslegung wird vor allem in dreipoligen Konstellationen deutlich: In derartigen Konstellationen könnte von erheblicher Relevanz sein, ob die mit einer Bejahung der Direktwirkung verbundene Belastung eines Privaten ihre rechtliche Grundlage im nationalen Recht[72] oder in einer Richtliniennorm findet. In diesem Zusammenhang ist zu berücksichtigen, dass eine richtlinienkonforme Auslegung des nationalen Rechts grundsätzlich auch zu Lasten Privater möglich ist.[73] Im Hinblick auf die hier interessierende Bedeutung einer Richtliniennorm als Maßstabsnorm zum Zwecke eines *legal review* des nationalen Rechts wäre dieses Postulat hingegen noch zu prüfen.[74] Aufgrund dieser – für dreipolige Konstellationen – grundlegenden Unterschiede soll die *richtlinienkonforme Auslegung* des nationalen Rechts nicht von dem insofern eng abgesteckten inhaltlichen Gehalt der Direktwirkung umfasst sein.

Gleichzeitig ist die Position abzulehnen, der zufolge die Anwendung einer Richtliniennorm als Maßstabsnorm zum Zwecke eines *legal review* des nationalen Rechts nicht an die Voraussetzungen der Direktwirkung gebunden sei.[75] Denn bejahendenfalls würde sich das Verhältnis des *judicial review* zu anderen Rechtsinstituten, insbesondere zur *richtlinienkonformen Auslegung*, ausgesprochen schwierig gestalten: Für die *richtlinienkonforme Auslegung* nationaler Rechtsnormen wäre dann insofern kein Raum mehr, als die betreffenden Rechtsakte des nationalen Rechts im Falle ihrer Richtlinienwidrigkeit von vornherein keine Anwendung finden könnten – die Wirkung der Richtliniennorm als *Maßstabsnorm* würde eine derartige Anwendung verbieten. Darüber hinaus wären erhebliche Rechtslücken zu befürchten, wenn richtlinienwidriges nationales Recht nicht zur

72 So im Falle der richtlinienkonformen Auslegung.

73 Die Grenze einer derartigen Belastungswirkung bildet die strafrechtliche Inanspruchnahme Privater: EuGHE 1987, Rs. 80/86, 3969 – Kolpinghuis Nijmegen, Rn. 13; EuGHE 1997, Rs. 304/94, I-3561 – Tombesi, Rn. 43; *Wahl*, NVwZ 2000, 502 (508).

74 Vgl. dazu insbesondere Kap. 6.

75 So aber z.B. *Langenfeld*, DÖV 1992, 955 (955f.); wohl auch *Gassner*, in: FS Oppermann, S. 503 (515f.): das Konzept des legal review „eben deshalb“ von der Direktwirkungsdoktrin unterscheidend (ebd., S. 515).

Anwendung kommen könnte, obwohl die in Frage stehende Richtliniennorm – mangels hinreichender Bestimmtheit und Unbedingtheit[76] – keine subsumtionsfähigen Vorgaben enthält.[77] Diese Bedenken rechtfertigen den Befund, dass Richtliniennormen lediglich dann eine Vorrangwirkung gegenüber entgegenstehenden nationalen Rechtsnormen entfalten, wenn die Voraussetzungen der unmittelbaren Wirkung erfüllt sind.[78] Damit stellt die Heranziehung einer Richtliniennorm als *Maßstabsnorm* für die Durchführung eines *judicial review* des nationalen Rechts kein eigenständiges Rechtsinstitut, sondern lediglich einen Teileffekt der unmittelbaren Wirkung dar.[79]

III Zusammenfassung

Insbesondere im Rahmen des soeben beschriebenen Anwendungsbereichs der Direktwirkung, der Heranziehung einer Richtliniennorm als Maßstabsnorm, ist deutlich geworden, dass das Konzept der Direktwirkung eine andere Funktion als das subjektive Recht erfüllt: Während dem – vor allem im deutschen Verwaltungsrecht stark verankerten – subjektiven Recht in erster Linie die Aufgabe zukommt, im Wege einer Definition des Klageberechtigten Popularklagen zu vermeiden, geht es im Rahmen der Direktwirkung um eine Instrumentalisierung des Einzelnen sowie der innerstaatlichen Gerichte, mit dem Ziel, eine effektive Durchsetzung des Gemeinschaftsrechts sicherzustellen.[80] Da die *Geltendmachung* einer hinreichend bestimmten sowie unbedingten Richtliniennorm grundsätzlich an die prozessualen Gegebenheiten des jeweiligen nationalen Rechts geknüpft ist, dürfte eine Popularklage gleichwohl ausscheiden.[81]

---

76 Vgl. zu den Voraussetzungen der unmittelbaren Wirkung Kap. 1 B.

77 *Scherzberg*, JURA 1993, 225 (229); *Jarass*, Grundfragen, S. 104.

78 Vgl. auch *Scherzberg* JURA 1993, 225 (229) m.w.N.; *Jarass*, Grundfragen, S. 105; i.E. wohl auch *Gstaltmeyer*, Bewehrung von EG-Richtlinien, S. 188ff. – allerdings dem Begriff *Maßstabsnorm* eine nicht ganz überzeugende Bedeutung beimessend; a.A. *Langenfeld*, DÖV 1992, 955 (962f.). Vgl. zu den Voraussetzungen der Direktwirkung von Richtlinien Kap. 1 C.

79 *Jarass*, Grundfragen, S. 70; *Prechal*, Directives in EC Law, S. 276.

80 Mit Blick auf das Konzept der Direktwirkung im Allgemeinen – d.h. ohne entsprechende Differenzierung nach „Anwendungsbereichen" – *Kokott*, DV 1998, 335 (354); ähnlich bereits *Pernice*, NVwZ 1990, 414 (426). Zu berücksichtigen ist allerdings, dass der Gedanke des *effet utile* in der *EuGH*-Rechtsprechung nicht als alleinige dogmatische Grundlage der Direktwirkungsdoktrin herangezogen wird. Darüber hinaus ist vielmehr auch der *Estoppel*-Gedanke sowie der in Art. 249 Abs. 3 EG verankerte verbindliche Charakter von Richtlinien von Bedeutung.

81 Vgl. dazu Kap. 1 C IV.

C Voraussetzungen der unmittelbaren Wirkung von Richtlinien

Im folgenden Abschnitt sollen die *Voraussetzungen* der Direktwirkung von Richtlinien dargestellt werden. Da diese Voraussetzungen bereits Gegenstand vielfältiger Erörterungen gewesen sind,[82] sollen sich die vorliegenden Ausführungen darauf beschränken, die Direktwirkungskriterien in dem für die Untersuchung erforderlichen Umfang zu erläutern sowie neuere Tendenzen aufzuzeigen.

Regelmäßig wird nicht die Richtlinie als solche, sondern werden lediglich einzelne Richtliniennormen – nämliche jene Normen, welche die entsprechenden Voraussetzungen erfüllen – eine Direktwirkung entfalten.[83] Vielfach kann es sogar erforderlich sein, die Voraussetzungen der Direktwirkung für einen Unterabsatz oder einen Einzelsatz zu prüfen.[84]

I Unterlassene bzw. mangelhafte Umsetzung nach Fristablauf

In zeitlicher Hinsicht setzt die unmittelbare Wirkung einer Richtliniennorm voraus, dass die Frist zur Umsetzung der Richtlinie in nationales Recht abgelaufen ist.[85] Darüber hinaus ist das Vorliegen eines „pathologischen"[86] Zustandes erforderlich: Eine derartige Situation liegt vor, wenn die Richtlinie entweder gar nicht oder lediglich mangelhaft in das jeweilige nationale Recht umgesetzt worden ist.[87]

---

82 Vgl. dazu u.a. *Prechal*, Directives in EC Law, S. 277ff. sowie *Simon*, La directive européenne, S. 61ff.

83 EuGHE 1982, Rs. 8/81, 53 – Becker, Rn. 27-30.

84 *Krämer*, WuV 1990, 138 (140).

85 EuGHE 1979, Rs. 148/78, 1629 – Ratti, Rn. 41-45. Auf die Problematik der sog. „Vorwirkung" von Richtliniennormen kann im vorliegenden Zusammenhang nicht eingegangen werden (vgl. dazu z.B. *Hilf*, EuR 1993, 1 (6f.); *Klein*, in: FS Everling Bd. I, S. 641 (645)).

86 Dieser recht prägnante Begriff wird u.a. von *Denys Simon* verwendet: „situation pathologique" (vgl. *ders.*, La directive européenne, S. 58).

87 Je nach Regelungsgehalt einer Richtliniennorm können sich unterschiedliche Anforderungen an eine ordnungsgemäße Umsetzung in das nationale Recht ergeben: Mit zunehmender Genauigkeit der Richtlinienvorgabe steigen auch die Anforderungen an die Bestimmtheit einer mitgliedstaatlichen Norm. Gleichzeitig werden besonders strenge Maßstäbe angelegt, wenn eine Richtliniennorm die Begründung von Rechten Einzelner im nationalen Recht bezweckt. Vgl. zu den Anforderungen an eine ordnungsgemäße Umsetzung von Richtlinien im Umweltbereich *Pernice*, NVwZ 1990, 414; *Breuer*, WuV 1990, 79 (98ff.); *Everling*, RIW 1992, 379ff.; *Gellermann/Sczekalla*, NuR 1993, 55ff.

II Das Kriterium der Unbedingtheit einer Richtliniennorm

In normstruktureller Hinsicht setzt die Direktwirkung einer Richtliniennorm zunächst voraus, dass die betreffende Norm *unbedingt* formuliert ist.[88] Dies ist der Fall, „... wenn sie eine Verpflichtung begründet, die weder an eine Bedingung geknüpft ist noch zu ihrer Erfüllung und Wirksamkeit einer Maßnahme der Gemeinschaftsorgane oder der Mitgliedstaaten bedarf."[89] So ändert beispielsweise allein die in Richtliniennormen häufig enthaltene Formulierung, der zufolge die zuständige staatliche Behörde verpflichtet ist, die „notwendigen Maßnahmen" zu ergreifen, nichts an der Unbedingtheit derartiger Richtliniennormen, da lediglich auf die Pflicht zur Verwirklichung des Regelungsgehalts, nicht aber auf die oben genannten „externen" Modalitäten verwiesen wird. Dagegen wäre beispielsweise eine Richtliniennorm, deren Regelungsgehalt an bestimmte Umweltstandards (z.B. Emissionsgrenzwerte) anknüpft, welche noch einer Festsetzung durch den Rat bedürfen, lediglich bedingt formuliert.

III Das Kriterium der hinreichenden Bestimmtheit einer Richtliniennorm

Darüber hinaus ist erforderlich, dass die betreffende Richtliniennorm *hinreichend bestimmt* formuliert ist. Dieses Kriterium ist erfüllt, wenn die Richtliniennorm „unzweideutig eine Verpflichtung begründet."[90] Zu diesem Zweck muss der nationale Rechtsanwender – gegebenenfalls durch Auslegung der Richtliniennorm – die konkrete Handlungsanweisung sowie den berechtigten und den verpflichteten Adressaten ermitteln können.[91]

Betrachtet man den überwiegenden Teil der *EuGH*-Rechtsprechung zur Direktwirkung, so erscheint zunächst die These gerechtfertigt, dass die Beurteilung der *hinreichenden Bestimmtheit* einer Richtliniennorm in *genereller* Form zu erfolgen hat. Mit anderen Worten: Die betreffende Richtliniennorm enthält eine

88 Vgl. ausführlich dazu *Krämer*, in: *Somsen*, Protecting the European Environment, S. 99 (102ff.); *Claßen*, Nichtumsetzung von Gemeinschaftsrichtlinien, S. 67ff.; *Renke*, EG-Richtlinien und verwaltungsgerichtlicher Rechtsschutz, S. 71.

89 EuGHE 1994, C-236/92, I-483 – Difesa, Rn. 9; EuGHE 1974, Rs. 41/74, 1337 – Van Duyn, Rn. 13f.; EuGHE 1996, verb. Rs. C-246/94 bis C-248/94, I-4373 – Antonio, Rn. 18; EuGHE 1997, C-389/95, I-2719 – Klattner, Rn. 33.

90 EuGHE 1994, C-236/92, I-483 – Difesa, Rn. 10. Vgl. insofern auch EuGHE 1986, Rs. 152/84, 723 – Marshall I, Rn. 52; EuGHE 1986, Rs. 71/85, 3855 – Nederlandse Vakbeweging, Rn. 18; EuGHE 1996, verb. Rs. C-246/94 bis C-248/94, I-4373 – Antonio, Rn. 19; EuGHE 1997, C-389/95, I-2719 – Klattner, Rn. 33.

91 *Dörr*, in: *Sodan/Ziekow*, Nomos-Kommentar zur VwGO, EVR, Rn. 366.

unzweideutige Verpflichtung und ist damit *hinreichend bestimmt* – oder sie ist mangels entsprechend formulierter Verpflichtung *nicht hinreichend bestimmt*.

1. Die EuGH-Rechtsprechung zur Direktwirkung der Abfallrahmenrichtlinie sowie zur Direktwirkung der UVP-Richtlinie

An der Richtigkeit der soeben dargelegten These kommen jedoch Zweifel auf, wenn man einige *EuGH*-Judikate zur Direktwirkung von Normen der Abfallrahmenrichtlinie sowie zur Direktwirkung von Normen der UVP-Richtlinie näher betrachtet: Denn die betreffenden Judikate lassen sich – in einer Gesamtschau betrachtet – dahingehend interpretieren, dass die Anforderungen an die *hinreichende Bestimmtheit* einer Richtliniennorm in Abhängigkeit davon zu beurteilen sind, ob die betreffende Richtliniennorm – im Sinne der bereits dargestellten Unterscheidung – *als streitentscheidende Norm* oder *als Rechtmäßigkeitsmaßstab* zur Beurteilung des nationalen Rechts herangezogen wird.[92]

Zur Veranschaulichung dieser recht abstrakt formulierten „Antithese" sollen zunächst die Ausführungen des *EuGH* in den Rechtssachen *Comitato (Difesa)*[93] aus dem Jahr 1994 und *San Rocco*[94] aus dem Jahr 1999 näher beleuchtet werden:

In dem der *Comitato (Difesa)*-Entscheidung zugrunde liegenden Ausgangsrechtsstreit hatten Private gegenüber einer staatlichen Behörde die Beeinträchtigung ihrer Rechte auf Umweltschutz geltend gemacht. Vor dem zuständigen nationalen Gericht beriefen sich die Kläger auf Art. 4 Abfallrahmenrichtlinie, um von der Behörde die Ergreifung *spezifischer* Maßnahmen der Abfallbeseitigung einzufordern. Art. 4 Abfallrahmenrichtlinie verpflichtet die Mitgliedstaaten zur Ergreifung der erforderlichen Maßnahmen, um sicherzustellen, dass Abfälle beseitigt werden, ohne die menschliche Gesundheit zu gefährden oder die Umwelt zu schädigen.

In Beantwortung einer entsprechenden Vorlagefrage des nationalen Gerichts war der *EuGH* zu dem Ergebnis gekommen, dass Art. 4 Abfallrahmenrichtlinie „... weder unbedingt noch hinreichend genau und damit nicht geeignet [ist], Rechte zu verleihen, welche die einzelnen gegenüber dem Staat geltend machen können."[95] Begründet wurde dieser Befund dahingehend, dass Art. 4 Abfallrahmenrichtlinie „... den Rahmen absteckt, in dem die Tätigkeit der Mitgliedstaaten

---

92 Dabei ist jedoch – wie bereits dargelegt – *nicht* die Heranziehung einer Richtliniennorm als Maßstabsnorm im Rahmen einer richtlinienkonformen Auslegung des nationalen Rechts gemeint.

93 EuGHE 1994, Rs. C-236/92, I-483 – Comitato di coordinamento per la difesa della cava u.a.

94 EuGHE 1999, Rs. C-365/97, I-7773 – San Rocco.

95 EuGHE 1994, Rs. C-236/92, I-483 – Comitato, Rn. 14.

auf dem Gebiet der Behandlung der Abfälle stattfinden soll, und nicht als solche den Erlass konkreter Maßnahmen oder diese oder jene Methode der Abfallbeseitigung vorschreibt... "[96].

Mit anderen Worten: Die betreffende Richtliniennorm enthält keine unzweideutige Verpflichtung der Mitgliedstaaten im Hinblick auf die Ergreifung *spezifischer* Maßnahmen bzw. einer *bestimmten* Methode der Abfallbeseitigung. Folglich muß es einem Privaten verwehrt sein, sich vor nationalen Gerichten auf Art. 4 Abfallrahmenrichtlinie zu berufen, um eine staatliche Behörde zur Ergreifung *konkreter* Maßnahmen der Abfallbeseitigung zu verpflichten.[97]

Gleichwohl lässt sich dieser Befund nicht dahingehend verallgemeinern, dass die betreffende Richtliniennorm *in keinerlei Hinsicht* eine unzweideutige Verpflichtung im Sinne des hier interessierenden Bestimmtheitskriteriums enthält. In diesem Zusammenhang ist auf die Rechtssache *San Rocco*[98] aus dem Jahr 1999 hinzuweisen.

In dem von der *Europäischen Kommission* eingeleiteten Vertragsverletzungsverfahren war fraglich, ob der Umstand, dass in den Wasserlauf des San-Rocco-Tals Abfälle in einer Art und Weise eingeleitet werden, welche die menschliche Gesundheit sowie die Umwelt gefährdet, gegen Art. 4 Abs. 1 Abfallrahmenrichtlinie[99] verstößt. Dabei ging es konkret um eine illegale Deponie im San-Rocco-Tal.

Der *EuGH* stellte klar, dass Art. 4 Abs. 1 Abfallrahmenrichtlinie eine hinreichend konkrete Pflicht mitgliedstaatlicher Behörden enthalte, deren Nichteinhaltung zum Verdikt der Vertragsverletzung führen kann.[100] Dabei bestätigte der *EuGH* zwar zunächst den bereits in der *Comitato (Difesa)*-Entscheidung entwickelten Befund, wonach Artikel 4 Abfallrahmenrichtlinie „... für die einzelnen

---

96 EuGHE 1994, Rs. C-236/92, I-483 – Comitato, Rn. 14.

97 Vgl. auch *Prechal*, CMLRev 2000, 1047 (1063).

98 EuGHE 1999, Rs. C-365/97, I-7773 – San Rocco.

99 Artikel 4 RL 75/442 a.F. wurde ein weiterer Abschnitt hinzugefügt, wobei die ursprüngliche Fassung nunmehr in Form des Art. 4 Abs. 1 RL 75/442 fortbesteht: Danach müssen die Mitgliedstaaten die erforderlichen Maßnahmen treffen, um sicherzustellen, dass Abfälle beseitigt werden, ohne die menschliche Gesundheit zu gefährden oder die Umwelt zu schädigen und insbesondere ohne Wasser, Luft, Boden sowie Tier- und Pflanzenwelt zu gefährden.

100 EuGHE 1999, Rs. C-365/97, I-7773 – San Rocco, Rn. 68: „Das Fortbestehen einer solchen tatsächlichen Situation kann jedoch, namentlich wenn dies zu einer signifikanten Beeinträchtigung der Umwelt über einen längeren Zeitraum führt, ohne dass die zuständigen Behörden eingreifen, darauf hinweisen, dass die Mitgliedstaaten das ihnen durch die Vorschrift eingeräumte Ermessen überschritten haben.“.

keine Rechte begründet, die die nationalen Gerichte zu schützen haben... "[101]. Gleichzeitig betonte der *EuGH* jedoch, dass sich in der Rechtssache *San Rocco* – anders als in der Rechtssache *Comitato (Difesa)* – die Frage stelle, „... ob Artikel 4 Absatz 1 der Richtlinie 75/442 n.F. dahin auszulegen ist, dass er die behauptete Verpflichtung[102] aufstellt und ob diese in einem Einzelfall erfüllt worden ist."[103] Gleichzeitig machte der *EuGH* unter Hinweis auf die Rechtssache *Großkrotzenburg* deutlich, dass „... [d]iese Frage... mit der Möglichkeit für den einzelnen, sich gegenüber dem Staat unmittelbar auf unbedingte sowie hinreichend klare und genaue Vorschriften einer nicht umgesetzten Richtlinie zu berufen, nichts zu tun hat... "[104].

In diesem Zusammenhang ist von erheblicher Bedeutung, dass die soeben zitierte Formulierung der *Großkrotzenburg*-Entscheidung den *EuGH* bekanntlich nicht daran hinderte, in einigen Folgeentscheidungen zur Rechtssache *Großkrotzenburg* – mit Blick auf dieselben Richtliniennormen (Art. 4 Abs. 2 i.V.m. Art. 2 Abs. 1 UVP-Richtlinie) – klarzustellen, „... dass sich einzelne dann, wenn der Gesetzgeber oder die Verwaltung eines Mitgliedstaates das ihnen durch Artikel 4 Absatz 2 und Artikel 2 Absatz 1 der Richtlinie eingeräumte Ermessen überschritten haben, vor dem Gericht eines Mitgliedstaats gegenüber den nationalen Stellen auf diese Bestimmungen berufen und dadurch erreichen können, dass diese nationale Vorschriften oder Maßnahmen außer Betracht lassen, die mit diesen Bestimmungen unvereinbar sind."[105] Denn „... [i]nsbesondere in den Fällen, in denen die Gemeinschaftsbehörden die Mitgliedstaaten durch eine Richtlinie zu einem bestimmten Verhalten verpflichten, würde die praktische Wirksamkeit einer solchen Maßnahme abgeschwächt, wenn die Bürger sich vor Gericht hierauf nicht berufen und die nationalen Gerichte sie nicht als Bestandteil des Gemeinschaftsrechts berücksichtigen könnten, um zu prüfen, ob der nationale Gesetzgeber im Rahmen der ihm vorbehaltenen Befugnis, Form und Mittel für die Umset-

---

101 EuGHE 1999, Rs. C-365/97, I-7773 – San Rocco, Rn. 62 unter Hinweis auf EuGHE 1994, Rs. C-236/92, I-483 – Comitato, Rn. 15.

102 Gemeint ist die in Art. 4 RL 75/442 a.F. bzw. Art. 4 Abs. 1 RL 75/442 n.F. verankerte Verpflichtung der Mitgliedstaaten, die erforderlichen Maßnahmen zu treffen, um sicherzustellen, dass die Abfälle beseitigt werden, ohne die menschliche Gesundheit zu gefährden oder die Umwelt zu schädigen... (aaO, Rn. 61) – Anmerkung der Verfasserin.

103 EuGHE 1999, Rs. C-365/97, I-7773 – San Rocco, Rn. 63 unter Hinweis auf EuGHE 1995, Rs. 431/91, I-2189 – Großkrotzenburg, Rn. 26.

104 EuGHE 1999, Rs. C-365/97, I-7773 – San Rocco, Rn. 63; EuGHE 1995, Rs. 431/91, I-2189 – Großkrotzenburg, Rn. 26.

105 EuGHE 1999, C-435/97, I-5613 – WWF/Bozen, Rn. 71.

zung der Richtlinie zu wählen, innerhalb des in der Richtlinie vorgesehenen Ermessensspielraumes geblieben ist."[106]

Diese Judikatur lässt sich dahingehend verallgemeinern, dass Private Art. 2 Abs. 1 i.V.m. Art. 4 Abs. 2 UVP-Richtlinie – ungeachtet des bereits erwähnten *Großkrotzenburg*-Zitates – vor den nationalen Gerichten geltend machen können. Die betreffenden Richtliniennormen werden dabei als Maßstabsnormen im Rahmen eines *judicial review* staatlicher Maßnahmen herangezogen.

Übertragen auf die Abfallrahmenrichtlinie würde der Mechanismus des *judicial review* darauf hinwirken, dass die Mitgliedstaaten ihre in Art. 4 Abs. 1 Abfallrahmenrichtlinie enthaltene Verpflichtung einhalten: Jedoch werden sie in diesem Rahmen nicht zur Ergreifung *spezifischer* Maßnahmen oder zu einer *bestimmten Methode* der Abfallbeseitigung gezwungen. Vielmehr geht es um die mitgliedstaatliche Verpflichtung, in den Grenzen ihres richtlinienimmanenten Ermessenspielraumes eine Abfallbeseitigung sicherzustellen, welche die Gesundheit und die Umwelt nicht gefährdet.[107] Insofern ist der hier interessierende Anwendungsbereich der Direktwirkung, die Heranziehung einer Richtliniennorm als *Maßstabsnorm*, von der Geltendmachung einer Richtliniennorm als *streitentscheidende (Anspruchs-)norm* zu unterscheiden.

In der Rechtssache *Comitato (Difesa)* hatte der *EuGH* allein mit Blick auf die letztere Konstellation eine hinreichende Bestimmtheit der betreffenden Richtliniennormen verneint: Denn Art. 4 Abs. 1 Abfallrahmenrichtlinie verpflichtet die zuständige staatliche Entität nicht zur Ergreifung spezifischer Maßnahmen der Abfallbeseitigung. Vergegenwärtigt man sich gleichzeitig, dass der *EuGH* in der Rechtssache *San Rocco* – anders als in der Rechtssache *Comitato (Difesa)* – eine unzweideutige Verpflichtung der nationalen Entitäten aus Art. 4 Abs. 1 Abfallrahmenrichtlinie bejahte, so scheint es künftig nicht ausgeschlossen zu sein, dass sich Private vor den nationalen Gerichten auf diese Norm berufen können, um in einer der Rechtssache *San Rocco* vergleichbaren Ausgangskonstellation[108] einen *judicial review* durch das nationale Gericht einzuleiten.[109] Dies gilt umso mehr,

---

106 EuGHE 1996, Rs. 72/95, I-5403 – Kraaijeveld, Rn. 56; EuGHE 1999, Rs. C-435/97, I-5613 – WWF/Bozen, Rn. 69; EuGHE 2000, Rs. C-287/98, I-6917 – Linster, Rn. 32. Vgl. insofern bereits EuGHE 1977, Rs. 51/76, 113 – Verbond van Nederlandse Ondernemingen, Rn. 22ff.

107 So auch *Krämer*, WuV 1990, 138 (145).

108 Gemeint ist eine signifikante Beeinträchtigung der Umwelt über einen längeren Zeitraum, ohne dass die zuständigen Behörden eingreifen.

109 Vgl. insofern bereits *Krämer*, WuV 1990, 138 (145): eine Direktwirkung von Art. 4 Abfallrahmenrichtlinie mit Blick auf diesen Aspekt bejahend. Ob in derartigen Verfahren – zur Gewährleistung einer einheitlichen Anwendung des Gemeinschaftsrechts – eine Vorlage nach Maßgabe des Art. 234 EG erforderlich erscheint, mag hier dahinstehen.

als der *EuGH* in der Rechtssache *San Rocco* selbst auf den Umstand verwies, dass „[d]ie Nichterfüllung der Verpflichtung aus Artikel 4 Absatz 1 der Richtlinie 75/442 n.F.... aus der Natur dieser Verpflichtung heraus das Risiko herauf[beschwört], dass die menschliche Gesundheit gefährdet wird und dass die Umwelt geschädigt wird... “[110].

2. *Abhängigkeit des Bestimmtheitskriteriums von der Funktion einer Richtliniennorm im Rahmen der Direktwirkung*

Eine Gesamtschau der soeben dargestellten *EuGH*-Judikate rechtfertigt somit die bereits angedeutete Position, dass die Anforderungen an die *Bestimmtheit*[111] einer richtlinienimmanenten Verpflichtung variieren: Wird die Richtliniennorm als *streitentscheidende (Anspruchs-)norm* geltend gemacht, etwa mit dem Ziel, eine staatliche Entität zur Ergreifung spezifischer Maßnahmen zu verpflichten, so setzt dies voraus, dass eine entsprechend bestimmt formulierte Verpflichtung in der Richtliniennorm verankert ist. Wird dieselbe Richtliniennorm hingegen im Rahmen eines *judicial review* herangezogen, um zu ermitteln, ob ein staatliches (Verwaltungs-)handeln die Grenzen des richtlinienimmanenten Ermessens überschritten hat, so sind weniger rigide Anforderungen an die *Bestimmtheit* der Verpflichtung zu stellen: Denn in dieser Konstellation wird lediglich die Einhaltung der Ermessengrenzen überprüft. Gleichzeitig setzt dies allerdings voraus, dass die Ermessensgrenzen hinreichend konkret formuliert sind.

Die Notwendigkeit, bezüglich der Anforderungen an das *Bestimmtheitskriterium* zu differenzieren, zeigt sich auch aus dem Blickwinkel der nationalen Gerichte: Diese benötigen für eine Anwendung der betreffenden Richtliniennorm *an Stelle* einer nationalen Regelung eine stärkere Orientierung als bei einer bloßen Heranziehung der Richtliniennorm als *Maßstab* für die Rechtmäßigkeit einer nationalen Regelung.[112] Enthält eine Richtliniennorm, wie beispielsweise Art. 4 Abfallrahmenrichtlinie in der Rechtssache *Comitato (Difesa)*[113], zugunsten der nationalen Verwaltungsbehörden einen Ermessensspielraum hinsichtlich der Erfüllung ihrer richtlinienimmanenten Verpflichtungen, so hat dies grundsätzlich zur Folge, dass eine Anwendung dieser Richtliniennorm als *Anspruchsnorm* aus-

---

110 EuGHE 1999, Rs. C-365/97, I-7773 – San Rocco, Rn. 70.

111 Genau genommen, geht es um die *Bestimmtheit* der betreffenden Richtliniennorm und – in diesem Rahmen – um die *Unzweideutigkeit* der richtlinienimmanenten Verpflichtung.

112 *Prechal*, CMLRev 2000, 1047 (1062) unter Hinweis GA *Léger*, Schlussantrag vom 11. Januar 2000 zu EuGHE 2000, Rs. C-287/98, I-6917 – Linster, I-6920ff.

113 EuGHE 1994, Rs. C-236/92, I-483 – Comitato di coordinamento per la difesa della cava u.a. Vgl. dazu Kap. 1 C III 1.

scheidet. Dem nationalen Gericht kommt es insofern nicht zu, eine Entscheidung zu treffen, die in den Zuständigkeitsbereich der nationalen Legislative oder der nationalen Exekutive fällt.[114] Ungeachtet dessen kann (bzw. muss) das nationale Gericht dieselbe Richtliniennorm in einem Rechtsstreit als *Maßstabsnorm* heranziehen, um zu überprüfen, ob die nationale Verwaltungsbehörde im Rahmen ihres Ermessensspielraumes gehandelt hat. Für eine Anwendung der Richtliniennorm als *Maßstabsnorm* benötigt das nationale Gericht lediglich eine Orientierung im Hinblick auf die *Grenzen des behördlichen Ermessens* – zu diesen Grenzen muß die Richtliniennorm hinreichend klare Aussagen treffen.

Wenngleich die Anforderungen an die Bestimmtheit einer Richtliennorm im Falle ihrer Anwendung als *Maßstabsnorm* herabgesetzt sind, so ist auch in dieser Konstellation erforderlich, dass die Voraussetzungen der Direktwirkung vorliegen – die relativ geringen Anforderungen an das Bestimmtheitskriterium machen diese Kriterien insofern nicht vollständig entbehrlich.[115] Sowohl für die staatlichen Stellen, welche mit der Frage der Anwendungspflicht einer Richtliniennorm konfrontiert werden, als auch für die betroffenen Privatparteien dürfte ein Unterschied bestehen: zwischen einer Konstellation, in der gar nicht mehr geprüft wird, ob die Richtliniennorm unbedingt und hinreichend bestimmt formuliert ist, und jener Konstellation, in der bei einer Anwendung als *Maßstabsnorm* hinsichtlich des Kriteriums der hinreichend Bestimmtheit zumindest geprüft wird, ob die Richtliniennorm eine unmissverständliche staatliche Verpflichtung bzw. klare Ermessensgrenzen für das staatliche Handeln enthält.

IV Direktwirkung von Richtliniennormen und „subjektive Rechte"

Umstritten ist die Frage, welche Bedeutung „subjektiven Rechten"[116] im Rahmen der Direktwirkung zukommt.

---

114 *Prechal*, CMLRev 2000, 1047 (1062).

115 A.A. wohl *Prechal*, CMLRev 2000, 1047 (1064): die Voraussetzungen der unmittelbaren Wirkung seien obsolet geworden; *Gassner*, in: FS Oppermann, S. 503 (516) mit der etwas zu pauschalen Einschätzung, wonach der Gerichtshof „... offenbar bereit [sei], die herkömmlichen normstrukturellen Voraussetzungen der unmittelbaren Richtlinienwirkung dann teilweise oder völlig beiseite zu schieben, wenn ihm das aus Gründen des effet utile opportun erscheint.".

116 Die Erörterung subjektiv-öffentlicher Gemeinschaftsrechte soll sich auf die für dreipolige Rechtsbeziehungen relevanten Aspekte beschränken. Eine ausführliche Auseinandersetzung mit der Thematik, insbesondere mit den Kriterien subjektiver Gemeinschaftsrechte, erfolgt u.a. bei *Ruffert*, Subjektive Rechte im Umweltrecht der EG, 1996; *Masing*, Die Mobilisierung des Bürgers für die Durchsetzung des Rechts, 1997; *Eilmansberger*, Rechtsfolgen und subjektives Recht im Gemeinschaftsrecht –

1. Subjektive Rechte als Voraussetzung der Direktwirkung?

Dabei wird teilweise die Auffassung vertreten, neben den soeben erläuterten Voraussetzungen sei erforderlich, dass die betreffende Richtliniennorm subjektive Rechte zugunsten des Privaten enthält.[117]

Bestehende Divergenzen lassen sich primär auf ein unterschiedliches Verständnis vom Konzept der Direktwirkung zurückführen.[118] Definiert man die Direktwirkung im Sinne einer Pflicht nationaler Behörden und Gerichte, hinreichend bestimmte und unbedingte Richtliniennormen anzuwenden, so stellen subjektive Rechte grundsätzlich keine Voraussetzung für die Bejahung der Direktwirkung dar. Denn diese Pflicht besteht *von Amts wegen.*

Gleichwohl ist zu berücksichtigen, dass rechtsstreiterhebliche Richtliniennormen auf der Begründetheitsebene lediglich dann zu beachten sind, wenn ein privater Kläger den Prozess überhaupt anzustrengen vermag: Dabei ist bereits auf der Zulässigkeitsebene von entscheidender Bedeutung, ob es dem Privaten gelingt, die – grundsätzlich durch das nationale Recht determinierte – Hürde der Klagebefugnis zu überwinden.[119]

Dabei es grundsätzlich vorstellbar, dass der Kläger seine für die Klagebefugnis erforderliche Rechtsposition bereits unter alleiniger Zugrundelegung des nationalen Rechts darzulegen vermag. In einer derartigen Konstellation stellt sich nicht mehr die Frage, ob die hinreichend bestimmte sowie unbedingte – und damit auf der Begründetheitsebene *von Amts wegen* zu berücksichtigende – Richtliniennorm es dem privaten Kläger überhaupt ermöglicht, die im Rahmen der Klagebefugnis geforderte Rechtsposition nachzuweisen. Für diese Konstellation lässt sich behaupten, dass die Direktwirkung einer Richtliniennorm unabhängig von der Existenz subjektiver Rechte zu beurteilen ist.

Andererseits gibt es aber auch zahlreiche Fallkonstellationen, in denen eine Klagebefugnis bei ausschließlicher Zugrundelegung des nationalen Rechts zu

---

Zugleich ein Beitrag zur Dogmatik der Staatshaftungsdoktrin des EuGH, 1997; *Wegener*, Rechte des Einzelnen: Die Interessenklage im europäischen Umweltrecht, 1998.

117 Richtlinienimmanente subjektive Rechte für erforderlich haltend z.B. *Winter*, DVBl 1991, 657 (659); *Haneklaus*, DVBl 1993, 129 (132); wohl auch *Pernice*, NVwZ 1990, 414 (424); *Papier*, DVBl 1993, 809 (809); *Rengeling/Middeke/Gellermann*, Rechtsschutz in der EU, § 34 Rn. 901; *Heim*, Unmittelbare Wirkung von EG-Richtlinien im dt. und franz. Recht, S. 165; *Böhm* ZUR 2002, 6 (7). Dagegen z.B. *Ruffert*, ZUR 1996, 235ff.; *ders.*, DVBl 1998, 69 (71) sowie *Gassner*, in: FS Oppermann, S. 503 (506) jeweils m.w.N. zum Diskussionsstand.

118 Vgl. ausführlich dazu Kap. 1 I A III.

119 Dabei unterliegt das jeweilige nationale Prozessrecht gemeinschaftsrechtlichen Mindeststandards (vgl. dazu Kap. 1C IV 2).

verneinen wäre – diese aber gleichwohl mit Blick auf die prozessuale Durchsetzung von gemeinschaftlichen Rechtspositionen zu bejahen ist. Vor diesem Hintergrund lässt sich zumindest ein *potentieller* Zusammenhang zwischen den Voraussetzungen der Direktwirkung und dem Rechtsinstitut subjektiver Rechte nicht leugnen.

Anhand dieser Ausführungen wird bereits deutlich, dass die aus dem Gemeinschaftsrecht resultierenden Rechte – so unmittelbar wirksame Richtliniennormen – *im Rahmen des jeweiligen nationalen Verfahrens- und Prozessrechts* geltend zu machen sind.[120]

Dabei ergibt sich eine – insbesondere aus Sicht des deutschen Verwaltungsrechts nur schwer nachvollziehbare – Trennung zwischen Recht[121] und Rechtsbehelf[122]. Diese Differenzierung lässt sich anhand des unterschiedlichen dogmatischen Ursprungs der jeweiligen Rechtsposition verdeutlichen: Während der prozessuale Aspekt, die *Rechtsdurchsetzung*, in Art. 249 Abs. 3 EG i.V.m. Art. 10 EG verankert ist, resultiert das *materiell-subjektive Recht* aus dem Inhalt der betreffenden Richtliniennorm.[123]

2. *Prozessuale Bedeutung: Die Individualberechtigung*

Aufgrund der mitgliedstaatlichen Autonomie bei der Ausgestaltung des nationalen Verfahrens- und Prozessrechts können die an eine *Individualberechtigung* (z.B. die Antrags- oder Klagebefugnis) zu stellenden Anforderungen zwischen den einzelnen Mitgliedstaaten beträchtlich variieren.[124] Als „Einfallstore“[125] in diese Autonomie fungieren das *Effizienzgebot* sowie das *Diskriminierungsverbot.*[126]

---

120 *Prechal*, Directives in EC Law, S. 149; EuGHE 1991, verb. Rs. C-87/90 bis C-89/90, I-3757 – Verholen, Rn. 24.

121 Im Sinne eines materiell-subjektiven Rechtes. In der englischen Terminologie spricht man von „substantive right“.

122 Gemeint ist die Rechtsdurchsetzungsebene. In der englischen Terminologie spricht man von „remedy“ bzw. „procedural right“.

123 *Prechal*, Directives in EC Law, S. 128 unter Hinweis auf die Rechtssachen EuGHE 1988, Rs. 190/87, 4689 – Moormann sowie EuGHE 1991, Rs. C-208/90, I-4269 – Emmott.

124 Eine kurze Darstellung derartiger Anforderungen in Italien, Frankreich, Deutschland sowie England erfolgt u.a. bei *Prechal*, Directives in EC Law, S. 126.

125 *Schwarze*, NVwZ 2000, 241 (246).

126 Grundlegend dazu EuGHE 1976, Rs. 33/76, 1989 – Rewe, Rn. 5; EuGHE 1980, verb. Rs. 119 und 126/79, 1863 – Lippische Hauptgenossenschaft; EuGHE 1976, Rs. 45/76, 2043 – Comet. Eine ausführliche Darstellung der Entwicklung dieser Rechtsprechung erfolgt u.a. bei *Prechal*, Directives in EC Law, S. 148ff. sowie bei *Burgi*, Verwaltungsprozess und Europarecht, S. 57ff.

Dem *Diskriminierungsverbot*[127] ist zu entnehmen, dass bei der Anwendung des nationalen Verfahrens- und Prozessrechts keine Unterschiede zwischen Sachverhalten mit Gemeinschaftsrechtsbezug einerseits und gleichartigen – rein innerstaatlichen – Sachverhalten anderseits gemacht werden dürfen.[128] Für die vorliegende Problematik ist dieser Grundsatz von eher geringer Bedeutung.

Das *Effizienzgebot* besagt im hier interessierenden Zusammenhang, dass die Tragweite und Wirksamkeit des Gemeinschaftsrechts durch die Anwendung des jeweiligen nationalen Verfahrens- und Prozessrechts nicht dergestalt beeinträchtigt werden darf, dass die Verwirklichung des Gemeinschaftsrechts „praktisch unmöglich" gemacht wird.[129] Soweit nach nationalem Recht eine Interessenabwägung zu erfolgen hat, sind die Interessen der Gemeinschaft in „vollem Umfang" zu berücksichtigen.[130]

Darüber hinaus hat der *EuGH* einen Rechtsgrundsatz entwickelt, wonach es einem Individuum grundsätzlich möglich sein muss, seine gemeinschaftsrechtlichen Rechtspositionen auf nationaler Ebene geltend zu machen. Eine entsprechende Klage vor innerstaatlichen Gerichten ist folglich zulässig, selbst wenn dies bei alleiniger Zugrundelegung des nationalen Verfahrens- und Prozessrechts nicht der Fall wäre.[131]

Dies bedeutet jedoch nicht, dass das Gemeinschaftsrecht hinsichtlich der *prozessualen Durchsetzung* gemeinschaftlicher Rechtspositionen in den nationalen Rechtssystemen die Einführung einer Popularklage postuliert.[132]

---

127 Der *EuGH* spricht in diesem Zusammenhang auch vom „Grundsatz der Gleichwertigkeit" (vgl. z.B. EuGHE 1999, Rs. C-120/97, I-223 – Upjohn, Rn. 32).

128 EuGHE 1983, verb. Rs. 205-215/82, 2633 – Deutsche Milchkontor, Rn. 30ff.; EuGHE 1998, Rs. C-266/95, I-2661 – Landbrugsministeriet/Steff-Houlberg Export u.a., Rn. 15.

129 EuGHE 1983, Rs. verb. Rs. 205-215/82, 2633 – Deutsche Milchkontor, Rn. 19; EuGHE 1990, Rs. C-142/87, I-959 – Tubemeuse, Rn.61; EuGHE 1998, Rs. C-366/95, I-2661 – Landbrugsministeriet/Steff-Houlberg Export u.a., Rn. 15: „... nicht praktisch unmöglich oder übermäßig schwierig... ".

130 EuGHE 1989, Rs. 94/87, 175 – Alcan I, Rn. 12; EuGHE 1998, Rs. C-266/95, I-2661 – Landbrugsministeriet/ Steff-Houlberg Export u.a., Rn. 15.

131 *Triantafyllou*, DÖV 1997, 192 (194); *Halfmann*, VerwArch 2000, 74 (84f.) unter Hinweis auf EuGHE 1995, Rs. C-312/93, I-4599- Peterbroeck, 4623f.; EuGHE 1995, verb. Rs. C-430/93 und C-431/93, I-4705 (4736ff.).

132 *Zuleeg*, NJW 1993, 31 (37); *Classen*, Europäisierung der Verwaltungsgerichtsbarkeit, S. 79; *Röben*, Einwirkung der Rechtsprechung des EuGH, S. 236; *Ruffert*, DVBl 1998, 69 (73); *Kokott*, Die Verwaltung 1998, 335 (357); *Kadelbach*, Allgemeines Verwaltungsrecht unter europäischem Einfluss, S. 79; *Nettesheim*, Die mitgliedstaatliche Durchführung von EG-Richtlinien, S. 92 m.w.N.; *Schoch*, NVwZ 1999, 457 (463) m.w.N.; *Schwarze*, NVwZ 2000, 241 (248) unter Hinweis auf EuG 1999, T-288/97, II-1871 – Regione autonoma Friuli Venezia Guilia, Rn. 49; *Pache*,

Vielmehr fordert selbst das Gemeinschaftsrecht eine gewisse Form der *Subjektivierung* auf Seiten des Privaten, damit sich dieser auf hinreichend konkrete und unbedingte Richtliniennormen berufen kann: In der *Verholen*[133]-Entscheidung wurde die Möglichkeit eines Privaten, sich auf eine hinreichend konkrete und unbedingte Richtliniennorm zu berufen, an den Umstand geknüpft, dass der Kläger ein *unmittelbares Interesse* daran habe, dass die in der betreffenden Richtliniennorm enthaltene Verpflichtung erfüllt wird. In dem dieser Entscheidung zugrunde liegenden Ausgangsrechtsstreit konnte sich damit ein Kläger auf die Richtlinie 79/7/EWG berufen, um durchzusetzen, dass das Diskriminierungsverbot zugunsten seiner Ehefrau beachtet wird.[134] Dabei ist von Bedeutung, dass gerade nicht der Kläger, sondern allein seine Ehefrau in den personellen Anwendungsbereich der betreffenden Richtlinie fiel. Dennoch bejahte der *EuGH* ein unmittelbares Interesse im oben beschriebenen Sinne.

Zur inhaltlichen Ausgestaltung des Kriteriums der Betroffenheit bzw. des unmittelbaren Interesses hat der *EuGH* bislang – jedenfalls explizit – nicht näher Stellung bezogen. Allerdings lässt sich die *Lemmens*-Entscheidung des *EuGH* aus dem Jahr 1998 dahingehend interpretieren, dass mit Blick auf die prozessuale Geltendmachung von hinreichend konkreten sowie unbedingten Richtliniennormen auch von Bedeutung ist, inwieweit das persönliche Begehren des Klägers mit dem Ziel der in Frage stehenden Richtlinie korrespondiert.

In der Rechtssache *Lemmens* ging es primär um die Frage, ob sich auch ein wegen Trunkenheit im Verkehr verurteilter Privater auf den Umstand berufen kann, dass der ihn belastende Beweis (Alkoholmeter) unter Verstoß gegen die RL 83/189/EWG erhoben worden und somit rechtwidrig sei.[135] In Beantwortung ei-

---

Tatbestandliche Abwägung und Beurteilungsspielraum, S. 435; a.A. *von Danwitz*, DÖV 1996, 481 (485). Die Einführung einer Popularklage durch das Gemeinschaftsrecht wäre im übrigen vor dem Hintergrund der fehlenden Gemeinschaftskompetenz zur Regelung des allgemeinen Verwaltungsrechts der Mitgliedstaaten problematisch. In diesem Zusammenhang ist zu berücksichtigen, dass das Gemeinschaftsrecht die Mitgliedstaaten nicht daran hindert, im Vergleich zum Gemeinschaftsrecht *geringere* Anforderungen an die Subjektivierung des Privaten zu stellen. Insofern stellt das vom *EuGH* aufgestellte Kriterium der *unmittelbaren Betroffenheit* bzw. des *unmittelbaren Interesses* eine „Maximalforderung" dar.

133 EuGHE 1991, verb. Rs. C-87/90 bis C-89/90, I-3757 – Verholen.

134 EuGHE 1991, verb. Rs. C-87/90 bis C-89/90, I-3757 – Verholen, Rn. 23. In der englischen Fassung dieser Entscheidung ist der Begriff „direct interest" verwendet worden.

135 Dabei handelte es sich um die niederländische Verordnung über Alkoholuntersuchungen vom 24. 9. 1987 (Staatsblad 1987, 432) und die Regelung über die Atemuntersuchung vom 25. 9. 1987 (Nederlandse Staatscourant 1987, 187). Die in diesen Regelungen enthaltenen technischen Normen hätten gemäß der betreffenden Richtlinie der *Europäischen Kommission* gegenüber notifiziert werden müssen.

ner entsprechenden Vorlagefrage verneinte der *EuGH* eine Berufungsmöglichkeit in der soeben beschriebenen Sachverhaltskonstellation. Dabei stellte der *EuGH* klar, dass die Missachtung der in Art. 8 RL 83/189/EWG verankerten Mitteilungspflicht lediglich zur Nichtanwendung der betreffenden technischen Normen führen könne, „... soweit sie die Verwendung oder den Vertrieb eines mit diesen Vorschriften nicht konformen Produkts behindern“[136]. Dies war in dem der Vorabentscheidung zugrunde liegenden Sachverhalt gerade nicht der Fall: Denn Herr Lemmens hatte sich auf die RL 83/189/EWG berufen, um eine strafrechtliche Verurteilung wegen Trunkenheit am Steuer abzuwenden. In diesem Zusammenhang ist von Bedeutung, dass der *EuGH* in anderen Judikaten eine Berufungsmöglichkeit Privater auf dieselben Richtliniennormen für zulässig erachtet hat.[137]

Vor diesem Hintergrund lässt sich die *Lemmens*-Entscheidung dahingehend interpretieren, dass für die prozessuale Geltendmachung einer hinreichend bestimmten sowie unbedingten Richtliniennorm nicht nur erforderlich ist, dass der Private ein *unmittelbares Interesse* an der Einhaltung der richtlinienimmanenten Verpflichtung geltend machen kann – denn ein derartiges Interesse war bei Herrn Lemmens sicherlich gegeben. Vielmehr muss es sich um ein *rechtlich geschütztes* Interesse handeln.[138] Dieses Erfordernis wird vorliegend in der Weise verstanden, dass das persönliche Begehren des Klägers – der Grund, weshalb sich dieser auf die betreffende Richtliniennorm beruft – mit dem Richtlinienziel korrespondieren muß: Eine derartige „Korrespondenz“ ist jedenfalls dann nicht gegeben, wenn sich ein Privater auf die Richtliniennorm beruft, um eine strafrechtliche Verurteilung wegen Trunkenheit am Steuer abzuwehren, das Ziel der Richtlinie jedoch in der Gewährleistung des freien Warenverkehrs besteht.[139]

---

136 EuGHE 1998, Rs. C-226/97, I-3711 – Lemmens, Rn. 35; bestätigt durch EuGHE 2000, Rs. C-443/98, I-7535 – Unilever, Rn. 8. Vgl. die kritische Anmerkung zur Rs. Lemmens von *Abele*, EuZW 1998, 571ff.

137 Vgl. insofern EuGHE 1996, Rs. C-194/94, I-2201 – CIA Security, Rn. 40ff.; EuGHE 2000, Rs. C-443/98, I-7535 – Unilever, Rn. 46ff. Diese Entscheidungen sind auch im Hinblick auf Belastungen Privater aus einer Richtliniennorm von Interesse und werden daher im Rahmen von Kap. 3 B III 3 näher untersucht.

138 Ähnlich *Van Gerven*, CMLRev. 2000, 501 (508): „The general right to rely on a directly effective directive which does not confer specific rights upon the claimant is thus limited when invoked in litigation between private parties (that is horizontally), inasmuch as it does not embrace the protection of interests which fall outside the objective of the directive.“ (aaO, S. 508). Nicht ganz nachvollziehbar ist allerdings, weshalb *Van Gerven* seinen Befund gerade auf horizontale Konstellationen bezieht: Denn in der Rechtssache *Lemmens* hatte sich der Private *gegenüber dem Staat* – nämlich im Rahmen eines Strafverfahrens – auf den Richtlinienverstoß berufen.

139 Dieses Ziel der Richtlinie 83/189/EWG geht sowohl aus der Präambel als auch aus den Ausführungen des *EuGH* in den Rechtssachen *CIA Security*, *Lemmens* sowie *Unilever* hervor.

Unabhängig davon deutet die *EuGH*-Rechtsprechung zu den Rechten Einzelner aus Umweltrichtlinien darauf hin, dass der *EuGH* die Begründung klagefähiger Rechtspositionen aus einer Richtliniennorm großzügig handhabt.[140] Allerdings wird anhand dieser Judikate auch deutlich, dass die Ermittlung von Rechten Privater aus einer Richtliniennorm – im Hinblick auf eine praktikable Handhabung im konkreten Einzelfall – noch in erheblichem Maße konkretisierungsbedürftig ist. Gleichwohl ist bereits zum jetzigen Zeitpunkt absehbar, dass eine konsequente Anwendung des Kriteriums der *Betroffenheit* bzw. des *unmittelbaren Interesses* in einigen Rechtssystemen zur Modifizierung bzw. Durchbrechung nationaler Grundsätze und somit – zumindest in prozessualer Hinsicht – zu einer Erweiterung des Individualrechtschutzes führen wird.[141]

3. Materiellrechtliche Bedeutung: richtlinienimmanente subjektive Rechte

Die Frage, ob „subjektive Rechte" über den prozessualen Rahmen hinaus – etwa im Rahmen der Begründetheit eines Rechtsbegehrens – von Bedeutung sind, kann bislang nicht als geklärt gelten.

Einen möglichen Ansatzpunkt für die Beantwortung dieser Frage bietet zunächst die *Becker*-Entscheidung[142] des *EuGH* aus dem Jahr 1982.

In dieser Rechtssache führte der *EuGH* aus, dass „... sich die einzelnen in Ermangelung von fristgemäß erlassenen Durchführungsmaßnahmen auf Bestimmungen einer Richtlinie, die inhaltlich als unbedingt und hinreichend genau erscheinen, gegenüber allen innerstaatlichen, nicht richtlinienkonformen Vorschriften berufen [können]; einzelne können sich auf diese Bestimmungen auch berufen, soweit diese Rechte festlegen, die dem Staat gegenüber geltend gemacht werden"[143].

---

140 Vgl. EuGHE 1991, Rs. 131/88, I-825 – Grundwasser, Rn. 7; EuGHE 1991, Rs. C-58/89, I-4983 – Oberflächenwasser, Rn. 14; EuGHE 1991, Rs. C-361/88, I-2567 – Schwefeldioxid, Rn. 16; EuGHE 1991, Rs. C-59/89, I-2607 – Bleigehalt in der Luft, Rn. 19. Siehe dazu ausführlich *Wegener*, in: *Lübbe-Wolff*, Der Vollzug des europäischen Umweltrechts, S. 145ff. sowie *Pache*, Tatbestandliche Abwägung und Beurteilungsspielraum, S. 432ff.

141 Siehe dazu *Curtin*, CMLRev 1990, 709 (734); *Ruffert*, DVBl 1998, 69 (74); *Halfmann*, VerwArch 2000, 74 (85). Vgl. speziell zu den Auswirkungen auf das deutsche Verwaltungsverfahrens- und Prozessrecht Kap. 7 A I.

142 EuGHE 1982, Rs. 8/81, 53 – Becker/Finanzamt München Innenstadt.

143 EuGHE 1982, Rs. 8/81, 53 – Becker/Finanzamt München Innenstadt, Rn. 25; EuGHE 1986, Rs. 71/85, 3855 – Vakbeweging, Rn. 13; EuGHE 1990, Rs. C-221/88, I-495 – Busseni, Rn. 22; EuGHE 1990, Rs. C-188/89, I-3313 – Foster, Rn. 16; EuGHE 1991, verb. Rs. C-6/90 und C-9/90, I-5357 – Francovich, Rn. 11.

Diese – in der *EuGH*-Rechtsprechung bereits mehrfach wiederholte – so genannte *Becker*-Formulierung lässt sich zunächst dahingehend interpretieren, dass der *EuGH* – ähnlich wie vorliegend vertreten – zwischen zwei Grundkonstellationen unterscheidet, in denen Private eine hinreichend bestimmte sowie unbedingte Richtliniennorm geltend machen können: Während sich der Einzelne im Rahmen eines *legal review* auf die unbedingte sowie hinreichend klar formulierte Richtliniennorm berufen kann, ohne dass ein richtlinienimmanentes Recht erforderlich wäre, müssen sich derartige Rechte in einer Leistungskonstellation aus der Richtliniennorm selbst ergeben.[144]

Dies würde bedeuten, dass der Private bei einer Anwendung der Richtliniennorm als *streitentscheidende (Anspruchs-)norm*[145] – neben dem *unmittelbaren Interesse*, welches im Rahmen der Zulässigkeit relevant ist – ein in der Richtliniennorm verankertes *Recht* darlegen müßte.

Man könnte jedoch den vom *EuGH* in der *Becker*-Formulierung verwendeten Begriff „Recht“ auch als Rechtsmacht zur Durchsetzung einer *spezifischen* Maßnahme verstehen. Im Rahmen der vorliegend vertretenen Konzeption ist bereits an anderer Stelle dargelegt worden, dass bei der *hinreichenden Bestimmtheit* einer richtlinienimmanenten Verpflichtung danach zu differenzieren ist, zu welchem Zweck die betreffende Richtliniennorm im konkreten Rechtsstreit geltend gemacht bzw. herangezogen wird: So ist für die Geltendmachung einer Richtliniennorm als *streitentscheidender (Anspruchs-)norm* erforderlich, dass das spezifische Begehren des Privaten in der geltend gemachten Richtliniennorm verankert ist: Begehrt der Private beispielsweise von der Verwaltungsbehörde eine Steuerbefreiung für einen bestimmten Zeitraum (vgl. die Rechtssache *Becker*), so ist erforderlich, dass dieses Begehren *seinem konkreten Inhalt nach* in der Richtliniennorm verankert ist. Dies war in der Rechtssache *Becker* der Fall, so dass Frau Becker die betreffende Richtliniennorm als *Anspruchsnorm* für die Durchsetzung einer Steuerbefreiung geltend machen konnte.

Vor diesem Hintergrund wird deutlich, dass der vom *EuGH* verwendete Rechtsbegriff weniger etwas mit dem Schutzzweck der Norm – etwa im Sinne der deutschen Schutznormtheorie – zu tun hat. Vielmehr scheint von Bedeutung zu sein, ob das klägerische Begehren in entsprechend *spezifischer* Form – vor allem hinsichtlich der begehrten Rechtsfolge – in der Richtliniennorm verankert ist. Ist dies der Fall, so handelt es sich um ein „Recht“, das ein Privater gegenüber dem Staat geltend zu machen vermag (vgl. die zitierte *Becker*-

---

144 So auch *Simon*, La directive européenne, S. 88: zwischen „effet d‘exclusion“ und „effet de substitution“ unterscheidend (ebd., S. 88); kritisch im Hinblick auf eine derartige Interpretation der „Becker-Formulierung": *Manin*, RTDE 1990, 669 (673 und 680).

145 Vgl. zu diesem Anwendungsbereich der Direktwirkung Kap. 1 B I.

Formulierung). Beruft sich der Private hingegen auf eine Richtliniennorm, um die Nichtanwendung entgegenstehender nationaler Normen zu erzielen, so geht es nicht um einen spezifischen „Anspruch“, den der Private aus der Richtliniennorm abzuleiten versucht, sondern um einen *legal review* des nationalen Rechts.

Der Funktion subjektiver Rechte als *richtlinienimmanenter Rechte* kommt damit bei der prozessualen Geltendmachung unmittelbar wirksamer Richtliniennormen keine eigenständige Bedeutung zu. Vielmehr wird der Übereinstimmung des klägerischen Begehrens mit dem Inhalt der Richtliniennorm bereits im Rahmen des *Bestimmtheitskriteriums* in ausreichendem Maße Rechnung getragen. Gesichtspunkte, die dieser These explizit entgegenstehen, können der *EuGH*-Rechtsprechung bislang nicht entnommen werden.

D Teilergebnis

Die Ergebnisse der im Rahmen des 1. Kapitels untersuchten Fragestellungen lassen sich wie folgt zusammenfassen:

1. *Direktwirkung* ist die einem Gericht oder einer anderen staatlichen Stelle obliegende Verpflichtung, die betreffende Gemeinschaftsrechtsnorm als streitentscheidende Norm bzw. als Rechtmäßigkeitsmaßstab anzuwenden, soweit keine maßnahmetypischen Besonderheiten einer Anwendung entgegenstehen. Diese Rechtsanwendungspflicht staatlicher Stellen besteht – bei Bejahung der strukturellen Voraussetzungen – unabhängig von der Existenz subjektiver Rechte.

2. Unter Zugrundelegung dieser Prämisse ist die Direktwirkung von der *prozessualen Geltendmachung* hinreichend bestimmter und unbedingter Richtliniennormen durch Private zu unterscheiden.[146]

3. Das Kriterium der *hinreichenden Bestimmtheit* einer Richtliniennorm, eine der normstrukturellen Voraussetzungen der Direktwirkung, bestimmt sich in Abhängigkeit davon, ob die betreffende Richtliniennorm als *streitentscheidende*

146 In dieser Weise wird vorliegend die Formulierung des *EuGH* in der Rechtssache *Großkrotzenburg* verstanden: „Die Kommission wirft der Bundesrepublik Deutschland in ihrer Klage vor, in einem konkreten Fall die sich unmittelbar aus der Richtlinie ergebende Verpflichtung zur Prüfung der Umweltverträglichkeit des betreffenden Projektes nicht erfüllt zu haben. Es stellt sich daher die Frage, ob die Richtlinie dahin auszulegen ist, dass sie die behauptete Verpflichtung aufstellt. Diese Frage hat mit der – in der Rechtsprechung des Gerichtshofes anerkannten – Möglichkeit für den einzelnen, sich gegenüber dem Staat unmittelbar auf unbedingte sowie hinreichend klare und genaue Vorschriften einer nicht umgesetzten Richtlinie zu berufen, nichts zu tun.“ (EuGHE 1995, Rs. 431/92, I-2189 – Kommission/Deutschland, Rn. 26).

(Anspruchs-)norm oder lediglich als *Rechtmäßigkeitsmaßstab* für die Beurteilung des nationalen Rechts herangezogen wird.

4. Die *prozessuale Geltendmachung* von hinreichend konkreten sowie unbedingten Richtliniennormen durch Private bestimmt sich grundsätzlich nach Maßgabe des jeweiligen nationalen Rechts. Dabei kommen gemeinschaftsrechtliche Mindestanforderungen – der Grundsatz der *Nichtdiskriminierung* sowie das *Effizienzgebot* – zur Anwendung.

5. Die Einführung einer Popularklage in den mitgliedstaatlichen Rechtssystemen wird durch das Gemeinschaftsrecht nicht postuliert. Vielmehr scheint sich mit Blick auf die geforderte Subjektivierung das Kriterium der *Betroffenheit* bzw. des *unmittelbaren Interesses* herauszubilden: Der Einzelne muss ein unmittelbares Interesse daran haben, dass die in Frage stehende richtlinienimmanente Verpflichtung eingehalten wird. Darüber hinaus sind in der *EuGH*-Judikatur Anhaltspunkte dafür erkennbar, dass das persönliche Begehren des Privaten mit dem Ziel der betreffenden Richtlinie korrespondieren muss.

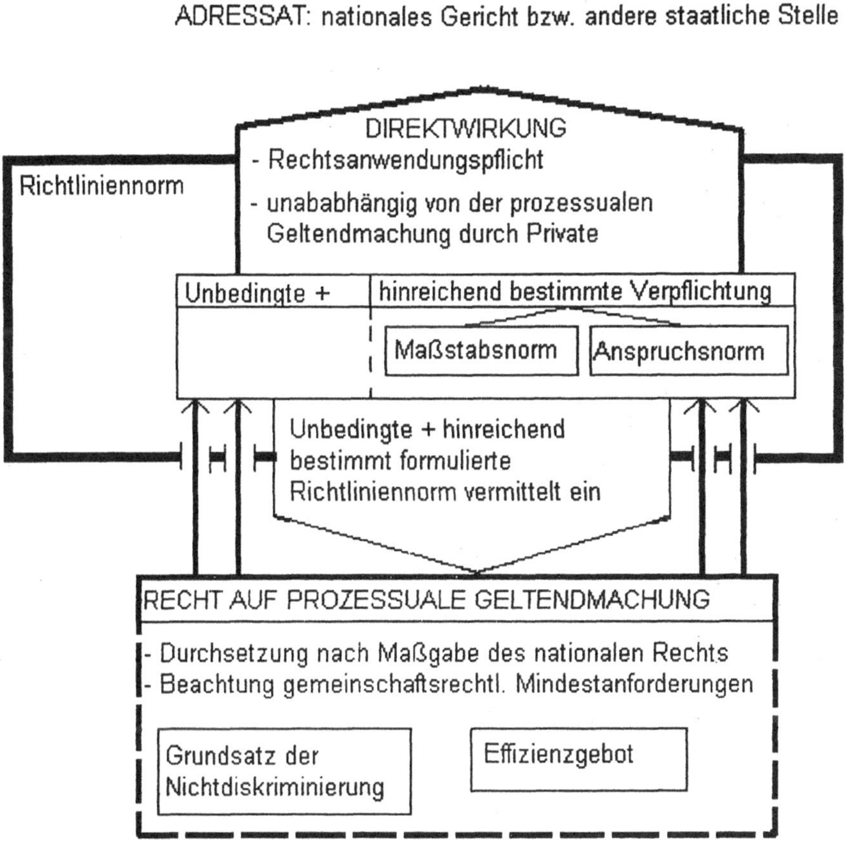

Grapische Darstellung: Direktwirkung und prozessuale Geltendmachung

Kapitel 2
Die Problematik dreipoliger Rechtsbeziehungen und entsprechend relevante EG-Richtlinien

Die vor allem im deutschen Recht umfangreich diskutierte Drittrechtsproblematik wird häufig mit dem recht anschaulichen Bild eines Dreiecks[147] beschrieben: An den beiden Endpunkten stehen sich „Träger kollidierender Privatinteressen" gegenüber – die Spitze des Dreiecks bildet dagegen der „Staat, dem die Konfliktschlichtung im Einzelfall aufgegeben ist".[148] Der staatliche Entscheidungsträger steht jeweils in einer – noch näher zu definierenden – Beziehung zu jedem der beiden Träger privater Interessen, wohingegen eine „verwaltungsrechtliche Verbindungslinie zwischen diesen Endpunkten nicht besteht"[149].

Dieses Bild zugrunde legend, soll im folgenden Kapitel zunächst geklärt werden, welche Art von dreipoligen Rechtsbeziehungen den Gegenstand der Untersuchung bilden soll.

Zu diesem Zweck werden die „drei Pole" – staatliche Entscheidungsinstanz-Belasteter-Begünstigter – im Einzelnen erläutert (Teil A). Im Anschluss daran erfolgt eine Darstellung jener EG-Richtlinien, deren potentielle Direktwirkung sich auf dreipolige Rechtsbeziehungen auswirken kann (Teil B).

---

147 Der Begriff des „*Dreiecksverhältnisses*" ist bereits im Jahr 1969 vom deutschen Bundesverwaltungsgericht in seinem Urteil zum Baurecht vom 19. 9. 1969 – IV C 18.67, DVBl 1970, 62 (64) verwendet worden (zit. nach *Schmidt-Preuß*, Kollidierende Privatinteressen im Verwaltungsrecht, S. 6). Vgl. allerdings auch die von *Schmidt-Preuß* geäußerte Kritik an diesem Begriff: „Der Begriff verspricht jedoch mehr, als er dogmatisch zu halten vermag. Es entsteht der Eindruck, dass die einzelnen drei Pole jeweils – um im Bild zu bleiben – miteinander verbunden sind und somit öffentlich-rechtliche Beziehungen z.B. auch zwischen *Bauherrn und Nachbarn* anerkannt sind. Dies ist nicht der Fall." (aaO, S. 18), kurs. i.O.

148 *Schmidt-Preuß*, Kollidierende Privatinteressen, S. 1.

149 *Schmidt-Preuß*, Kollidierende Privatinteressen, S. 3. Auch im Hinblick auf die Definition der „Privatparteien" können sich im Vergleich zu der von *Schmidt-Preuß* mit Blick auf das deutsche Recht vorgenommenen Unterscheidung zwischen öffentlichem und privatem Recht Modifikationen ergeben, da der *EuGH* den Begriff des „Staates" rein funktional bestimmt.

A Die drei „Pole“

Wenn im Rahmen dieser Untersuchung von drei „Polen“ und dem Bild eines Dreiecks die Rede ist, so suggeriert dies zunächst eine Schlichtheit, welche jedoch – zumindest bei näherer Betrachtung – der Problematik nicht gerecht werden kann: Denn in der Realität werden sich die Konstellationen nicht selten als alles andere als ein Dreieck im oben beschriebenen Sinne darstellen. Allein der Begriff des Staates dürfte die Grenzen zwischen den einzelnen Polen häufig verschwimmen lassen. Auch wird es oft nicht nur *einen* belasteten bzw. *einen* begünstigten Privaten – wie etwa in einer klassisch nachbarrechtlichen Konstellation im Baurecht – geben.[150]

Vor diesem Hintergrund soll die Darstellung eines „idealen“ Dreiecks mit seinen Polen allein dazu dienen, die von der Direktwirkung potentiell tangierten „Gruppierungen“ möglichst klar herauszustellen – mit dem Ziel, die daraus gewonnenen Erkenntnisse in angemessener Form in die weitere Untersuchung einbringen zu können.

I Der spezifisch gemeinschaftsrechtliche Staatsbegriff

In dreipoligen Konstellationen kommt dem spezifisch gemeinschaftsrechtlichen Begriff des *Staates* in doppelter Hinsicht eine zentrale Bedeutung zu:

Der Staat agiert als Entscheidungsträger, wobei sich die Entscheidung der staatlichen Entität durch ihre Doppelwirkung auszeichnet: Gemeint ist der Umstand, dass die staatliche Maßnahme in dreipoligen Konstellationen für eine Privatpartei begünstigend, gleichzeitig jedoch für einen privaten Dritten belastend wirkt.

Bei einer Direktwirkung von Richtlinien in derartigen Konstellationen tritt die Besonderheit hinzu, dass die staatliche Maßnahme sozusagen „in Erfüllung“ einer richtlinienimmanenten Verpflichtung ergriffen wird. Kommt die staatliche Entität dieser Verpflichtung nach – so bei Bejahung der Direktwirkung – bedingt dies eine Doppelwirkung im oben beschriebenen Sinne. Während sich der Entscheidungsträger aufgrund seiner „Behördeneigenschaft“ in den überwiegenden Fällen eher problemlos als *staatliche* Entität einordnen lassen dürfte, kann sich

150 Der Begriff der Dreipoligkeit steht insofern stellvertretend für die recht vielfältige Terminologie (z.B. polygonal, multilateral, mehrseitig, mehrpolig, trigonal u.s.w.). Nicht umfasst sind dagegen zweipolige bzw. rein horizontale Rechtsbeziehungen. Siehe dazu ausführlich Kap. 2.

die Charakterisierung der von der Entscheidung betroffenen Pole als *Private* oft schwierig gestalten.

Die Diskussion um den *spezifisch gemeinschaftsrechtlichen Staatsbegriff* ist von jenen Fragestellungen zu unterscheiden, welche im jeweiligen *innerstaatlichen* Zusammenhang hinsichtlich Art bzw. Umfang öffentlicher Aufgaben diskutiert werden. Der Umfang derartiger Staatsaufgaben ist in den einzelnen Mitgliedstaaten unterschiedlich weit gefasst: Während bestimmte wirtschaftliche Aktivitäten in einigen Mitgliedstaaten dem Bereich der öffentlichen Verwaltung unterfallen, werden dieselben Aktivitäten in anderen Mitgliedstaaten von privaten Unternehmen ausgeübt.[151]

Insbesondere aufgrund dieser Unterschiede innerhalb der Gemeinschaft sind die Ausführungen des *EuGH* zur Kompetenzfrage bei der Auslegung des Staatsbegriffes von grundlegender Bedeutung:

In der Rechtssache *Foster* aus dem Jahr 1990 stellte der *EuGH* klar, dass „... der Gerichtshof befugt ist, im Wege der Vorabentscheidung festzustellen, *gegenüber welchen Gruppen von Rechtssubjekten* die Bestimmungen einer Richtlinie geltend gemacht werden können.“[152] Diese Gemeinschaftskompetenz wird dahingehend begründet, dass „... die Frage, welche Wirkungen die Handlungen der Gemeinschaftsorgane entfalten, insbesondere die Frage, ob diese Handlungen bestimmten Personengruppen entgegengehalten werden können, notwendigerweise die Auslegung der Vertragsartikel über die Handlungen der Organe sowie der in Rede stehenden gemeinschaftsrechtlichen Handlung [erfordert]“[153].

Gleichzeitig werden dieser gemeinschaftlichen Auslegungskompetenz jedoch klare Grenzen zugunsten der einzelnen Mitgliedstaaten gesetzt: „Hingegen ist es Sache der nationalen Gerichte, darüber zu entscheiden, ob *eine Partei* in einem bei ihnen anhängigen Rechtsstreit zu einer dieser *so definierten Gruppen* gehört.“[154] Ohne auf die jeweiligen mitgliedstaatlichen Konzeptionen eingehen zu

151 *Curtin*, ELRev 1990, 195 (198) mit Beispielen. Vgl. auch die Beispiele im Schlussantrag von GA *Mischo*, EuGHE 1987, Rs. 118/85, 2599 – Kommission/Italien, S. 2616.

152 EuGHE 1990, C-188/89, I-3313 – Foster/British Gas plc, Rn. 15 – Hervorhebung durch die Verfasserin.

153 EuGHE 1990, C-188/89, I-3313 – Foster/British Gas plc, Rn. 14 – Ergänzung durch die Verfasserin.

154 EuGHE 1990, C-188/89, I-3313 – Foster/British Gas plc, Rn. 15 – Hervorhebung durch die Verfasserin.

können, soll im Folgenden dargestellt werden, welche Aspekte vom *EuGH* bei der *abstrakten* Bestimmung des Staatsbegriffes herangezogen werden.[155]

1. Die EuGH-Rechtsprechung zum gemeinschaftsrechtlichen Staatsbegriff

In der Vergangenheit hat der *EuGH* die Direktwirkung von Richtlinien bereits gegenüber zahlreichen Entitäten ausdrücklich bejaht. Dazu gehören unter anderem Finanzbehörden[156], Gebietskörperschaften[157] sowie verfassungsmäßig unabhängige Hoheitsträger, die mit der Aufrechterhaltung der öffentlichen Ordnung und Sicherheit betraut sind[158]. Auch Behörden, die mit der Verwaltung des öffentlichen Gesundheitsdienstes betraut sind, müssen die Direktwirkung von Richtlinien gegen sich gelten lassen.[159] Gleichzeitig hat der *EuGH* in einer Reihe von Judikaten klargestellt, dass die *Rechtsform* der betreffenden Einrichtung grundsätzlich nicht relevant ist.[160] Folglich steht allein der Umstand, dass diese nicht förmlich in die staatliche Verwaltung eingegliedert ist, einer Bejahung des Staatsbegriffes und damit einer Direktwirkung nicht entgegen.[161] Diese *funktionelle* Auslegung des Staatsbegriffes trägt dem Umstand Rechnung, dass die öffentliche Hand in den Mitgliedstaaten der Gemeinschaft Formenwahlfreiheit bei der Erfüllung ihrer Aufgaben genießt.[162]

In der *Foster*-Entscheidung[163] aus dem Jahr 1990 hat der *EuGH* einige Kriterien entwickelt, anhand deren die Staatseigenschaft einer Entität zu bestimmen ist: Eine Einrichtung ist dem Staat zuzuordnen, wenn sie unter staatlicher Aufsicht eine Dienstleistung im öffentlichen Interesse erbringt[164]. Dazu muss sie mit „besonderen Rechten ausgestattet sein, die über das hinausgehen, was für die Beziehungen zwischen Privaten gilt“[165].

---

155 Angesichts der erheblichen Komplexität dieser Problematik müssen sich diese Ausführungen auf eine überblicksartige Darstellung der wesentlichen Fragestellungen beschränken.

156 EuGHE 1982, Rs. 8/81, 53 – Becker/ Finanzamt Münster-Innenstadt; EuGHE 1990, Rs. C-221/88, I-495 – EGKS/ Konkursmasse Acciaierie e Ferriere Busseni.

157 EuGHE 1989, Rs. 103/88, 1839 – Fratelli Costanzo/Stadt Mailand.

158 EuGHE 1986, Rs. 222/84, 1651 – Johnston/Chief Constable of the Royal Ulster Constabulary.

159 EuGHE 1986, Rs. 152/84, 723 – Marshall/Southampton and South-West Hampshire Area Health Authority.

160 EuGHE 1990, Rs. C-188/89, I-3313 – Foster, Rn. 22.

161 EuGHE 1988, Rs. 31/87, 4635 – Gebroeders Beentjes BV/Niederlande, Rn. 11.

162 So zumindest mit Blick auf die Vergaberichtlinien der Befund von *Schwarze*, EuZW 2000, 133 (136).

163 EuGHE 1990, Rs. C-188/89, I-3313 – Foster.

164 EuGHE 1990, Rs. C-188/89, I-3313 – Foster, Rn. 22.

165 EuGHE 1990, Rs. C-188/89, I-3313 – Foster, Rn. 22.

Diese Kriterien implizieren zahlreiche Fragen: Welche Aktivitäten werden im öffentlichen Interesse erbracht? Welche Art von Kontrolle ist relevant – eine wirtschaftliche Kontrolle des betreffenden Unternehmens im Sinne von Anteilsmehrheiten oder eine Kontrolle im Sinne einer Weisungsbefugnis? Welche Intensität ist notwendig, damit von „staatlicher" Kontrolle gesprochen werden kann?[166]

Zum Zwecke einer möglichen Konkretisierung könnten andere Bereiche des Gemeinschaftsrechts, in denen der Staatsbegriff eine Rolle spielt, nutzbar gemacht werden. Bei näherer Betrachtung zeigt sich allerdings, dass dem gemeinschaftsrechtlichen Staatsbegriff – je nach Bereich – eine unterschiedliche Reichweite zukommt: Während der Staatsbegriff im Bereich des freien Warenverkehrs von einem *funktionellen* Ansatz geprägt ist, wird der Begriff der „öffentlichen Verwaltung" im Sinne von Art. 39 Abs. 4 EG *restriktiv* ausgelegt. Bei der Einordnung als „öffentliches Unternehmen" im Sinne von Art. 86 Abs. 1 EG kommt dem Kriterium der *Kontrolle* über das Unternehmen eine herausragende Bedeutung zu. Auch die Richtlinie 80/723 (Transparenzrichtlinie)[167] enthält in Art. 2 Eckpunkte des staatlichen Handelns von Behörden. Angesichts dieser unterschiedlichen Reichweite des Staatsbegriffes bietet ein Exkurs in andere Bereiche des Gemeinschaftsrechts eine geringe Hilfe für eine Konkretisierung der oben genannten Kriterien.

Neben diesen ungeklärten Fragen inhaltlicher Natur stellt sich die grundsätzliche Frage, ob für eine Bejahung des Staatsbegriffes *sämtliche* der vom *EuGH* aufgezählten Kriterien vorliegen müssen, oder ob es genügt, wenn mindestens *ein* Kriterium gegeben ist. Die Ausführungen des *EuGH* in der *Foster*-Entscheidung offenbaren insofern ein widersprüchliches Bild: Während die Kriterien in der Randnummer 18 in alternativer Form aufgezählt werden,[168] spricht die kumulative Auflistung in Randnummer 22 dafür, dass für die Bejahung des Staatsbegriffes sämtliche Kriterien gegeben sein müssen.[169]

---

166 Vgl. eingehend zu dieser Problematik *Prechal*, CMLRev 1990, 451, 457ff.; *dies.*, Directives in EC Law, S. 83f.

167 Richtlinie 80/723/EWG der Kommission vom 25. Juni 1980 über die Transparenz der finanziellen Beziehungen zwischen den Mitgliedstaaten und den öffentlichen Unternehmen (ABlEG 1980 L 195/35).

168 EuGHE 1990, Rs. C-188/89, I-3313 – Foster, Rn. 18: „... sich die einzelnen auf unbedingte und hinreichend genaue Bestimmungen einer Richtlinie gegenüber Organisationen oder Einrichtungen berufen können, die dem Staat oder dessen Aufsicht unterstehen *oder* mit besonderen Rechten ausgestattet sind, die über diejenigen hinausgehen, die nach den Vorschriften für die Beziehungen zwischen Privatpersonen gelten" – Hervorhebung durch die Verfasserin.

169 EuGHE 1990, Rs. C-188/89, I-3313 – Foster, Rn. 22: „... Einrichtung, die kraft staatlichen Rechtsaktes unter staatlicher Aufsicht eine Dienstleistung im öffentlichen

Ungeachtet dessen deuten einige jüngere Entscheidungen des *EuGH* darauf hin, dass ein *alternatives* Vorliegen der oben genannten Kriterien für die Einordnung als staatliche Entität ausreicht. So stellte der *EuGH* in der Rechtssache *Kampelmann*[170] aus dem Jahr 1997 fest, dass Richtlinien „... gegenüber Organisationen oder Einrichtungen geltend gemacht werden [können], die dem Staat oder seiner Aufsicht unterstehen *oder* mit besonderen Rechten ausgestattet sind, die über diejenigen hinausgehen, die sich aus den für die Beziehungen zwischen Privatpersonen geltenden Vorschriften ergeben“[171]. Eine Ausnahme stellt insofern die Richtlinie 71/305 im Bereich der Vergabe öffentlicher Bauaufträge dar. In Art. 1b UA 2 dieser Richtlinie wird der Begriff des „öffentlichen Auftraggebers“, an den die in der Richtlinie enthaltenen Verpflichtungen adressiert sind, ausdrücklich definiert. Mit Blick auf die Kriterien, welche in dieser Norm den Begriff des „öffentlichen Auftraggebers“ beschreiben, stellte der *EuGH* in der *Mannesmann*-Entscheidung[172] ausdrücklich klar, dass diese gleichzeitig, also *kumulativ* vorliegen müssen.[173]

2. *Zusammenfassende Einschätzung*

Der *EuGH*-Rechtsprechung lässt sich demnach keine abschließende Definition des Staatsbegriffs entnehmen.[174] Angesichts der außerordentlichen Formenvielfalt, die der öffentlichen Hand bei der Erfüllung ihrer Aufgaben zur Verfügung steht, ist allerdings auch zweifelhaft, ob eine Präzisierung der vom *EuGH* entwickelten Kriterien, welche gleichzeitig alle denkbaren Fälle umfasst, überhaupt realisierbar wäre. Insofern erscheint auch in Zukunft eine auf die jeweilige Vorlagekonstellation bezogene Stellungnahme des *EuGH* wahrscheinlicher zu sein.[175]

Interesse zu erbringen hat *und* die hierzu mit besonderen Rechten ausgestattet ist, die über das hinausgehen, was für die Beziehungen zwischen Privaten gilt... “ – Hervorhebung durch die Verfasserin.

170 EuGHE 1997, verb. Rs. C-253 bis C-258/96, I-6907 – Kampelmann u.a./Landschaftsverband Westfalen-Lippe u.a., Rn. 46f.

171 EuGHE 1997, verb. Rs. C-253 bis C-258/96, I-6907 – Kampelmann u.a./Landschaftsverband Westfalen-Lippe u.a., Rn. 46 – Hervorhebung durch die Verfasserin.

172 EuGHE 1998, Rs. C-44/96, I-73 – Mannesmann Anlagenbau Austria/Strohal Rotationsdruck.

173 EuGHE 1998, Rs. C-44/96, I-73 – Mannesmann Anlagenbau Austria/Strohal Rotationsdruck, Rn. 21. Bestätigt durch EuGHE 2001, Rs. C-237/99, I-939 – Kommission/Frankreich, Rn. 40.

174 Kritisch dazu *Curtin*, ELRev 1990, 195ff.

175 Vgl. auch *Prechal*, Directives in EC Law, S. 85.

II Der Begriff des begünstigten Privaten

Dem soeben beschriebenen Pol des staatlichen Entscheidungsträgers steht zunächst der *begünstigte* Private[176] gegenüber. Im vorliegenden Zusammenhang ist damit jener Personenkreis gemeint, dem eine Bejahung der Direktwirkung Vorteile rechtlicher und tatsächlicher Art einbringt. Eine Begünstigung im hier interessierenden Sinne liegt damit vor, wenn die in Frage stehende Richtlinienbestimmung den Einzelnen im Vergleich zur nationalen Rechtslage besser stellt.[177] Da der *EuGH* eine so genannte *umgekehrt vertikale Direktwirkung*[178] in ständiger Rechtsprechung verneint, können dem von einer Direktwirkung begünstigten Personenkreis auch in dreipoligen Konstellationen lediglich Private, nicht jedoch staatliche Einrichtungen angehören.[179]

Im Rahmen der vorliegenden Untersuchung ist von erheblicher Relevanz, inwieweit der soeben mit Blick auf seinem *passiven* Status umschriebene Personenkreis berechtigt ist, seine Position auch *aktiv* geltend zu machen. Dabei soll der folgende Befund zunächst losgelöst von der speziellen Problematik dreipoliger Konstellationen – und der damit verbundenen Beurteilung der Direktwirkung – aufgezeigt werden.

Hinter der Unterscheidung zwischen der *passiven* Begünstigung und der Möglichkeit zur *aktiven* Geltendmachung dieser Begünstigung verbirgt sich die Erkenntnis, dass regelmäßig nicht jeder – in irgendeiner Form von der potentiellen Direktwirkung einer Richtliniennorm begünstigte – Private in die Lage versetzt werden kann, sich auf die betreffende Richtliniennorm zu berufen. Einer entsprechenden Geltendmachung sind vielmehr Grenzen gesetzt, welche sich – aufgrund der mitgliedstaatlichen Autonomie im Bereich des Verfahrens- bzw. Prozessrechts – primär nach Maßgabe des jeweiligen nationalen Rechts bestimmen. Gleichwohl wird von Seiten des Gemeinschaftsrechts ein „Mindeststan-

176 Die Verwendung dieses Begriffes im Singular soll nicht ausschließen, dass es ggf. auch mehrere begünstigte Private gibt. Gleichzeitig umfasst der Begriff des Privaten auch juristische Personen des Privatrechts.

177 *Richter*, EuR 1988, 394 (399); *Jarass*, NJW 1991, 2665 (2667): darauf hinweisend, dass insofern eine „isolierte" Betrachtung der einzelnen Richtliniennorm nicht ausreiche, sondern vielmehr ein Vergleich mit dem für die konkrete Sachverhaltskonstellation einschlägigen nationalen Recht notwendig sei.

178 Gemeint ist die Konstellation, in der sich der Staat gegenüber einem Privaten auf eine nicht in nationales Recht umgesetzte Richtliniennorm beruft.

179 Vgl. ausführlich zum Staatsbegriff Kap. 2 A I.

dard“ postuliert.[180] Allein dieser gemeinschaftliche „Mindeststandard“ soll Gegenstand der folgenden Ausführungen sein.[181]

1. Prozessuale Geltendmachung der Begünstigung und der Gedanke der funktionalen Subjektivierung

Bei der Bestimmung subjektiver Rechtspositionen aus einer Richtliniennorm ist der von *Matthias Ruffert* begrifflich geprägte Gedanke der „funktionalen Subjektivierung“[182] von zentraler Bedeutung. Hinter dieser Bezeichnung verbirgt sich zunächst der Befund, dass der *EuGH* bei der Zuerkennung von Rechtspositionen aus einer Richtliniennorm regelmäßig die Funktion des Einzelnen betont, durch die Geltendmachung von Richtliniennormen vor nationalen Behörden und Gerichten zu einem effektiven Richtlinienvollzug beizutragen: Die Zuerkennung gemeinschaftsrechtlicher Rechtspositionen dient demnach nicht allein dem Rechtsschutz des Einzelnen, sondern auch bzw. vor allem der effektiven Durchsetzung des Gemeinschaftsrechts.[183]

Angesichts dieser Instrumentalisierung Privater zum Zwecke einer dezentralen Vollzugskontrolle werden die durch eine Richtliniennorm vermittelten Rechtspositionen in der *EuGH*-Rechtsprechung vergleichsweise[184] großzügig bejaht. Besonders markant zeigt sich diese Tendenz in einigen Judikaten zur ordnungsgemäßen Umsetzung von Umweltrichtlinien: So schloss der *EuGH* in der *Grundwasser*-Entscheidung aus dem Jahr 1991 die Absicht zur Begründung von „... Rechte [n] und Pflichten des einzelnen... “[185] unmittelbar aus dem Umstand, dass es Ziel der Richtlinie sei, „... einen wirksamen Schutz des Grundwassers der

180 Mit der Bezeichnung als „Mindeststandard“ verbindet sich der Befund, dass das Gemeinschaftsrecht bei der Geltendmachung von Rechtspositionen aus der unmittelbaren Wirkung z.B. eine – bereits im nationalen Recht verankerte – Popularklage nicht ausschließen würde. Gemeinschaftsrechtlich postuliert wird sie jedoch nicht.

181 Zu möglichen Modifizierungen im deutschen Verwaltungsverfahrens- bzw. Prozessrecht vgl. Kap. 7 A.

182 Grundlegend dazu *Ruffert*, Subjektive Rechte im Umweltrecht der EG, S. 220ff.: diesen Gedanken als Strukturprinzip des Gemeinschaftsrechts hervorhebend (ebd., S. 163); *ders.*, DVBl 1998, 69 (71). Siehe zu diesem Gesichtspunkt auch *Schoch*, NVwZ 1999, 457 (463).

183 Vgl. dazu grundlegend EuGHE 1963, Rs. 26/62, S. 1 – Van Gend en Loos, Rn. 15: „Die Wachsamkeit der an der Wahrung ihrer Rechte interessierten Einzelnen stellt eine wirksame Kontrolle dar, welche die durch die Kommission und die Mitgliedstaaten gemäß den Art. 169 und 170 ausgeübte Kontrolle ergänzt... “. Siehe zu diesem Gesichtspunkt auch *Pernice*, NVwZ 1990, 414 (423ff.); *Schmidt-Aßmann*, DVBl 1993, 924 (934).

184 Gemeint ist insbesondere der Vergleich mit dem deutschen Recht.

185 EuGHE 1991, Rs. C-131/88, I-825 – Grundwasser, Rn. 7.

Gemeinschaft sicherzustellen, indem sie die Mitgliedstaaten durch genaue und detaillierte Vorschriften verpflichtet, eine zusammenhängende Regelung von Verboten, Genehmigungen und Überwachungsverfahren zu erlassen, um Ableitungen bestimmter Stoffe zu verhindern oder zu begrenzen."[186] Der Richtlinie über den Schutz der Oberflächengewässer lässt sich nach Auffassung des *EuGH* entnehmen, dass „... immer dann, wenn die mangelnde Befolgung der durch diese Richtlinie vorgeschriebenen Maßnahmen die Gesundheit von Menschen gefährden könnte, die Betroffenen die Möglichkeit haben müssen, sich auf zwingende Vorschriften zu berufen, um ihre Rechte geltend machen zu können"[187].

Gleichwohl ist auch aus Sicht des Gemeinschaftsrechts – zumindest im Hinblick auf die *prozessuale Durchsetzbarkeit* gemeinschaftsrechtlicher Rechtspositionen – eine gewisse Form der Subjektivierung erforderlich.[188] Diesbezüglich scheint sich das Kriterium der *Betroffenheit* bzw. des *unmittelbaren Interesses* herauszukristallisieren.[189] Der *EuGH* hat diese Schlüsselbegriffe bislang nicht näher konkretisiert.[190] Ein Grund für diese Zurückhaltung des *EuGH* dürfte in der mangelnden Gemeinschaftskompetenz zur Ausgestaltung des mitgliedstaatlichen Verfahrens- bzw. Prozessrechts liegen. Insofern stellt die *EuGH*-Rechtsprechung in diesem Bereich eine „Gratwanderung" am Abgrund der Kompetenzüberschreitung dar: Denn jede weitere inhaltliche Ausgestaltung der oben aufgezeigten Kriterien ist mit einer weiteren Einengung der – grundsätzlich zu gewährleistenden – mitgliedstaatlichen Autonomie verbunden.[191]

---

186 EuGHE 1991, Rs. C-131/88, I-825 – Grundwasser, Rn. 7. Vgl. zur *Grundwasser*-Entscheidung des *EuGH* z.B. *Wegener*, in: *Lübbe-Wolff*, Vollzug des europäischen Umweltrechts, S. 145 (151f.).

187 EuGHE 1991, Rs. C-58/89, I-4983 – Oberflächenwasser, Rn. 14. Vgl. darüber hinaus EuGHE 1991, Rs. C-361/88, I-2567 – Schwefeldioxid/Schwebestaub, Rn. 15; EuGHE 1991, Rs. C-59/89, I-2608 – Blei, Rn. 19

188 Dieser Befund bezieht sich sowohl auf die Geltendmachung von Rechtspositionen aus *transformiertem* Richtlinienrecht als auch auf die Geltendmachung von Rechtspositionen aus der *unmittelbaren Wirkung* einer Richtliniennorm. Vgl. zu der i.ü. erforderlichen Differenzierung z.B. *Classen*, VerwArch 1997, 645 (651) sowie *Ruffert*, DVBl 1998, 69 (70ff.).

189 Vgl. dazu ausführlich Kap. 1 C IV.

190 Als mögliche inhaltliche Konkretisierung lässt sich allerdings die *Lemmens*-Entscheidung (EuGHE 1998, Rs. C-226/97, I-3711) interpretieren. Vgl. dazu Kap. 1 C IV.

191 Vgl. in diesem Zusammenhang allerdings auch den „Erklärungsversuch" von *Pache*, Tatbestandliche Abwägung und Beurteilungsspielraum: die geringe Aussagekraft der *EuGH*-Rechtsprechung finde ihre Ursache darin, dass sich die Frage nach der Individualberechtigung – wegen der prozessualen Situation im Vertragsverletzungsverfahren bzw. im Vorlageverfahren – entweder gar nicht oder jedenfalls nicht mit der Deutlichkeit wie für nationale Gerichte stellt (ebd., S. 420).

Angesichts des eher geringen Erkenntnisgehalts der *EuGH*-Rechtsprechung in diesem Bereich verwundert es nicht, wenn der im Schrifttum ausgesprochen kontrovers geführten Diskussion um die inhaltliche Ausgestaltung des Betroffenheitskriteriums zwangsläufig etwas Spekulatives anhaftet.[192] Wenig überzeugend erscheint insbesondere der Versuch, eine inhaltliche Ausgestaltung unter Zugrundelegung von Maßstäben und Topoi des deutschen Verwaltungsrechts vorzunehmen.[193] Als hinlänglich gesicherter Befund lässt sich bislang festhalten, dass an die *prozessuale Geltendmachung* von Rechten aus unmittelbar wirksamen Richtliniennormen – verglichen mit der deutschen Schutznormtheorie – geringere Anforderungen zu stellen sind. Die Einführung einer Popularklage in den einzelnen Mitgliedstaaten wird hingegen durch das Gemeinschaftsrecht nicht postuliert.

2. *Begünstigter Personenkreis und Vereinsklage*

Gerade im Umweltrecht, einem Bereich, in dem dreipolige Konstellationen besonders häufig auftreten, ist von erheblicher praktischer Relevanz, ob sich neben einzelnen betroffenen Privaten auch Vereine auf unmittelbar wirksame Richtliniennormen berufen können. Auch in diesem Zusammenhang soll der folgende Befund losgelöst von der speziellen Problematik dreipoliger Konstellationen – und der damit verbundenen Beurteilung der Direktwirkung – aufgezeigt werden.

In der Bundesrepublik Deutschland werden Klagen von Umweltschutzverbänden zur Verfolgung ihrer satzungsmäßigen Ziele – auf Bundesebene – grundsätzlich nicht für zulässig erachtet. Ausnahmen zu diesem Grundsatz sind in einigen Landesgesetzen – mit Blick auf die Landesebene – verankert.[194] In diesem Zusammenhang ist anzumerken, dass mit dem „neuen" BNatSchG[195] aus dem

---

192 Vgl. dazu z.B. *Schoch*, NVwZ 1999, 457 (464); *Steinberg*, AöR 1995, 549 (586); *Ruffert*, DVBl 1998, 69 (72); *Moench/Sandner*, in: *Rengeling*, Hdb. zum europ. und dt. UmweltR I, § 46 Rn. 72; *Halfmann*, VerwArch 2000, 74 (82). Siehe zu Möglichkeiten einer weiteren inhaltlichen Konkretisierung des Betroffenheitskriteriums z.B. *Ruffert*, Subjektive Rechte im Umweltrecht der EG, S. 189ff.; *ders.*, DVBl 1998, 69 (74).

193 Vgl. z.B. *Ruthig*, BayVBl 1997, 289 (296): an eine Grundrechtsrelevanz (nach deutschem Maßstab) anknüpfend. Kritisch mit Blick auf eine derartige Vorgehensweise bei der Konkretisierung des Betroffenheitskriteriums z.B. *Wegener*, in: *Lübbe-Wolff*, Vollzug des europ. UmweltR, S. 145 (164).

194 Vgl. *Wegener*, in: *Lübbe-Wolff*, Vollzug des europäischen Umweltrechts, S. 145 (150) m.w.N. Siehe ausführlich zur Diskussion um die bundesweite Einführung einer Verbandsklage in Deutschland: *Kloepfer*, Umweltrecht § 7 Rn. 29ff.

195 Art. 1 des Gesetzes zur Neuregelung des Rechts des Naturschutzes und der Landschaftspflege und zur Anpassung anderer Rechtsvorschriften (BNatSchGNeuregG) vom 25. 3. 2002 (BGBl I S. 1193).

Jahr 2002 erstmalig das Instrument der Vereinsklage auf Bundesebene eingeführt wurde. Somit ist es Vereinen nunmehr möglich, beispielsweise die Befreiung von Auflagen für Schutzgebiete und Planfeststellungsverfahren zum Gegenstand entsprechender Klagen zu machen.[196] Allerdings ist diese Novität – bedingt durch ihre Beschränkung auf die im BNatSchG geregelten Materien – im Rahmen der vorliegend zu untersuchenden Problematik lediglich bezüglich der FFH-Richtlinie von praktischer Relevanz.[197]

III Der Begriff des belasteten Privaten

Mit dem Begriff des *belasteten* Privaten wird im Rahmen der vorliegenden Untersuchung jener Personenkreis erfasst, welcher im Falle einer Bejahung der Direktwirkung Nachteile erleidet. Dabei sind allein solche Nachteile eines Privaten von Interesse, die sich als zielgerichtete Folge aus dem Umstand ergeben, dass eine staatliche Entität, im Regelfall eine Verwaltungsbehörde, ihrer richtlinienimmanenten Verpflichtung nachkommt: Derartige Nachteile können sowohl „passiv"[198] als auch „aktiv" im Sinne einer Verpflichtung[199] eines Privaten ausgestaltet sein. Eine rechtliche Verpflichtung des Privaten könnte sich gewissermaßen als „Kettenreaktion" aus dem Umstand ergeben, dass die staatliche Entität ihrer richtlinienimmanenten Verpflichtung nachkommt. Die Zulässigkeit derartiger Belastungen Privater wird insbesondere vor dem Hintergrund rechtstaatlicher Gesichtspunkte zu diskutieren sein.[200] Im vorliegenden Zusammenhang mag zunächst der Hinweis darauf genügen, dass ein möglicher Ansatzpunkt zur Beurteilung der Direktwirkung in dreipoligen Konstellationen darin besteht, – an den Pol des belasteten Privaten anknüpfend – nach der *Art* der Belastung zu differenzieren.[201]

---

196 Vgl. § 61 BNatSchG. Diese Norm regelt die naturschutzrechtliche Vereinsklage auf Bundesebene. Siehe ausführlich dazu *Wilrich*, DVBl 2002, 872 (878f.).

197 Vgl. zur FFH-Richtlinie Kap. 2 B III.

198 Z.B. die Verpflichtung eines Privaten zur Duldung der Durchführung einer UVP.

199 Z.B. die Verpflichtung eines Privaten zur Beibringung weiterer Unterlagen im Rahmen der UVP oder die Verpflichtung eines Privaten zur Einhaltung von – im Vergleich zum nationalen Recht – strengeren Umweltstandards.

200 Vgl. dazu Kap. 5 B.

201 Diese Problematik wird an anderer Stelle ausführlich zu erörtern sein. Vgl. dazu Kap. 6 B.

B Richtlinien mit potentiellen Auswirkungen auf dreipolige Rechtsbeziehungen

Im Folgenden sollen einige EG-Richtlinien vorgestellt werden, die im Falle ihrer Direktwirkung Auswirkungen auf die soeben erläuterten dreipoligen Rechtskonstellationen haben können. Dabei wurde bereits zu Beginn der Untersuchung angedeutet, dass dreipolige Konstellationen besonders häufig im Bereich des Umweltrechts auftreten. Infolgedessen sind vor allem Richtlinien aus diesem Bereich von Bedeutung für die vorliegende Untersuchung.

Angesichts der Richtlinienfülle im Umweltbereich kann eine abschließende Darstellung und Erläuterung sämtlicher, in irgendeiner Form einschlägiger Richtlinien hier nicht erfolgen.[202] Vielmehr sollen lediglich diejenigen Richtlinien aus dem umfangreichen Bestand herausgegriffen werden, welche im hier interessierenden Zusammenhang bereits das Interesse der Allgemeinheit, des wissenschaftlichen Schrifttums sowie der nationalen bzw. europäischen Rechtsprechung geweckt haben.

Bei der Beschreibung des für eine Direktwirkung erforderlichen Umsetzungsdefizits werden sich die folgenden Ausführungen jeweils auf die Situation in der Bundesrepublik Deutschland konzentrieren. Darüber hinaus ist der Umstand zu berücksichtigen, dass hinsichtlich zahlreicher Richtliniennormen bereits umstritten ist, ob diese den für eine Direktwirkung erforderlichen Kriterien der *hinreichenden Bestimmtheit* und *Unbedingtheit* genügen. Daneben ist insbesondere im Schrifttum sowie in der Rechtsprechung innerhalb der Bundesrepublik Deutschland hinsichtlich einiger Richtliniennormen streitig, ob diese geeignet sind, Privaten eine vor nationalen Behörden und Gerichten durchsetzbare Rechtsposition zu verleihen. Sofern die Bejahung dieser Kriterien jeweils nicht eindeutig auszuschließen[203] bzw. vom *EuGH* bereits klargestellt worden ist, soll deren Vorliegen zumindest im Rahmen dieser Untersuchung unterstellt werden.

---

202 Beispielhaft lässt sich auf das EG-Gewässerschutzrecht mit über 30 Richtlinien in diesem Bereich verweisen. Vgl. dazu *Breuer*, WuV 1990, 79ff. m.w.N. in Fn. 5 seiner Darstellung.

203 Dies dürfte jedenfalls dann nicht der Fall sein, wenn das Vorliegen des in Frage stehenden Kriteriums mit Blick auf die betreffende Richtliniennorm zumindest von Teilen des Schrifttums vertreten wird.

I Die UVP-Richtlinie bzw. die UVP-Änderungsrichtlinie

Im vorliegenden Zusammenhang ist zunächst die UVP-Richtlinie[204] aus dem Jahr 1985 von erheblicher Bedeutung.

Die in dieser Richtlinie verankerte Umweltverträglichkeitsprüfung zeichnet sich durch einen „medienübergreifenden integrativen Ansatz“[205] aus: Die Auswirkungen eines konkreten Projektes auf Mensch, Flora und Fauna, Boden, Wasser, Luft u.s.w. sind damit nicht lediglich sektoral, sondern auch auf etwaige *Wechselwirkungen zwischen diesen Medien* hin zu untersuchen.[206] Diesem Anliegen wird durch die zahlreichen in der Richtlinie selbst verankerten verfahrensrechtlichen Anforderungen an das Genehmigungsverfahren Rechnung getragen.[207]

Die UVP-Richtlinie ist in Form des UVP-Gesetzes vom 12. Februar 1990 in deutsches Recht umgesetzt worden.[208] Allerdings hat der *EuGH* bereits in mehreren Entscheidungen Umsetzungsdefizite festgestellt.[209] Vor diesem Hintergrund stellt sich bei Verfahren, die nach Ablauf der Umsetzungsfrist am 3. Juli 1988 zugelassen wurden, die Frage nach der Direktwirkung der UVP-Richtlinie.[210]

Im Jahr 1997 ist die UVP-Richtlinie durch die UVP-Änderungsrichtlinie[211] modifiziert worden. Die Änderungen zielen vor allem auf eine effizientere und einheitlichere Anwendung der ursprünglichen UVP-Richtlinie in den Mitglied-

---

204 Richtlinie 85/337/EWG des Rates vom 27. 6. 1985 über die Umweltverträglichkeitsprüfung bei bestimmten öffentlichen und privaten Projekten (ABlEG L 175, S. 40.).

205 *Steinberg*, DÖV 1996, 221 (221).

206 *Steinberg*, DÖV 1996, 221 (221). Durch den Rechtsbegriff der *Wechselwirkung* und dem damit verbundenen Konzept wird dem Umstand Rechnung getragen, dass die einzelnen Umweltfaktoren nicht isoliert nebeneinander bestehen, sondern vielmehr Interdependenzen zwischen ihnen auftreten. Die Umwelt wird als *System* bewertet (*Peters*, UPR 2000, 172 (174)).

207 Eine Beschreibung des in der UVP-Richtlinie verankerten Verfahrensablaufs erfolgt z.B. bei *Steinberg*, DÖV 1996, 221ff.

208 Gesetz über die Umweltverträglichkeitsprüfung vom 12. 2. 1990, BGBl 1990 I, 205.

209 EuGHE 1994, Rs. C-396/92, I-3717 – Bund Naturschutz in Bayern u.a./Freistaat Bayern (Übergangsregelung UVP); EuGHE 1995, Rs. C-431/92, I-2189 – Kommission/Deutschland (Großkrotzenburg); EuGHE 1998, Rs. C-301/95, I-6135 – Kommission/ Deutschland (Gruppenfreistellung).

210 Vgl. zur zeitlichen Relevanz dieser Fragestellung mit Blick auf die einzelnen Gebiete *Steinberg*, DÖV 1996, 221 (223). Siehe zum zeitlichen Anwendungsbereich der UVP-Richtlinie ausführlich *Schink*, NVwZ 1995, 953ff.

211 Richtlinie 97/11/EG vom 3. 3. 1997 zur Änderung der Richtlinie 85/337/EWG über Umweltverträglichkeitsprüfung bei bestimmten öffentlichen und privaten Projekten (ABlEG 1997 L 73, S. 5).

staaten ab.[212] Dabei bestehen die wichtigsten Neuerungen in der Ausweitung der Vorhabentypen sowie der an das Verfahren gestellten Anforderungen.[213]

Die UVP-Änderungsrichtlinie hätte bis zum 14. März 1999 umgesetzt werden müssen. In der Bundesrepublik Deutschland ist eine normative Umsetzung mit mehr als zweijähriger Verspätung – durch das „Gesetz zur Umsetzung der UVP-Änderungsrichtlinie, der IVU-Richtlinie und weiterer EG-Richtlinien zum Umweltschutz" – erfolgt.[214] Dieses Artikelgesetz ist am 3. August 2001 in Kraft getreten. Somit stellt sich für den Zeitraum zwischen dem Ablauf der Umsetzungsfrist und dem In-Kraft-Treten die Frage nach der Direktwirkung einzelner Richtliniennormen.

Da die Umweltverträglichkeitsprüfung als unselbständiger Teil so genannter Trägerverfahren durchzuführen ist, werden von den potentiellen Konsequenzen der erwähnten Vollzugsdefizite primär jene Bereiche tangiert, in denen die rechtlichen Zulassungsverfahren durchzuführen sind: Betroffen sind beispielsweise Genehmigungsverfahren im Bauordnungs- bzw. Bauplanungsrecht, immissionsschutzrechtliche Zulassungsverfahren sowie Planfeststellungsverfahren.[215]

Unabhängig von der Diskussion um die hinreichende Bestimmtheit und Unbedingtheit einzelner Richtliniennormen der UVP-(Änderungs-)Richtlinie[216] ist für eine Beurteilung der Direktwirkung von Bedeutung, dass die UVP-Richtlinie *verfahrensrechtliche* Regelungen enthält.[217]

Mit Blick auf dreipolige Konstellationen ist vor allem Art. 2 Abs. 1 i.V.m. 4 Abs. 2 UVP-RL von erheblicher Relevanz: Danach ist bei im Einzelnen aufgeführten baulichen oder sonstigen Anlagen, die erhebliche Auswirkungen auf die

---

212 Zur inhaltlichen Ausgestaltung der Änderungsrichtlinie vgl. u.a. *Otto*, NVwZ 2000, 531 (531); *Staupe*, NVwZ 2000, 508ff.; *Schink*, DVBl 2001, 321ff.: ausführlich auf die derzeit bestehenden Umsetzungsdefizite im deutschen Recht eingehend.

213 Eingehend dazu *Staupe* NVwZ 2000, 508 (512ff.).

214 Vgl. zu den mit diesem Artikelgesetz verbundenen Gesetzesänderungen sowie den zugrundeliegenden EG-Richtlinien *Feldmann*, DVBl 2001, 589ff. Siehe zur Grundkonzeption des geänderten UVP-Gesetzes z.B. *Schink*, DVBl 2001, 321 (324ff.); *Feldmann*, DVBl 2001, 589 (593ff.); *Koch/Siebel-Huffmann*, NVwZ 2001, 1081ff. Siehe auch die ausgesprochen kritische Stellungnahme zu den Änderungen des UVP-Gesetzes von *Enders/Krings*, DVBl 2001, 1242ff. Vgl. speziell zu den Änderungen im Bauplanungsrecht *Krautzberger/Stemmler*, UPR 2001, 241ff. sowie *Battis/Krautzberger/Löhr*, NVwZ 2001, 961ff.

215 Vgl. dazu *Schink* DVBl 2001, 321 (325ff.).

216 Vgl. zu dieser recht umfangreich geführten Diskussion z.B. *Callies*, NVwZ 1996, 339ff.; *Steinberg/Klößner*, BayVBl 1994, 33ff.; *Steinberg*, DÖV 1996, 221ff.; *Gellermann*, DÖV 1996, 433ff. Entsprechend zur UVP-Änderungsrichtlinie siehe z.B. *Peters*, UPR 2000, 172ff.; *Staupe*, NVwZ 2000, 508ff.

217 BVerwGE 100, 238 (242ff.); *Steinberg*, DÖV 1996, 221 (222); *Schmidt-Preuß*, NVwZ 2000, 252 (253).

Umwelt haben können, vor Erteilung der Genehmigung eine Umweltverträglichkeitsprüfung durchzuführen. Diese behördliche Pflicht zur Durchführung einer UVP ist vom *EuGH* bereits mehrfach als „unmissverständliche Verpflichtung" bezeichnet worden, deren Nichtbeachtung das Verdikt der Vertragsverletzung[218] sowie gegebenenfalls eine Klage Privater[219] vor den nationalen Gerichten nach sich ziehen kann. Ungeachtet der Tatsache, dass die betreffenden Genehmigungskonstellationen in den meisten Fällen dreipolige Rechtsbeziehungen (Anlagenbetreiber-Behörde-Nachbar) verkörpern, hat der *EuGH* bislang nicht explizit zu den *verfahrensrechtlichen* Belastungen[220] des Anlagenbetreibers, welche sich als Folge der Direktwirkung ergeben, Stellung bezogen.[221]

II Die IVU-Richtlinie

Auch eine Direktwirkung einzelner Normen der IVU-Richtlinie[222] aus dem Jahr 1996 kann sich auf dreipolige Konstellationen auswirken.

Ziel der IVU-Richtlinie ist es, bei der Zulassung von Industrieanlagen und Deponien einen integrierten und koordinierten Umweltschutz sicherzustellen.[223] Zu diesem Zweck enthält die IVU-Richtlinie materielle Grundpflichten und Genehmigungsvoraussetzungen für den Betrieb besonders umweltempfindlicher Industrieanlagen.[224]

Im Hinblick auf die Direktwirkungsproblematik ist zunächst festzustellen, dass die Frist für die Umsetzung der IVU-Richtlinie am 30. Oktober 1999 abgelaufen ist. Der deutsche Bundesgesetzgeber ist seiner Umsetzungspflicht allerdings erst zwei Jahre später – durch das bereits im Zusammenhang mit der UVP-

---

218 Vgl. z.B. EuGHE 1995, Rs. C-431/92, I-2189 – Großkrotzenburg.

219 Vgl. z.B. EuGHE 1996, Rs. C-72/95, I-5403 – Kraaijeveld.

220 Diese bestehen in der Duldung der von der nationalen Behörde durchzuführenden UVP sowie der Beibringung zusätzlicher Unterlagen durch den Anlagenbetreiber.

221 Vgl. ausführlich zu dieser Problematik Kap. 3 B II.

222 Richtlinie 96/61/EG des Rates vom 24. 9. 1996 über die integrierte Vermeidung und Verminderung der Umweltverschmutzung (ABlEG vom 10. 10. 1996 Nr. L 257, S. 26). Die Umsetzung der IVU-Richtlinie hatte bis zum 31. 10. 1999 zu erfolgen.

223 *Staupe*, ZUR 2000, 368 (368) mit einer ausführlichen Darstellung des Richtlinieninhalts und der möglichen Konsequenzen für eine ordnungsgemäße Umsetzung.

224 *Dolde*, NVwZ 1997, 313 (313): unter anderem darauf hinweisend, dass die *Errichtung* derartiger Anlagen nicht erfasst sei (ebd., S. 313). Zur inhaltlichen Ausgestaltung der IVU-Richtlinie siehe ferner *Schwartmann/Maus*, EuZW 2000, 74ff.; *Otto*, NVwZ 2000, 531ff.; *Wahl*, NVwZ 2000, 502ff.; *Schmidt-Preuß*, JZ 2000, 581 (588); *Barth/Demmke/Ludwig*, NuR 2001, 133 (135ff.).

(Änderungs-)Richtlinie erwähnte Artikelgesetz vom 27. Juli 2001 -[225] nachgekommen. Für dreipolige Konstellationen ist von Bedeutung, dass der in der IVU-Richtlinie enthaltene Genehmigungstatbestand als eigenständige Rechts- bzw. Ermächtigungsgrundlage für die Zulassung von Industrieanlagen konzipiert ist.[226] In diesem Punkt unterscheidet sich die IVU-Richtlinie somit erheblich von der UVP-(Änderungs-)Richtlinie, die als unselbständiger Teil im Rahmen so genannter Trägerverfahren durchgeführt wird.

Insofern lässt sich die These vertreten, dass materiellrechtliche Belastungen Privater, die sich als Folge einer Direktwirkung ergeben, nicht unter Rückgriff auf das jeweilige nationale Recht, sondern vielmehr unter Rückgriff auf den Genehmigungstatbestand der IVU-Richtlinie erfolgen würden. In diesem Zusammenhang ist insbesondere die in Art. 13 IVU-Richtlinie verankerte behördliche Pflicht zur Erteilung nachträglicher Anordnungen von Interesse. Dabei stellt sich Frage, ob – im Falle einer unterlassenen bzw. mangelhaften Umsetzung – eine entsprechende Belastung des Anlagenbetreibers auch unmittelbar aus dieser Richtliniennorm heraus erfolgen dürfte.

III Die Flora-Fauna-Habitat-Richtlinie

Auch aus der so genannten FFH-Richtlinie[227] können sich Implikationen für dreipolige Rechtsbeziehungen ergeben.

Das Ziel dieser Richtlinie besteht darin, durch ein hohes Schutzniveau einzelner Gebiete – gebündelt in dem europaweiten Netz mit der Bezeichnung „Natura 2000“ – zur Erhaltung von besonders gefährdeten natürlichen Lebensräumen und Arten beizutragen.[228] In diesem Zusammenhang werden die Mitgliedstaaten zunächst verpflichtet, der *Europäischen Kommission* eine so genannte *Vorschlagsliste* mit geeigneten Gebieten zu unterbreiten. Als letzter Meldetag war der 5. Juni 1995 vorgesehen. Die Kommissionsliste sollte drei Jahre später, also bis zum 5. Juni 1998 erstellt werden. Der Umstand, dass diese Kommissionsliste bis zum

225 Gesetz zur Umsetzung der UVP-Änderungsrichtlinie, der IVU-Richtlinie und weiterer EG-Richtlinien zum Umweltschutz – BGBl. I 1950. Dieses Gesetz ist am 3. August 2001 in Kraft getreten.

226 *Becker*, DVBl 1997, 588 (595).

227 Richtlinie 92/43/EWG des Rates vom 21. 5. 1992 zur Erhaltung der natürlichen Lebensräume sowie der wildlebenden Tiere und Pflanzen (ABlEG L 206, S. 7), zuletzt geändert durch die Richtlinie 97/62/EG vom 27. 10. 1997 (ABlEG L 305, S. 42). Diese Richtlinie ist auch unter der Bezeichnung Flora-Fauna-Habitat-Richtlinie bekannt (daher im Folgenden: FFH-Richtlinie).

228 Im Einzelnen dazu *Halama*, NVwZ 2001, 506ff. Eine ausführliche Darstellung des Projektes „Natura 2000“ erfolgt z.B. bei *Kadelbach*, in: FS *Hoppe*, S. 897 (904ff.).

heutigen Zeitpunkt nicht redigiert werden konnte, ist vor allem auf die – in zeitlicher sowie inhaltlicher Hinsicht – defizitäre Meldepraxis der einzelnen Mitgliedstaaten zurückzuführen.

Auch die Bundesrepublik Deutschland ist ihren Umsetzungsverpflichtungen aus der FFH-Richtlinie bislang nicht in ausreichendem Maße nachgekommen. Dabei ist zwischen der normativen Umsetzungsverpflichtung und der Verpflichtung zur Auswahl, Meldung und Unterschutzstellung geeigneter Gebiete zu unterscheiden.[229]

Mit Blick auf die normative Umsetzungsverpflichtung ergibt sich folgendes Bild: Der Bundesgesetzgeber hatte im Rahmen des 2. BNatschG-Änderungsgesetzes vom 30. April 1998 die §§ 19a ff. eingefügt, und somit eine rechtssatzförmige Umsetzung des wesentlichen Richtlinieninhalts durchgeführt.[230] Durch das am 4. April 2002 in Kraft getretene „neue" BNatSchG wurden weitere Anpassungen an die FFH-Richtlinie vorgenommen.[231] Unabhängig davon ist die bereits erwähnte Vorschlagsliste mit FFH-Schutzgebieten bislang noch nicht vollständig an die *Europäische Kommission* übermittelt worden.[232]

Die Bundesrepublik Deutschland ist am 11. September 2001 wegen unzureichender Umsetzung der FFH-Richtlinie verurteilt worden.[233] In diesem Urteil rügte der *EuGH* die unzureichende Meldepraxis der Bundesrepublik Deutschland.[234]

Vor dem Hintergrund dieser – insbesondere die Meldepraxis betreffenden – Umsetzungsdefizite wird die Frage diskutiert, ob das Schutzregime der FFH-Richtlinie auf Gebiete, welche die FFH-relevanten Merkmale aufweisen, jedenfalls ab dem 5. Juni 1998 – dem ursprünglich vorgesehenen Zeitpunkt der Fertigstellung einer Kommissionsliste – Anwendung zu finden hat. In der Diskussion

---

229 Vgl. dazu ausführlich *Gellermann*, NVwZ 2001, 500 (502f.).

230 Kritisch dazu *Gellermann*, NVwZ 2001, 500 (505f.).

231 Art. 1 des Gesetzes zur Neuregelung des Rechts des Naturschutzes und der Landschaftspflege und zur Anpassung anderer Rechtsvorschriften (BNatSchGNeuregG) vom 25. 3. 2002 (BGBl I S. 1193). Vgl. im Zusammenhang mit der Novellierung des BNatSchG die kritischen Anmerkungen von *Fisahn*, ZUR 2001, 252 (253ff.) m.w.N. zur Diskussion um die korrekte Umsetzung der FFH-Richtlinie in der Bundesrepublik Deutschland.

232 *Kadelbach*, in: FS *Hoppe*, S. 897 (906f.): die Realisierung fällt in die Zuständigkeit der Länder (ebd., S. 906).

233 *EuGH*, Urteil vom 11. September 2001, Rs. C-71/99 – Kommission/Deutschland; vgl. auch bereits EuGHE 1977, Rs. C-83/97 – Kommission/Deutschland, I-7191: Vertragsverletzung bezüglich der normativen Umsetzung der FFH-RL.

234 *EuGH*, Urteil vom 11. September 2001, Rs. C-71/99 – Kommission/Deutschland, Rn. 31.

um mögliche Auswirkungen der FFH-Richtlinie werden derartige Gebiete unter der Bezeichnung „potentielle FFH-Gebiete“ thematisiert.[235]

Diese Bezeichnung trägt dem Umstand Rechnung, dass sich der endgültige Zuschnitt eines Gebietes in dem Verfahrensstadium, das der abschließenden Aufnahme in die Kommissionsliste vorgelagert ist, noch ändern kann: Das heißt, anders als bei so genannten „faktischen Vogelschutzgebieten“ kommt es nicht allein darauf an, dass das betreffende Gebiet aufgrund seiner tatsächlichen Beschaffenheit eine Aufnahme in das spezielle Schutzregime rechtfertigt. Entscheidend ist vielmehr die Aufnahme in die Kommissionsliste.[236] Allein der Umstand, dass ein bestimmtes Gebiet die im Anhang III der FFH-Richtlinie aufgeführten Merkmale erfüllt, garantiert somit nicht, dass dieses Gebiet automatisch – in seinem gesamten FFH-relevanten Bestand – in die Kommissionsliste aufgenommen, und damit dem von der FFH-Richtlinie angestrebten Schutzregime unterstellt wird. Dieser Gesichtspunkt wird in der Diskussion um eine Direktwirkung der FFH-Richtlinie vielfach angeführt, um die *Unbedingtheit* des überwiegenden Teiles der Richtliniennormen – und damit eine mögliche Direktwirkung – abzulehnen.[237]

Gerade vor diesem Hintergrund ist von erheblicher Bedeutung, dass Gebiete, die *prioritäre natürliche Lebensraumtypen bzw. Arten* beherbergen, nach Anhang III Phase 2 Nr. 1 für eine Aufnahme in das europaweite ökologische Netz geeignet sind, ohne dass es einer weiteren Auswahlentscheidung durch die *Europäische Kommission* bedarf.[238] Ähnlich gestaltet sich die Lage bei Art. 7 FFH-Richtlinie: Diese Norm bezieht sich auf bereits ausgewiesene bzw. auszuweisende Schutzgebiete nach der Vogelschutzrichtlinie, so dass ein konzertiertes Tätigwerden im oben beschriebenen Sinne nicht mehr erforderlich ist.[239] Jedenfalls bezüglich dieser beiden „Gebietsarten“ dürfte die Direktwirkung des in der FFH-Richtlinie verankerten Schutzregimes nicht an der fehlenden *Unbedingtheit* der betreffenden Richtliniennormen scheitern.

---

235 Vgl. dazu z.B. *Kadelbach,* in: FS Hoppe, S. 897 (907ff.); *Halama,* NVwZ 2001, 506 (507). Eingehend zur Rechtsfigur des potentiellen FFH-Gebietes auch *Mecklenburg,* UPR 2002, 124ff.

236 *Halama,* NVwZ 2001, 506 (507): darauf hinweisend, dass sich ohne eine Gesamtschau sowie eine vergleichende Bewertung der von den Mitgliedstaaten unterbreiteten Daten grundsätzlich nicht abschätzen lasse, welche der vorgeschlagenen Gebiete von der Kommission in die Gemeinschaftsliste aufgenommen werden. Eine Ausnahme gelte mit Blick auf Anhang III Phase 2 Nr. 1 lediglich für Gebiete mit prioritären natürlichen Lebensraumtypen bzw. Arten (ebd., S. 509).

237 Vgl. z.B. *Erbguth/Stollmann,* DVBl 1997, 453 (454); *Schmidt-Preuß,* in: FS Hoppe, S. 1071 (1098).

238 *Halama,* NVwZ 2001, 506 (509); *Gellermann,* NVwZ 2001, 500 (502) m.w.N.

239 *Erbguth/Stollmann,* DVBl 1997, 453 (454) m.w.N.; a.A. *VGH München,* NuR 1997, 45 (48).

Im Rahmen des FFH-Schutzregimes ist insbesondere eine mögliche Direktwirkung des Art. 6 Abs. 4 UA 1 bzw. 2 der FFH-Richtlinie von erheblicher Relevanz.[240] Danach müssen Vorhaben oder Projekte, die erhebliche negative Auswirkungen auf FFH-Schutzgebiete haben können,[241] einer besonderen FFH-Verträglichkeitsprüfung unterzogen werden. Sind derartige Auswirkungen nach erfolgter Prüfung zu verzeichnen, so kann eine Genehmigung lediglich in Ausnahmenfällen, nämlich dann erteilt werden, wenn Gründe des überwiegenden öffentlichen Interesses einschließlich solcher sozialer oder wirtschaftlicher Art vorliegen, und wenn zugleich Ausgleichsmaßnahmen vorgesehen sind (Art. 6 Abs. 4 UA 1 FFH-RL).[242]

Schützt das Gebiet prioritäre Lebensraumtypen oder Arten, beispielsweise Moorwälder, so können Ausnahmegenehmigungen lediglich zum Schutz der menschlichen Gesundheit, der öffentlichen Sicherheit, der Umwelt oder aus anderen zwingenden Gründen des öffentlichen Interesses erteilt werden (Art. 6 Abs. 4 UA 2 i.V.m. Anh. I und II FFH-RL).

Die unmittelbare Wirkung dieses Schutzregimes ist von Bedeutung für die Zulassungsfähigkeit fachplanerischer Vorhaben sowie für den Drittschutz Enteignungsbetroffener.[243] Die besondere Dringlichkeit dieser Fragestellung zeigt sich insbesondere vor dem Hintergrund der im Zuge der deutschen Einheit geplanten Verkehrsprojekte.[244]

IV Die Wasserrahmenrichtlinie

Die vorliegend zu untersuchende Problematik kann schließlich im Zusammenhang mit der Wasserrahmenrichtlinie[245] (WRRL) von Bedeutung sein.

---

240 Eine Direktwirkung dieser Norm aufgrund der belastenden Wirkung verneinend: *Erbguth/Stollmann*, DVBl 1997, 553 (454).

241 Vgl. zum Anwendungsbereich der FFH-Richtlinie *Erbguth/Stollmann*, DVBl 1997, 453 (453).

242 Vgl. dazu EuGHE 1996, Rs. C-44/95, I-3805 – Royal Society for the Protection of Birds, Rn. 36ff.

243 *Schmidt-Preuß*, in: FS Hoppe, S. 1071 (1095) unter Hinweis auf *BVerwG*, NVwZ 1999, 528 (530ff.); *VGH München*, NuR 1997, 45 (47) zu einer entsprechenden Rügemöglichkeit eines Enteignungsbetroffenen.

244 *Kadelbach*, in: FS Hoppe, S. 897 (907).

245 Richtlinie 2000/60/EG des Europäischen Parlaments und des Rates zur Schaffung eines Ordnungsrahmens für Maßnahmen der Gemeinschaft im Bereich der Wasserpolitik vom 23. Oktober 2000 (ABlEG 2000 L 327, S. 1) – im Folgenden: Wasserrahmenrichtlinie.

Entstehungsgeschichtlicher Hintergrund dieser Richtlinie ist der Umstand, dass die bislang im Bereich des europäischen Gewässerschutzes geltenden Richtlinien lediglich einzelne Teilbereiche abdecken und inkonsistente, teilweise widersprüchliche Regelungen enthalten.[246] Die insofern gebotene Vereinheitlichung und Konzentration soll durch die Wasserrahmenrichtlinie als „übergreifendes Regelwerk“[247] erreicht werden.

Ziel der Wasserrahmenrichtlinie ist ein integrierter Gewässerschutz (vgl. Art. 1 WRRL). Dieses übergeordnete Ziel wird durch die in Art. 4 WRRL verankerten Umweltziele konkretisiert.[248] Der Grad der Konkretisierung dieser Ziele variiert teilweise erheblich: Während beispielsweise das Umweltziel, eine Verschlechterung des Zustandes der aquatischen Ökosysteme zu vermeiden bzw. diesen zu verbessern[249], eher in Gestalt eines „politischen Programmsatzes“[250] formuliert ist, weist das Ziel, auf der Grundlage eines langfristigen Schutzes der vorhandenen Ressourcen eine nachhaltige Wassernutzung zu fördern, bereits ein „vollzugsrelevantes Tatbestandsmerkmal“[251] auf. Die Wasserrahmenrichtlinie enthält auch einige Regelungen im Hinblick auf die *Art und Weise*, in der diese Umweltziele verwirklicht werden sollen.

So werden die Mitgliedstaaten verpflichtet, im Rahmen eines so genannten „Flussgebietsmanagements“[252] einzelne Flussgebietseinheiten auszuweisen. Aufgrund der föderalen Strukturen in der Bundesrepublik Deutschland könnte sich die Koordinierung bei der Auswahl von Einzugsgebieten schwierig gestalten: Denn der Vollzug innerhalb der einzelnen Länder ist regelmäßig an den Verwaltungsgrenzen orientiert und insofern nicht „flussgebietsbezogen“[253].

---

246 *Breuer*, NuR 2000, 541 (541) spricht insofern von einem „Flickenteppich“ – mit einer ausführlichen Darstellung der rechtlichen „Entstehung“ der Wasserrahmenrichtlinie. Vgl. zu den bislang existierenden Richtlinien im Bereich des Europäischen Gewässerschutzes Anh. VI Teil A WRRL. Siehe zum entstehungsgeschichtlichen Hintergrund der WRRL auch *Breuer*, NVwZ 1998, 1001ff. Zu diesem Aspekt sowie zu den bislang im Bereich des Gewässerschutzes existierenden Richtlinien vgl. auch *Knopp*, ZfW 1999, 257ff.

247 *Reinhardt*, ZfW 1999, 300 (301).

248 Vgl. zu den einzelnen Umweltzielen unter anderem die kritischen Anmerkungen von *Schmalholz*, ZfW 2001, 69 (74ff.).

249 Vgl. Art. 1 lit. a WRRL.

250 *Reinhardt*, DVBl 2001, 145 (151).

251 *Reinhardt*, DVBl 2001, 145 (151): allerdings das Merkmal der Nachhaltigkeit als „konturenlosen Begriff“ kritisierend (ebd., S. 151) m.w.N. zur Diskussion um die inhaltliche Ausgestaltung dieses Begriffes.

252 Vgl. dazu u.a. *Bosenius*, NVwZ 1998, 1039 (1040).

253 *Holtmeier*, ZfW 1999, 69 (74) unter Hinweis darauf, dass bei der Bestimmung der Einzugsgebiete teilweise auch eine internationale Zusammenarbeit erforderlich sein

Die WRRL misst dem Element der Planung eine herausragende Bedeutung bei[254]: So werden die Mitgliedstaaten in Art. 13 Abs. 1 WRRL verpflichtet, für jede Flussgebietseinheit[255] einen so genannten Bewirtschaftungsplan zu erstellen. Die inhaltlichen Anforderungen, welche bei der Ausarbeitung dieses Bewirtschaftungsplanes zu beachten sind, lassen sich dem Anhang VII der WRRL entnehmen. Wenngleich das in der Wasserrahmenrichtlinie verankerte Instrument des Bewirtschaftungsplans begriffsidentisch mit dem Bewirtschaftungsplan im Sinne des deutschen Wasserhaushaltsgesetzes (WHG) ist, geht doch der Regelungsumfang des in der WRRL verankerten Bewirtschaftungsplanes weit über jenen des wasserhaushaltsgesetzlichen Bewirtschaftungsplanes hinaus.[256] Unabhängig davon kommt dem Bewirtschaftungsplan im Sinne des deutschen WHG – anders als dem gemeinschaftsrechtlichen Bewirtschaftungsplan -[257] keine rechtsverbindliche Wirkung zu.[258]

Zusammenfassend lässt sich feststellen, dass die Wasserrahmenrichtlinie konkrete Instrumente zur Erreichung der von der Richtlinie angestrebten Ziele anordnet und somit auch *strukturell* auf das innerstaatliche Wasserrecht einwirkt.[259] Nach Ablauf der Umsetzungsfrist am 22. Dezember 2003[260] wird sich die Frage stellen, ob eine mangelnde Verwirklichung der in Art. 4 WRRL enthaltenen Umweltziele auch von Privaten geltend gemacht und somit von den nationalen Gerichten überprüft werden kann.[261] Im Zusammenhang mit der Abfallrahmen-

---

wird. Vgl. zur Problematik auch *Schmalholz*, ZfW 2001, 69 (95) sowie *Ruchay*, ZUR 2001, 115 (117).

254 So auch *Schmalholz*, ZfW 2001, 69 (92): darauf hinweisend, dass es sich dabei um einen „Prozess kontinuierlicher Planung“ und „Fortschreibung der Pläne“ handele, da die Richtlinie eine regelmäßige Überprüfung sowie Aktualisierung der einzelnen Instrumente vorschreibt (ebd., S. 92).

255 Vgl. dazu Art. 2 Nr. 15.

256 *Reinhardt*, DVBl 2001, 145 (152), der zu dem Befund kommt, dass das „Konzept deutscher Bewirtschaftungsplanung im Wasserrecht... damit endgültig zu Grabe getragen“ werde (ebd., S. 152). Eingehend zur Problematik *ders.*, ZfW 1999, 300 (301ff.). Vgl. zu den Unterschieden zwischen dem Bewirtschaftungsplan im Sinne des WHG und dem gemeinschaftsrechtlichen Bewirtschaftungsplan auch *Schmalholz*, ZfW 2001, 69 (95f.).

257 *Seidel*, UPR 1998, 430 (435); *Reinhardt*, DVBl 2001, 145 (152) m.w.N.

258 *Reinhardt*, DVBl 2001, 145 (152) m.w.N.

259 *Reinhardt*, ZfW 1999, 300 (308ff.) insofern Zweifel am „Richtliniencharakter“ der Wasserrahmenrichtlinie äußernd.

260 Vgl. zur Umsetzungsfrist Art. 24 WRRL. Siehe zu den normativen Anforderungen an eine ordnungsgemäße Umsetzung dieser Richtlinie z.B. *Faßbender*, NVwZ 2001, 241ff.

261 Für eine Einklagbarkeit *Holtmeier*, in: Umweltrechtstage 1997, S. 68; diese Frage offenlassend *ders.*, ZfW 1999, 69 (73): „... Hat er [der Bürger] nur Anspruch auf den guten Zustand, den die WRR [Wasserrahmenrichtlinie] verwirklichen will, oder

richtlinie ist bereits herausgearbeitet worden, dass nicht die Einklagbarkeit *spezifischer* Maßnahmen, sondern allenfalls um die Durchführung eines *judicial review* in Frage stehen würde.[262] Ob vorliegend eine andere Bewertung durch den Umstand gerechtfertigt ist, dass die Wasserrahmenrichtlinie – anders als die Abfallrahmenrichtlinie – auch *spezifische* Maßnahmen zur Erreichung ihrer Ziele vorgibt, mag an dieser Stelle dahingestellt bleiben. Ein subjektiv-öffentliches Recht auf Planaufstellung ist jedenfalls im deutschen Wasserrecht nicht vorgesehen.[263]

C Zusammenfassung und Teilergebnis

Die im Rahmen des 2. Kapitels untersuchten Fragestellungen lassen sich zu folgendem Befund zusammenfassen:

1. Dreipolige Rechtsbeziehungen im Sinne der vorliegenden Untersuchung definieren sich allein anhand *struktureller* Aspekte: Charakteristisches Merkmal derartiger Konstellationen ist die Einbeziehung einer behördlichen Entscheidungsinstanz. Die Behördenentscheidung entfaltet eine Doppelwirkung dergestalt, dass sie für einen Privaten begünstigende, für einen privaten Dritten jedoch gleichzeitig belastende Folgen bedingt.

2. Hinsichtlich der einzelnen Pole im Rahmen des Dreiecks kommt dem Parameter *Staat* eine zentrale Bedeutung zu. Im Zusammenhang mit der Direktwirkung von Richtlinien wird der Staatsbegriff vom *EuGH* in ständiger Rechtsprechung *funktionell* bestimmt. Eine abschließende Definition des gemeinschaftsrechtlichen Staatsbegriffes mit hinreichend steuerungsgeeigneten Kriterien lässt sich der *EuGH*-Rechtsprechung zur Direktwirkung von Richtlinien bislang nicht entnehmen.

3. Die besondere praktische Relevanz sowie Aktualität der vorliegenden Untersuchung ergibt sich insbesondere vor dem Hintergrund erheblicher Vollzugsdefizite im Bereich des Umweltrechts. Beispielhaft kann dabei auf die UVP-(Änderungs-)Richtlinie, die IVU-Richtlinie, die FFH-Richtlinie sowie die Wasserrahmenrichtlinie verwiesen werden.

---

hat er auch Anspruch auf die Durchsetzung bestimmter Maßnahmen aus dem Maßnahmenprogramm?... „ (ebd., S. 73) – Anm. der Verfasserin. Gegen eine Einklagbarkeit z.B. *Faßbender*, NVwZ 2001, 241 (246) m.w.N.

262 Vgl. dazu ausführlich Kap. 1 B.

263 *Reinhardt*, ZfW 1999, 300 (303) m.w.N.

Kapitel 3
Auswertung der *EuGH*-Rechtsprechung im Hinblick auf eine mögliche Beurteilung dreipoliger Rechtsbeziehungen

Im folgenden Kapitel soll die Rechtsprechung des *Europäischen Gerichtshofes* zur unmittelbaren Wirkung von Richtlinien näher untersucht werden.

Die – freilich ausgesprochen plakative – Charakterisierung dieser Judikatur als nebelhafter Mythos[264] sowie der Vergleich der Direktwirkungsproblematik mit einem schillernden und wechselhaften Chamäleon[265] lassen bereits erahnen, was den Betrachter bei einer näheren Untersuchung dieser Rechtsprechung erwartet.

Zwar bezogen sich die diesen Metaphern zugrunde liegenden Befunde aus den Jahren 1981 bzw. 1982 jeweils auf die Anfänge der *EuGH*-Rechtsprechung zur Direktwirkung von Richtlinien. Dennoch scheint eine entsprechende Charakterisierung mit Blick auf die vorliegend interessierende, überwiegend später ergangene Judikatur gleichermaßen zutreffend zu sein: Nicht selten zeigt sich der *EuGH* bei den Begründungen bzw. Erläuterungen der von ihm getroffenen Entscheidungen sehr zurückhaltend. Über die konkrete Entscheidung hinausgehende, verallgemeinerungsfähige Positionen des *EuGH* bleiben damit oft im „Verborgenen". Angesichts einiger Judikate, die sich – zumindest auf den ersten Blick – inhaltlich widersprechen, sieht sich die *EuGH*-Rechtsprechung überdies dem Vorwurf der Wechselhaftigkeit ausgesetzt. Ob dieser Vorwurf tatsächlich berechtigt ist, wird sich im Rahmen der folgenden Untersuchung zeigen.

Eine eindeutige Stellungnahme des *EuGH* hinsichtlich einer Beurteilung dreipoliger Rechtsbeziehungen lässt sich der Rechtsprechung zur Direktwirkung von Richtlinien grundsätzlich nicht entnehmen. Unabhängig davon hat der *EuGH* in einigen Entscheidungen bereits klare Grenzen einer Direktwirkung von Richtlinien definiert, welche folglich auch in dreipoligen Konstellationen nicht überschritten werden dürften. Hauptgedanke dieser Judikatur ist ein grundsätzliches Verbot der Belastung Privater aus einer Richtliniennorm (Teil A). Gleichwohl finden sich in der *EuGH*-Rechtsprechung auch Entscheidungen, in denen die Direktwirkung einer Richtliniennorm bejaht wurde, obwohl dies im Ergebnis – noch näher zu definierende – Belastungen eines privaten Dritten nach sich zog. Damit stellt sich die Frage nach verallgemeinerungsfähigen Konstellationen, in denen

264 *Leitao*, RTDE 1981, 425 (425).
265 *Steiner*, LQR 1982, 229 (229).

eine – durch die Direktwirkung bedingte – Belastung Privater vom *EuGH* für zulässig erachtet wird (Teil B).

A Verbot der unmittelbaren Verpflichtung bzw. Belastung Privater

Den Ausgangspunkt der Untersuchung bildet die ständige Rechtsprechung des *EuGH*, der zufolge eine „Richtlinie nicht selbst Verpflichtungen für den einzelnen begründen kann und... eine Richtlinienbestimmung daher als solche nicht gegenüber einer derartigen Person in Anspruch genommen werden kann"[266].

Einem Privaten[267] bzw. einer staatlichen Behörde[268] ist es daher verwehrt, sich vor innerstaatlichen Behörden und Gerichten zu Lasten eines Einzelnen auf Richtliniennormen, welche nicht (bzw. nicht ordnungsgemäß) in nationales Recht umgesetzt wurden, zu berufen. Damit verneint der *EuGH* eine so genannte *horizontale* Direktwirkung im Verhältnis zwischen zwei Privaten sowie eine so genannte *umgekehrt vertikale* Direktwirkung, bei der sich der Staat zu Lasten eines Privaten auf eine Richtliniennorm beruft.[269]

Dieses Verbot der Belastung Privater wird vom *EuGH* auf verschiedene Erwägungen gestützt: In der Rechtssache *Marshall I* verwies der *EuGH* auf den Umstand, dass „... nach Art.189 EWG-Vertrag [Art. 249 EG] der verbindliche Charakter einer Richtlinie, auf dem die Möglichkeit beruht, sich vor einem nationalen Gericht auf die Richtlinie zu berufen, nur für jeden Mitgliedstaat, an den sie gerichtet wird, besteht"[270]. In der Rechtssache *Faccini Dori*[271] wurde die Ablehnung der Direktwirkung einer Richtliniennorm zu Lasten Privater mit dem Sinn und Zweck der unmittelbaren Wirkung begründet: Es „... soll verhindert werden, dass der Staat aus seiner Nichtbeachtung des Gemeinschaftsrechts Nut-

---

266 EuGHE 1986, Rs. 152/84, 723 – Marshall I, Rn. 48; EuGHE 1987, Rs. 14/86, 2545 – Pretore di Saló/X, Rn. 19; EuGHE 1987, Rs. 80/86, 3969 – Kolpinghuis Nijmegen, Rn. 8; EuGHE 1990, Rs. C-221/88, I-49 – Busseni, Rn. 23; EuGHE 1990, Rs. C-106/89, I-4135 – Marleasing, Rn. 6; EuGHE 1997, Rs. C-97/96, I-6843 – Daihatsu, Rn. 24.

267 EuGHE 1994, Rs. C-94/92, I-3325 – Faccini Dori, Rn. 20; EuGHE 1996, Rs. C-192/94, I-1281 – El Corté Inglés, Rn. 10; EuGHE 1997, verb. Rs. C-253/96 bis C-258/96, I-6907 – Kampelmann, Rn. 46.

268 EuGHE 1987, Rs. 80/86, 3969 – Kolpinghuis Nijmegen, Rn. 8.

269 Diese Terminologie ist vom Schrifttum entwickelt worden, um die betreffende *EuGH*-Rechtsprechung systematisch einteilen zu können.

270 EuGHE 1986, Rs. 152/84, 723 – Marshall I, Rn. 48.

271 EuGHE 1994, Rs. C-94/92, I-3325 – Faccini Dori. Vgl. dazu u.a. die Urteilsanmerkung von *Kinley*, EPL 1995, 79ff.

zen ziehen kann"[272]. Gleichzeitig stützt der *EuGH* das Belastungsverbot auf kompetentielle Erwägungen: „Eine Ausdehnung dieser Rechtsprechung auf den Bereich der Beziehungen zwischen den Bürgern hieße, der Gemeinschaft die Befugnis zuzuerkennen, mit unmittelbarer Wirkung zu Lasten der Bürger Verpflichtungen anzuordnen, obwohl sie dies nur dort darf, wo ihr die Befugnis zum Erlass von Verordnungen zugewiesen ist."[273]

Im Schrifttum werden diese Begründungserwägungen im Hinblick auf eine mögliche Beurteilung dreipoliger Konstellationen unterschiedlich interpretiert. Eine ausführliche Auseinandersetzung mit dieser Problematik erfolgt im 5. Kapitel.

B Relativierung des Belastungsverbotes

Die Rechtsprechung zum Belastungsverbot wird vom *EuGH* in einigen Entscheidungen – zumindest indirekt – dahingehend relativiert, dass *nicht sämtliche* durch eine Direktwirkung bedingte Belastungen bzw. Verpflichtungen Privater ausgeschlossen sind.

Vor allem Judikate im Bereich der öffentlichen Auftragsvergabe sowie des Umweltrechts deuten darauf hin, dass der *EuGH* mittelbare Belastungen Privater als Folge der Direktwirkung für zulässig erachtet. Darüber hinaus lassen sich der *EuGH*-Rechtsprechung im Bereich des Privatrechts Anhaltspunkte für die Bejahung einer quasihorizontalen Direktwirkung entnehmen. Auf diese Bereiche soll im Folgenden näher eingegangen werden.

I Die Richtlinie 71/305 über die Koordinierung der Verfahren zur Vergabe öffentlicher Bauaufträge

Ein erstes Indiz für die Relativierung des Belastungsverbots ergibt sich aus der *EuGH*-Rechtsprechung im Bereich der öffentlichen Auftragsvergabe.[274]

In struktureller Hinsicht bestehen in diesem Bereich typisch-dreipolige Rechtsbeziehungen: Das Vergabeverfahren ist dadurch gekennzeichnet, dass mehrere private Bieter Angebote unterbreiten und der öffentliche Auftraggeber einem dieser Anbieter den Zuschlag erteilt. Da normalerweise lediglich ein Bieter

272 EuGHE 1994, Rs. C-94/92, I-3325 – Faccini Dori, Rn. 22 unter Hinweis auf Rs. 152/84, 723.

273 EuGHE 1994, Rs. C-94/92, I-3325 – Faccini Dori, Rn. 24.

274 EuGHE 1989, Rs. 103/88, 1839 – Costanzo, Rn. 32; EuGHE 1998, Rs. C-76/97, I-5357 – Tögel, Rn. 52; EuGHE 1999, Rs. C-258/97, I-1405 – Hospital, Rn. 35-39.

den Zuschlag für die Durchführung des ausgeschriebenen Vorhabens erhalten kann, bleiben die übrigen Bieter zwangsläufig erfolglos. Damit stehen sich drei Pole mit unterschiedlichen Interessen gegenüber: die öffentliche Vergabestelle, der erfolgreiche Anbieter sowie der aus den erfolglosen Bewerbern bestehende dritte Pol.

Wird das bereits durchgeführte Vergabeverfahren für ungültig erklärt, ergeben sich Nachteile für denjenigen Bieter, welcher zunächst den Zuschlag für die Durchführung des ausgeschriebenen Projektes erhalten hatte: So ist beispielsweise denkbar, dass nach dem Zeitpunkt der Zuschlagserteilung von dem zunächst erfolgreichen Unternehmen bereits weitergehende Investitionen getätigt worden sind. Dessen ungeachtet ist die Direktwirkung der Vergaberichtlinien vom *EuGH* in der Vergangenheit bereits mehrfach bejaht worden.[275]

1. Die Rechtssache 103/88 – Costanzo

In diesem Zusammenhang ist die *Costanzo*-Entscheidung[276] aus dem Jahr 1989 von grundsätzlicher Bedeutung:

Die Firma Costanzo, Klägerin des Ausgangsverfahrens, wurde von der als öffentlicher Auftraggeber agierenden Stadt Mailand im Ausschreibungsverfahren automatisch ausgeschieden, da ihr Angebot ein mathematisch ermitteltes Rabattmaß überschritten hatte. Der in Frage stehende Auftrag wurde letztlich an eine andere Bieterin, die Firma Lodigiani, vergeben. Die Entscheidung der Stadt Mailand stand im Einklang mit einem italienischen Decreto-legge, welches ein mathematisches Ausschlusskriterium der oben genannten Form anordnete. Die Firma Costanzo focht die Entscheidung der Stadt Mailand vor dem zuständigen nationalen Gericht an und machte insbesondere geltend, die Entscheidung sei rechtswidrig, da sie auf ein Decreto-legge gestützt wurde, welches seinerseits mit Art. 29 Abs. 5 RL 71/305 unvereinbar sei. Diese Norm schreibt auch bei ungewöhnlich niedrigen Angeboten eine Prüfung der Einzelposten, die Pflicht zur Einholung weiterer Belege sowie eine ausführliche Begründung ablehnender Entscheidungen vor.

In seiner Urteilsbegründung zur Rechtssache *Costanzo* stellte der *EuGH* zunächst das Ziel der betreffenden Richtliniennorm fest: Er betonte, dass Art. 29 Abs. 5 RL „... ein genaues und detailliertes Verfahren zur Überprüfung der Angebote, die ungewöhnlich niedrig erscheinen, vorgeschrieben hat, um es den

275 So bezogen auf die Rs. *Costanzo* auch die vorsichtige Einschätzung von *Winter*, NuR 1991, 453 (454). Vgl. auch EuGHE 1998, Rs. C-76/97, I-5357 – Tögel, Rn. 52 sowie EuGHE 1999, Rs. C-258/97, I-1405 – Hospital, Rn. 35-39.

276 EuGHE 1989, Rs. 103/88, 1839 – Costanzo.

Bietern, die besonders niedrige Angebote gemacht haben, zu ermöglichen, nachzuweisen, dass diese Angebote seriös sind, und um auf diese Weise den Zugang zu öffentlichen Bauaufträgen sicherzustellen."[277] In einem zweiten Schritt wies der *EuGH* darauf hin, dass „... die Erreichung dieses Zieles in Frage gestellt [wäre], wenn die Mitgliedstaaten bei der Umsetzung des Artikel 29 Absatz 5 der Richtlinie von dieser Bestimmung wesentlich abweichen dürften"[278]. Diese Erwägungen führten den *EuGH* zu dem Befund, dass ein mathematisches Ausschlusskriterium nicht mit Art. 29 Abs. 5 RL 71/305 vereinbar ist.[279]

Zugleich bejahte der *EuGH* die Möglichkeit des unterlegenen Bieters, sich gegenüber dem Staat auf diese Norm zu berufen.[280] Unabhängig von dieser Berufungsmöglichkeit Privater stellte der *EuGH* klar, „... dass die Verwaltung – auch auf kommunaler Ebene – ebenso wie ein nationales Gericht verpflichtet ist, Art. 29 Absatz 5 der Richtlinie 71/305 des Rates anzuwenden und diejenigen Bestimmungen des nationalen Rechts unangewendet zu lassen, die damit nicht im Einklang stehen"[281].

Vergegenwärtigt man sich das im 2. Kapitel erläuterte Dreieck, so lässt sich feststellen, dass der *EuGH* in seiner Urteilsbegründung auf den ersten Pol (den Staat) sowie den zweiten Pol (den Begünstigten) eingeht. Hingegen bleibt die Stellung des dritten Pols (des Belasteten) insofern unberücksichtigt, als eine mögliche Belastungswirkung auf Seiten des privaten Dritten vom *EuGH* nicht thematisiert wird.

Eine derartige Belastung ergibt sich in dem der *Costanzo*-Entscheidung zugrunde liegenden Sachverhalt aus dem Umstand, dass eine Wiederholung des bereits durchgeführten Ausschreibungsverfahrens letztlich dazu führt, dass der ursprünglich begünstigte Anbieter seine Position wieder verliert: Ihm wird der bereits erteilte Zuschlag entzogen, so dass er die hohen Kosten seiner Angebotserstellung sowie die Schäden der nunmehr nutzlos getätigten Investitionen tragen muss.

Vor diesem Hintergrund hat das Schweigen des *EuGH* im Schrifttum eine umfangreiche Kritik hervorgerufen.[282] Gleichzeitig wird die *Costanzo*-Entscheidung ausgesprochen divergierend interpretiert.[283]

---

277 EuGHE 1989, Rs. 103/88, 1839 – Costanzo, Rn. 20.

278 EuGHE 1989, Rs. 103/88, 1839 – Costanzo, Rn. 20.

279 EuGHE 1989, Rs. 103/88, 1839 – Costanzo, Rn. 18-21.

280 EuGHE 1989, Rs. 103/88, 1839 – Costanzo, Rn. 32.

281 EuGHE 1989, Rs. 103/88, 1839 – Costanzo, Rn. 33.

282 Vgl. z.B. *Gellermann*, Beeinflussung des bundesdeutschen Rechts, S. 175; *Engelsberger*, Empirische Umfrage, S. 124.

283 Siehe dazu *Pernice*, NVwZ 1990, 414 (426); *Winter*, DVBl 1991, 657 (663); *ders.*, NuR 1991, 453 (455); *Fischer*, NVwZ 1992, 635 (637); *Langenfeld*, DÖV 1992,

Der überwiegende Teil des Schrifttums führt die Bejahung der Direktwirkung in der *Costanzo*-Entscheidung auf den Umstand zurück, dass die Belastung des ursprünglich begünstigten Anbieters lediglich einen *Rechtsreflex* der Direktwirkung bzw. eine *mittelbare* Belastung darstellt.[284] Dieser Position kann insofern zugestimmt werden, als die Belastung des bisher begünstigten Bieters – die Entziehung des bereits erteilten Zuschlags – tatsächlich nicht unmittelbar vom Regelungsgehalt des Art. 29 Abs. 5 RL 71/305 angeordnet wird. Vielmehr enthält diese Norm lediglich Anforderungen im Hinblick auf den Umgang mit einem ungewöhnlich niedrigen Angebot. Art. 29 Abs. 5 RL 71/305 stellt somit eine *verfahrensrechtliche* Norm dar.

Teilweise wird die *Costanzo*-Entscheidung des *EuGH* dahingehend zu begründen versucht, dass der ursprünglich begünstigte Anbieter zu keinem Zeitpunkt darauf vertrauen durfte, den Zuschlag zu erhalten und insofern gar kein echtes Dreiecksverhältnis vorgelegen habe.[285] Diese Argumentation wirft die Frage auf, welche Kriterien für das Vorliegen eines Dreiecksverhältnisses maßgeblich sind. Vor allem zur Vermeidung von Missverständnissen in der Diskussion um die Handhabung derartiger Rechtsbeziehungen ist die Zugrundelegung einheitlicher Kriterien geboten. Dabei wurde bereits an anderer Stelle dargelegt, aus welchen Gründen die ausschließliche Zugrundelegung struktureller Aspekte, vor allem der Gesichtspunkt der Einschaltung einer staatlichen Behörde, sinnvoll erscheint (vgl. Kapitel 2). Vor diesem Hintergrund ist ein Vertrauenstatbestand für die Einordnung als Dreiecksverhältnis von vornherein nicht relevant. Gleichwohl kann die Frage nach einem schutzwürdigen Vertrauen des potentiell belasteten Privaten auch im vorliegenden Zusammenhang Bedeutung erlangen. Allerdings stellt diese Fragestellung eine von der „strukturellen Einordnung" als Dreiecksverhältnis zu unterscheidende Problematik dar.

---

955 (960); *Classen*, EuZW 1993, 83 (85); *Gellermann*, Beeinflussung des bundesdeutschen Rechts, S. 174; *Jarass*, Grundfragen, S. 81; *Prechal*, Directives in EC Law, S. 66f.; *Albin*, NuR 1997, 29 (31); *Lackhoff/Nyssens*, ELRev 1998, 397 (407); *Engelsberger*, Empirische Umfrage, S. 124; *Schilling*, EuGRZ 2000, 3 (9).

284 *Classen*, EuZW 1993, 83 (85); *Gellermann*, Beeinflussung des bundesdeutschen Rechts, S. 174; *Engelsberger*, Empirische Umfrage, S. 124; ähnlich *Albin*, NuR 1997, 29 (31). *Sacha Prechal* weist darauf hin, dass die negativen Folgen der Bejahung einer Direktwirkung lediglich Teil eines „total deal" gewesen seien (*Prechal*, Directives in EC Law, S. 66).

285 *Langenfeld*, DÖV 1992, 955 (960).

2. *Verallgemeinerungsfähigkeit der Costanzo-Rechtsprechung*

Vor dem Hintergrund der bereits aufgezeigten überwiegenden Meinung im Schrifttum ist nunmehr zu klären, ob sich die Judikatur des *EuGH* im Bereich der öffentlichen Auftragsvergabe dahingehend verallgemeinern lässt, dass die Direktwirkung in sämtlichen dreipoligen Konstellationen jedenfalls dann zu bejahen ist, wenn dies lediglich zu *mittelbaren* Belastungen eines privaten Dritten führt.

a) Erster Einwand: Die Rechtssache C-221/88 – Busseni

Eine Verallgemeinerungswirkung der *Costanzo*-Rechtsprechung lässt sich zunächst mit Blick auf die im Jahr 1990 ergangene *Busseni*-Entscheidung[286] in Zweifel ziehen. Gegenstand des Vorlageverfahrens war unter anderem die Frage nach der unmittelbaren Wirkung einer EGKS[287]-Empfehlung. Derartige Empfehlungen werden nach denselben Grundsätzen behandelt wie EG-Richtlinien im Sinne von Art. 249 Abs. 3 EG.[288]

In dem der Entscheidung zugrunde liegenden Sachverhalt hatte sich die Europäische Gemeinschaft für Kohle und Stahl, vertreten durch die *Europäische Kommission*, im Rahmen eines Konkursverfahrens auf die EGKS-Empfehlung 86/198[289] gestützt.

Die EGKS ist im Konkursverfahren grundsätzlich wie ein privater Gläubiger zu behandeln. Die oben genannte EGKS-Empfehlung sah jedoch eine privilegierte Rechtsstellung der EGKS in Form eines Anspruchs auf bevorzugte Befriedigung vor. Im Falle einer uneingeschränkten Anwendung der Empfehlung hätten die Gläubigerforderungen der EGKS demnach – verglichen mit den Forderungen der übrigen Privatgläubiger – vorrangig befriedigt werden müssen. Allerdings war die EGKS-Empfehlung nicht in italienisches Recht umgesetzt worden.

Anders als in der *Costanzo*-Entscheidung ging der *EuGH* in seiner Urteilsbegründung zur Rechtssache *Busseni* explizit auf die Problematik von Belastungen Privater ein. Dabei stellte er klar, dass die vorbehaltlose Bejahung eines privilegierten Status der EGKS – also die uneingeschränkte Direktwirkung der EGKS-Empfehlung – zu einer *unmittelbaren* Beeinträchtigung der Rechte der übrigen Privatgläubiger führen würde.[290] Aus diesem Grund verneinte der *EuGH* die

---

286 EuGHE 1990, Rs. C-221/88, I-495 – Busseni.

287 Abkürzung für Europäische Gemeinschaft für Kohle und Stahl.

288 Vgl. Art. 14 Abs. 3 EGKSV. Vgl. auch EuGHE 1990, Rs. C-221/88, I-495 – Busseni, Rn. 21ff.

289 ABlEG 1986, L 144/40.

290 EuGHE 1990, Rs. C-221/88, I-495 – Busseni, Rn. 25.

Möglichkeit der EGKS, sich im Verhältnis zu den anderen Privatgläubigern auf die Empfehlung zu berufen.[291]

Gleichzeitig ließ der *EuGH* eine *eingeschränkte* Direktwirkung der betreffenden Empfehlung dergestalt zu, dass sich die EGKS allein gegenüber dem Mitgliedstaat auf diese berufen kann, „... sofern die Anerkennung des Vorrechts der Forderungen der EGKS nur gegenüber diesem Staat wirkt, und diesen Forderungen damit gleicher Rang mit staatlichen Forderungen eingeräumt wird... "[292].

Zunächst lässt sich feststellen, dass sich in dem der *Busseni*-Entscheidung zugrunde liegenden Ausgangsrechtsstreit drei Konfliktparteien mit unterschiedlichen Interessen gegenüberstanden: der Konkursverwalter als staatlicher Entscheidungsträger, die EGKS als privater Gläubiger, der eine bevorzugte Gläubigerstellung anstrebt, sowie alle übrigen Privatgläubiger, deren Rechtsposition sich im Falle einer Bejahung der Direktwirkung verschlechtern würde.

Gleichzeitig kann dem *EuGH* dahingehend zugestimmt werden, dass eine uneingeschränkte Direktwirkung der betreffenden EGKS-Empfehlung zu einer *unmittelbaren* Rechtsbeeinträchtigung der übrigen Privatgläubiger geführt hätte: Denn die Rechtsposition der EGKS hätte sich nicht erst durch eine Entscheidung des staatlichen Konkursverwalters zu Lasten der anderen privaten Gläubiger verbessert. Vielmehr war die privilegierte Stellung der EGKS und die damit verbundene Beeinträchtigung der anderen Gläubiger bereits eindeutig im Regelungsgehalt der betreffenden EGKS-Empfehlung verankert.

Auch *Claus Dieter Classen* führt die Ablehnung einer umfassenden Direktwirkung in der Rechtssache *Busseni* auf den Umstand zurück, dass anderenfalls eine direkte rechtliche Benachteiligung der anderen Gläubiger eingetreten wäre. Zugleich verallgemeinert *Classen* seinen Befund dahingehend, dass in Genehmigungsfällen eine unmittelbare Wirkung zu verneinen sei.[293]

In diesem Zusammenhang ist jedoch zweifelhaft, ob die Rechtssache *Busseni* mit einer Genehmigungskonstellation vergleichbar ist: In dem streitigen Konkursverfahren standen sich die Interessen der als Privatgläubiger zu behandelnden EGKS sowie die Interessen der anderen privaten Gläubiger gegenüber. Dabei waren die Interessen beider Pole auf eine Befriedigung der jeweiligen Gläubigerforderung gerichtet. Es ging den Gläubigern somit nicht darum, die Befriedigung der jeweils anderen Gläubigerforderungen zu verhindern. Anders gestaltet sich dagegen die Interessenlage in einer dreipoligen (klassischen)[294] Genehmigungs-

291 EuGHE 1990, Rs. C-221/88, I-495 – Busseni, Rn. 24.

292 EuGHE 1990, Rs. C-221/88, I-495 – Busseni, Rn. 26.

293 *Classen*, EuZW 1993, 83 (85).

294 Nicht gemeint sind somit jene Konstellationen, in denen beispielsweise zwei Unternehmen hinsichtlich der Erteilung einer Genehmigung für ein bestimmtes Vorhaben, z.B. ein Bauvorhaben, miteinander konkurrieren.

situation: Der private Antragsteller, z.B. der Anlagenbetreiber, wendet sich mit seinem Begehren an die zuständige Behörde. Diese hat nunmehr zu entscheiden, ob sie die Genehmigung für das geplante Vorhaben erteilt. In dreipoligen Konstellationen stehen der Genehmigungserteilung häufig „Interessen“ eines privaten Dritten, z.B. des Nachbarn, entgegen. Die Interessen des Anlagenbetreibers und jene des Nachbarn sind in derartigen Genehmigungsfällen jedoch nicht – wie in einer Konkurrenzsituation – gleichgerichtet. Das Begehren beider Parteien wird vielmehr zwangsläufig darauf gerichtet sein, der jeweiligen Gegenseite die Realisierung ihres Vorhabens zu erschweren bzw. sie zu verhindern. Aufgrund dieser Andersartigkeit der Interessenlagen kann der von *Claus Dieter Classen* vertretenen Verallgemeinerung der *Busseni*-Entscheidung mit Blick auf Genehmigungskonstellationen nicht gefolgt werden.

Insgesamt bestätigt die *Busseni*-Entscheidung den Befund, dass eine Richtlinie zumindest keine *unmittelbaren* Verpflichtungen eines Privaten festlegen bzw. seine nach nationalem Recht statuierten Rechte nicht *unmittelbar* beeinträchtigen darf. Zur Beurteilung von *mittelbaren* Beeinträchtigungen hat der *EuGH* dagegen nicht Stellung bezogen.[295] Daher sprechen die Ausführungen des *EuGH* in der Rechtssache *Busseni* nicht gegen eine Verallgemeinerung der *Costanzo*-Rechtsprechung hinsichtlich *mittelbarer* Beeinträchtigungen.

b) Zweiter Einwand: Die Konkurrenzkonstellation

Zweifel im Hinblick auf eine Verallgemeinerung der *Costanzo*-Entscheidung könnten sich dann ergeben, wenn man die Bejahung der Direktwirkung in der Rechtssache *Costanzo* auf den Umstand zurückführt, dass es sich um eine Konkurrenzkonstellation gehandelt, und somit die Rechtmäßigkeit des Verwaltungshandelns Vorrang gehabt habe.[296] Unter Zugrundelegung dieser Prämisse wäre zumindest in dreipoligen Konstellationen, in denen kein derartiges Konkurrenzverhältnis gegeben ist, ein Rückgriff auf die *Costanzo*-Rechtsprechung verwehrt.

Allerdings ist nicht ganz einsichtig, aus welchen Gründen gerade bzw. ausschließlich in Konkurrenzsituationen die Rechtmäßigkeit des Verwaltungshandelns Vorrang gegenüber den Interessen des privaten Dritten haben, und somit eine Direktwirkung zulässig sein sollte. Darüber hinaus belegen die Ausführungen des *EuGH* in der Rechtssache *Busseni*, dass das Vorliegen einer Konkurrenzsituation nicht zwangsläufig zu einer umfassenden Bejahung der Direktwirkung

---

295 So auch die Einschätzung von *Prechal*, Directives in EC Law, S. 68; *Gellermann*, Beeinflussung des bundesdeutschen Rechts, S. 178.

296 Vgl. dazu z.B. *Pernice*, NVwZ 1990, 414 (426).

führen muß.[297] Der *EuGH* scheint diesem Gesichtspunkt insofern keine Schlüsselrolle bei der Beurteilung der unmittelbaren Wirkung von Richtlinien in dreipoligen Konstellationen beizumessen.

c) Dritter Einwand: Die Besonderheit des Vergabeverfahrens

Gegen eine Verallgemeinerung der *Costanzo*-Entscheidung könnten schließlich Besonderheiten des zugrunde liegenden Sachverhalts sprechen: Die Klägerin berief sich mit Art. 29 Abs. 5 RL 71/ 305 auf eine Norm, die explizit dem Schutz der Anbieter gegen eine willkürliche Durchführung des Verfahrens durch die Vergabestelle dient. Diese Norm schreibt ein präzises und detailliertes Vergabeverfahren vor und legt damit Verfahrensgarantien fest.[298]

Ungeachtet dessen verbergen sich jedoch hinter der Vergabekonstellation bei Zugrundelegung der strukturellen Kriterien typisch-dreipolige Rechtsbeziehungen. Darüber hinaus spricht der Umstand, dass das – für die Individualberechtigung notwendige – subjektive Recht explizit in der betreffenden Richtliniennorm verankert war, grundsätzlich nicht gegen eine Übertragbarkeit der *Costanzo*-Rechtsprechung auf andere dreipolige Rechtsbeziehungen: Denn die Frage, welche Anforderungen an den begünstigten Privaten zu stellen sind, damit sich dieser auf eine Richtliniennorm berufen kann, ist von der Frage, wann Belastungen eines privaten Dritten zulässig sind, zu unterscheiden.[299]

3. Zusammenfassung

Aus der vorangegangen Analyse der Rechtssachen *Costanzo* und *Busseni* ergibt sich folgendes Bild:

Der *Costanzo*-Entscheidung lässt sich eine Verallgemeinerungswirkung dergestalt entnehmen, dass *mittelbare* Belastungen eines privaten Dritten, die sich infolge der Direktwirkung einer Richtliniennorm ergeben, nicht von dem eingangs erläuterten Belastungsverbot umfasst sind. Wenngleich der *EuGH* in seiner Urteilsbegründung zur Rechtssache *Busseni* explizit auf den Begriff der „unmittelbaren Beeinträchtigung" zurückgegriffen hat, ist eine weitergehende inhaltliche Ausgestaltung des Kriteriums der *(Un-)mittelbarkeit* bislang nicht vorgenommen worden. Ungeachtet dessen belegt die *Busseni*-Entscheidung, dass eine *unmittelbare* Rechtsbeeinträchtigung eines privaten Dritten grundsätzlich auch in dreipo-

---

297 Zur Konkurrenzsituation in dem der Rechtssache *Busseni* zugrunde liegenden Sachverhalt vgl. Kap. 3 B I 2a.

298 *Prechal*, Directives in EC Law, S. 66f. unter Hinweis auf EuGHE 1982, Rs. 76/81, 417 – Transporoute.

299 Vgl. zu dieser Problematik ausführlich Kap. 6.

ligen Konstellationen denkbar, jedoch unzulässig ist.[300] Daher kann eine generelle Bejahung der Direktwirkung in dreipoligen Konstellationen – allein unter Hinweis darauf, dass die in Frage stehende richtlinienimmanenten Verpflichtungen ohnehin an eine staatliche Behörde adressiert, und Belastungen Privater somit allenfalls mittelbarer Natur seien -[301] nicht überzeugen.

II Die Richtlinie über die Umweltverträglichkeitsprüfung

Auch in einigen Judikaten aus dem Bereich des Umweltrechts hatte sich der *EuGH* bereits mit Fragestellungen zu befassen, denen eine erhebliche Bedeutung für die Beurteilung dreipoliger Rechtsbeziehungen zukommt.

1. Die Judikatur des EuGH

Im Folgenden sollen diese Judikate, in denen jeweils die Anwendbarkeit der Richtlinie über die Umweltverträglichkeitsprüfung[302] in Frage stand, näher untersucht werden. Gemäß der UVP-Richtlinie ist bei im Einzelnen aufgeführten baulichen oder sonstigen Anlagen, die möglicherweise erhebliche Auswirkungen auf die Umwelt haben, vor Erteilung der Genehmigung eine Umweltverträglichkeitsprüfung durchzuführen. In der Vergangenheit bejahte der *EuGH* bereits mehrfach die Pflicht staatlicher Stellen, den ihnen von der UVP-Richtlinie auferlegten „unmissverständlichen Verpflichtungen", hier zur Durchführung einer UVP, nachzukommen. Allerdings hat der *EuGH* zu möglichen Belastungen eines Privaten, die sich als Folge derartiger staatlicher Verpflichtungen ergeben, bislang nicht Stellung genommen.

a) Die Rechtssache C-431/92 – Großkrotzenburg

Als erstes Judikat zu dieser Problematik ist die *Großkrotzenburg*-Entscheidung[303] des *EuGH* aus dem Jahr 1995 bekannt geworden.

Die *Kommission* hatte ein Vertragsverletzungsverfahren gegen die Bundesrepublik Deutschland eingeleitet, wobei ein entsprechender Gemeinschaftsrechts-

---

300 Ähnlich *Albin*, NuR 1997, 29 (32), die derartige Konstellationen als „rechtlich relevante" Belastungen bezeichnet.

301 So aber z.B. die Argumentation von *Erbguth/Stollmann*, DVBl 1997, 453 (456).

302 Richtlinie 85/337/EWG des Rates vom 27. 6. 1985 über die Umweltverträglichkeitsprüfung bei bestimmten öffentlichen und privaten Projekten (ABlEG L 175, S. 40).

303 EuGHE 1995, Rs. C-431/92, I-2189 – Großkrotzenburg.

verstoß auf den Umstand gestützt wurde, dass die zuständige deutsche Behörde die Errichtung eines neuen Kraftwerkblocks des Wärmekraftwerks Großkrotzenburg genehmigt hatte, ohne zuvor eine Umweltverträglichkeitsprüfung nach Maßgabe der UVP-Richtlinie durchgeführt zu haben. Die Klage der *Kommission* wurde vom *EuGH* im Ergebnis als unbegründet abgewiesen.[304]

Gleichwohl ist die *Großkrotzenburg*-Entscheidung für die Belastungsproblematik relevant. In struktureller Hinsicht stellt der zugrunde liegende Sachverhalt eine Konstellation dar, in der die unmittelbare Wirkung der UVP-Richtlinie für einen Privaten, beispielsweise den Nachbarn, begünstigend wirkt, für den Anlagenbetreiber jedoch Belastungen nach sich zieht.[305] Ungeachtet dessen ging der *EuGH* nicht auf die Belastungsproblematik ein.

Vor diesem Hintergrund lassen sich die Ausführungen des *EuGH* dahingehend interpretieren, dass jedenfalls *verfahrensrechtliche* Belastungen Privater, die sich infolge der Direktwirkung von Richtlinien ergeben, für zulässig zu erachten sind.[306] Denn die „Kehrseite" der vom *EuGH* postulierten Verpflichtung einer staatlichen Behörde zur richtliniengemäßen Durchführung der UVP besteht in der Pflicht des Anlagenbetreibers zur Duldung einer entsprechenden Abwicklung der Prüfung. Von dieser *verfahrensrechtlichen* Belastung zu unterscheiden ist eine unmittelbar vom Regelungsgehalt einer Richtliniennorm angeordnete *materiellrechtliche* Veränderung der Rechtslage zum Nachteil eines Privaten, beispielsweise die Aufhebung der erteilten Genehmigung im Falle einer nicht ordnungsgemäß durchgeführten UVP. Eine derartige Belastung stand in der *Großkrotzenburg*-Entscheidung allerdings nicht zur Disposition.[307] Die aus einer Durchführung der UVP resultierenden Mitwirkungsobliegenheiten des Anlagenbetreibers, z.B. die Beibringung zusätzlicher Unterlagen, stellen hingegen keine

---

304 Die *Kommission* war ihrer Begründungspflicht nicht in ausreichendem Maße nachgekommen: Nach Auffassung des *EuGH* hätte sie im Einzelnen darlegen müssen, in welchen konkreten Punkten die Anforderungen der Richtlinie im Genehmigungsverfahren für das streitige Projekt nicht erfüllt wurden. Dazu hätten auch entsprechende Beweise vorlegt werden müssen.

305 So z.B. die Kritik von *Callies*, NVwZ 1996, 339 (341).

306 *Pechstein*, EWS 1996, 261 (264): rein verfahrensrechtliche Regelungen seien von Amts wegen zu berücksichtigen; *Albin*, Nur 1997, 29 (31): keine unmittelbare Beeinträchtigung des Anlagenbetreibers – lediglich Pflicht zur Duldung einer UVP; *Lackhoff/Nyssens*, ELRev 1998, 397 (412); *Kühling/ Röckinghausen*, DVBl 1999, 1614 (1614); *Wahl*, NVwZ 2000, 502 (508); a.A. *Adamek*, EG-Richtlinien im Umweltrecht, S. 746.

307 Vgl. auch *Schmidt-Preuß*, NVwZ 2000, 252 (254): darauf hinweisend, dass die nicht umgesetzten Art. 2, 3 und 8 UVP-Richtlinie reine Verfahrensvorschriften darstellen (ebd, S. 254). Unabhängig davon beurteilt sich die Frage, ob eine derartige Rechtsfolge von dem jeweiligen nationalen Recht angeordnet wird.

unzulässige Belastung des Anlagenbetreibers dar.[308] Denn eine klare Abgrenzung zwischen „zumutbarer" und „unzumutbarer" Mitwirkungsobliegenheit anhand objektiver Kriterien ist nur schwer realisierbar. Darüber hinaus würde sich die Mitwirkungsobliegenheit zumindest aus der Sicht des betroffenen Anlagenbetreibers wohl stets als „spürbar" darstellen.

b) Die Rechtssache C-72/95 – Kraaijeveld

Der anhand der *Großkrotzenburg*-Entscheidung gewonnene Befund, wonach *verfahrensrechtliche* Belastungen Privater aus einer Richtliniennorm für zulässig zu erachten sind, wird durch die ein Jahr später im Rahmen eines Vorlageverfahrens ergangene *Kraaijeveld*-Entscheidung[309] bestätigt.

In dem der Rechtssache zugrunde liegenden Sachverhalt ging es um einen Flächennutzungsplan zur Deichverstärkung, den der zuständige niederländische Provinzausschuss genehmigt hatte, ohne zuvor die Auswirkungen des im Flächennutzungsplan vorgesehenen Projektes auf die Umwelt geprüft zu haben. Dies stand im Einklang mit der niederländischen Gesetzeslage, welche für bestimmte Projekte einen generellen Ausschluss von der Durchführung einer Umweltverträglichkeitsprüfung vorsah. Der Kläger, auf dessen Grund und Boden gemäß dem Flächennutzungsplan ein neuer Deich anstelle des alten errichtet werden sollte, erhob gegen die Entscheidung des Provinzausschusses beim zuständigen niederländischen Gericht Klage. Er berief sich dabei zwar nicht ausdrücklich auf die UVP-Richtlinie, machte jedoch geltend, dass der obige Beschluss nicht mit der erforderlichen Sorgfalt vorbereitet worden sei.

Wenngleich der *EuGH* abermals nicht auf die Problematik von Belastungen Privater einging, ist die Urteilsbegründung in der *Kraaijeveld*-Entscheidung von Interesse für die Frage, ob bzw. unter welchen Voraussetzungen Private eine gerichtliche Überprüfung von Umsetzungsmaßnahmen einklagen können. Diese Fragestellung ist wiederum mit der Belastungsproblematik verknüpft.[310]

Dabei betonte der *EuGH* zunächst, dass Art. 2 Abs. 1 und 4 Abs. 2 UVP-RL zugunsten der Mitgliedstaaten einen Ermessensspielraum vorsehen, um bestimmte Arten von Projekten, die einer Prüfung zu unterziehen sind, zu bestimmen oder einschlägige Kriterien und/oder Schwellenwerte aufzustellen. Unge-

---

308 So auch *Krämer*, WuV 1990, 138 (152); i.E. auch *Steinberg/Klößner*, BayVBl 1994, 33 (38); a.A. *Schmidt-Preuß* (ebd., S. 254): darauf hinweisend, dass auch die Mitwirkungsobliegenheit zu einer spürbaren Belastung werden könne; *Steinberg*, DÖV 1996, 221 (224).

309 EuGHE 1996, Rs. C-72/95, I-5403 – Kraaijeveld. Vgl. dazu *Wyatt*, Journal of Environmental Law 1998, 9 (18).

310 Vgl. ausführlich dazu Kap. 6.

achtet dessen sind jedoch die nationalen Gerichte befugt, zu prüfen, ob dieser Ermessenspielraum vom nationalen Gesetzgeber oder von den nationalen Behörden überschritten wurde.[311] Mit Blick auf den der Entscheidung zugrunde liegenden Sachverhalt stellte der *EuGH* klar, dass eine Ermessensüberschreitung jedenfalls dann vorliege, wenn eine mitgliedstaatliche gesetzliche Regelung bestimmte Projekte generell von der UVP-Pflichtigkeit freistellt, es sei denn, aufgrund einer pauschalen Beurteilung aller ausgenommenen Projekte wäre davon auszugehen, dass diese keine erheblichen Umweltauswirkungen haben können. Die Konsequenzen einer Ermessensüberschreitung beschrieb der *EuGH* wie folgt: „Ist dieser Ermessensspielraum überschritten und haben daher die nationalen Bestimmungen insoweit außer Acht zu bleiben, so ist es Sache der Träger öffentlicher Gewalt des Mitgliedstaats, im Rahmen ihrer Zuständigkeiten alle erforderlichen allgemeinen und besonderen Maßnahmen zu treffen, damit die Projekte im Hinblick darauf geprüft werden, ob bei ihnen mit erheblichen Auswirkungen auf die Umwelt zu rechnen ist, und, wenn dies der Fall ist, einer Untersuchung ihrer Auswirkungen unterzogen werden“[312].

Damit stellt der *EuGH* zweierlei klar: Zum einen kann die betreffende – durch Ermessensüberschreitung entstandene – nationale Regelung nicht im konkreten Rechtsstreit angewendet werden. Zum anderen sind die zuständigen staatlichen Stellen verpflichtet, eine richtlinienkonforme Umweltverträglichkeitsprüfung durchzuführen und gegebenenfalls nachzuholen. So wird ein nationales Gericht die Durchführung einer Umweltverträglichkeitsprüfung für ein bestimmtes Projekt anordnen, selbst wenn das betreffende Vorhaben nach Maßgabe der – durch Ermessensüberschreitung zustandegekommenen – nationalen Regelung keiner derartigen Prüfung bedurft hätte.

Zutreffend weist *Christine Boch* auf den Umstand hin, dass dadurch der Entwicklungstätigkeit privater Unternehmen zusätzliche Restriktionen auferlegt werden.[313] Zu denken ist beispielsweise an eine längere Dauer des Genehmigungsverfahrens und die damit verbundene Verzögerung des gesamten Investitionsvorhabens. Noch gravierender könnte sich die Belastung des privaten Anlagenbetreibers darstellen, wenn sich erst nach Abschluss des Genehmigungsverfahrens herausstellt, dass das betreffende Vorhaben einer UVP hätte unterzogen werden müssen, eine Durchführung jedoch richtlinienwidrig unterlassen wurde.[314]

---

311 EuGHE 1996, Rs. C-72/95, I-5403 – Kraaijeveld, Rn. 50; bestätigt durch EuGHE 1999, Rs. C-392/96, I-5901 – Kommission/Irland (Schwellenwerte), Rn. 64.

312 EuGHE 1996, Rs. C-72/95, I-5403 – Kraaijeveld, Rn. 61.

313 *Boch*, Journal of Environmental Law 1997, 119 (137).

314 Siehe dazu Kap. 3 B II 2. Vgl. zum zeitlichen Geltungsbereich der UVP–Richtlinie ausführlich *Schink*, NVwZ 1995, 953ff.: die Position vertretend, dass „... bei noch nicht abgeschlossenen Verfahren, mit deren Durchführung im Zeitpunkt des Ablau-

Allerdings können Befürchtungen dergestalt, dass die *Kraaijeveld*-Entscheidung des *EuGH* eine „Büchse der Pandora“[315] für mögliche Anordnungen der nationalen Gerichte öffne, nicht geteilt werden. Der *EuGH* stellt in seiner Urteilsbegründung selbst klar, dass die Träger öffentlicher Gewalt „... *im Rahmen ihrer Zuständigkeiten* alle erforderlichen allgemeinen und besonderen Maßnahmen... treffen... “[316]. Insofern sind einer ausufernden „Dominanz“ der nationalen Gerichte von vornherein Grenzen gesetzt, welche allerdings von Mitgliedstaat zu Mitgliedstaat variieren können. Hinzu kommt der Umstand, dass der *EuGH* allein die Unanwendbarkeit der betreffenden nationalen Regelung sowie die Durchführung der Umweltverträglichkeitsprüfung postuliert. Dagegen schweigt er zu den *materiellrechtlichen* Konsequenzen, welche in Frage stehen, wenn die Genehmigungsbehörde im Nachhinein, d.h. als Ergebnis der nachgeholten UVP feststellt, dass das betreffende Vorhaben in dieser Form nicht hätte genehmigt werden dürfen. Dem Vorhabenträger werden somit aufgrund der UVP-Richtlinie allenfalls die Pflicht zur Duldung der Durchführung einer Umweltverträglichkeitsprüfung bzw. etwaige Mitwirkungsobliegenheiten aufgegeben. Dass dies im Ergebnis zur Aufhebung der bereits erteilten Genehmigung führen kann, lässt sich zumindest nicht mehr als „unmittelbare“ richtlinienimmanente Verpflichtung im Sinne des eingangs erläuterten Belastungsverbots einstufen. Die Entscheidung über eine Auflagenerteilung bzw. eine etwaige Aufhebung der bereits erteilten Genehmigung für den Fall, dass nachträglich erhebliche Auswirkungen auf die Umwelt festgestellt werden, beurteilt sich allein nach dem jeweiligen nationalen Recht. Allerdings schließt diese mitgliedstaatliche Zuständigkeit nicht aus, dass im Rahmen des Verwaltungsvollzuges gemeinschaftsrechtliche Mindestanforderungen zu berücksichtigen sind.[317]

c) Die Rechtssache C-435/97 – WWF/Bozen

Während in der *Kraaijeveld*-Entscheidung eine gesetzliche Regelung über die generelle Freistellung bestimmter Projekte von einer Umweltverträglichkeitsprüfung Gegenstand des Verfahrens war, ging es in dem der Rechtssache *WWF/*

---

fes der Umsetzungsfrist bereits begonnen worden war, die UVP-Richtlinie – teilweise – unmittelbar gilt.“ (ebd., S. 956). Als abgeschlossen im hier interessierenden Sinne dürfte das Verfahren gelten, wenn die Genehmigung *bestandskräftig* geworden ist (vgl. *Schink*, aaO, S. 958).

315 *Boch*, Journal of Environmental Law 1997, 119 (137): „Kraaijeveld opens a Pandora‘s box of issues on reliefs which national courts could order“.

316 EuGHE 1996, Rs. C-72/95, I-5403 – Kraaijeveld, Rn. 61 – Hervorhebung durch die Verfasserin.

317 Vgl. dazu Kap. 3 B II 2.

Bozen[318] zugrunde liegenden Sachverhalt um die Entscheidung einer nationalen Verwaltungsbehörde, ein bestimmtes Projekt im Rahmen des betreffenden Genehmigungsverfahrens von der Durchführung einer UVP freizustellen.

Die Kläger die Ausgangsverfahrens, Anrainer des Flughafens Bozen sowie zwei Umweltschutzverbände, hatten gegen die Genehmigung eines Projektes zur Umstrukturierung des Flughafens vor dem zuständigen Verwaltungsgericht der Provinz Bozen Anfechtungsklage erhoben. Dabei machten die Kläger geltend, dass das Genehmigungsverfahren ohne die nach der UVP-Richtlinie für ein derartiges Projekt erforderliche UVP durchgeführt worden sei. Daraufhin legte das nationale Verwaltungsgericht dem *EuGH* unter anderem die Frage vor, ob Art. 4 Abs. 2 i.V.m. Art. 2 Abs. 1 der UVP-RL im Falle einer nicht richtliniengemäßen Umsetzung eine unmittelbare vertikale Wirkung in dem Sinne entfaltet, dass die Behörden des Mitgliedstaates verpflichtet sind, die in Rede stehenden Projekte einer Prüfung auf ihre Umweltverträglichkeit zu unterziehen.

In Beantwortung dieser Vorlagefrage stellte der *EuGH* fest, „... dass sich einzelne dann, wenn der Gesetzgeber oder die Verwaltung eines Mitgliedstaats das ihnen durch Artikel 4 Absatz 2 und Artikel 2 Absatz 1 der Richtlinie eingeräumte Ermessen überschritten haben, vor dem Gericht eines Mitgliedstaats gegenüber den nationalen Stellen auf diese Bestimmungen berufen und dadurch erreichen können, dass diese nationale Vorschriften oder Maßnahmen außer Betracht lassen, die mit diesen Bestimmungen unvereinbar sind“[319].

Insofern verknüpfte der *EuGH* die – bereits im Zusammenhang mit der *Kraaijeveld*-Entscheidung erläuterte – gerichtliche Überprüfbarkeit von Ermessensentscheidungen mit der Möglichkeit eines Privaten, sich auf eine derartige Ermessensüberschreitung vor den zuständigen Stellen berufen zu können, um eine Außerachtlassung der – für ihn im Vergleich zum Gemeinschaftsrecht ungünstigeren – nationalen Regelung zu erzielen. Auf mögliche Belastungen Privater[320] ging der *EuGH* in seinen Ausführungen wiederum nicht ein. Er beschränkte sich vielmehr darauf, unter Hinweis auf die *Kraaijeveld*-Entscheidung auf die Zuständigkeit der betreffenden nationalen Stellen zur Ergreifung der erforderlichen Maßnahmen für die Durchführung einer UVP hinzuweisen.[321]

Teilweise wird auf den Umstand verwiesen, dass die aus der Direktwirkung resultierende Belastung in dem der *WWF/Bozen*-Entscheidung zugrunde liegenden Sachverhalt eine staatliche Entität getroffen habe – was vor dem Hintergrund der *EuGH*-Rechtsprechung zum Belastungsverbot Privater ohne weiteres zulässig

---

318 EuGHE 1999, Rs. C-435/97, I-5613 – World Wildlife Fund u.a./Autonome Provinz Bozen u.a. (im Folgenden: WWF/Bozen).

319 EuGHE 1999, Rs. C-435/97, I-5613 – WWF/Bozen, Rn. 71.

320 Hier: mögliche Belastungen der Flughafen Bozen AG.

321 EuGHE 1999, Rs. C-435/97, I-5613 – WWF/Bozen, Rn. 71.

sei: Denn der *EuGH* rechne ein staatlich beherrschtes Unternehmen dem Begriff des „Staates" zu, selbst wenn es in privatrechtlicher Form agiert; die Flughafen Bozen AG stelle eine staatlich beherrschte juristische Person des italienischen Privatrechts dar.[322] Allerdings lässt sich die *WWF/Bozen*-Entscheidung auch aus dem Blickwinkel dreipoliger Fallkonstellationen betrachten, wenn man *Schmidt-Preuß* folgend dafür plädiert, auf die „gesellschaftsrechtliche Eigenständigkeit"[323] juristischer Personen des Privatrechts abzustellen: Dieser Umstand spreche gegen eine pauschale Gleichsetzung mit Einrichtungen des Staates,[324] mit der Folge, dass sich eine Direktwirkung nicht ohne weiteres bejahen ließe.[325] Vor dem Hintergrund dieser unterschiedlichen Betrachtungsmöglichkeiten ist eine Einordnung des der Rechtssache *WWF/Bozen* zugrunde liegenden Sachverhalts als dreipolige Konstellation zumindest problematisch. Gleichwohl ändert dieser Befund nichts an der grundlegenden Bedeutung der *WWF/Bozen*-Entscheidung für die Belastungsproblematik, da der *EuGH* die Zulässigkeit der Direktwirkung in keiner Weise auf die (staatliche) Stellung des potentiell belasteten Dritten zurückgeführt hat.

2. *Zusammenfassende Bewertung der Rechtsprechung zur UVP-Richtlinie*

Die vorangegangene Analyse der Rechtssachen *Großkrotzenburg*, *Kraaijeveld* und *WWF/Bozen* lässt sich wie folgt zusammenfassen:

Der *EuGH* postuliert die Bindung nationaler staatlicher Entitäten an Richtlinienbestimmungen, welche an diese adressierte „unmissverständliche Verpflichtungen" beinhalten. Für diese Bindungswirkung ist weder die Berufung eines Privaten auf den Richtlinieninhalt, noch ein drittschützender Charakter der betreffenden Norm notwendig. Als Folge einer derartigen „unmissverständlichen Verpflichtung" bejaht der *EuGH* – zumindest indirekt – eine *verfahrensrechtliche* Belastung Privater, welche im Zusammenhang mit der UVP-Richtlinie darin besteht, dass ein Anlagenbetreiber die (ggf. auch nachträgliche) Durchführung einer richtliniengemäßen UVP dulden muss, selbst wenn diese für die betreffende Konstellation nicht im nationalen Recht vorgesehen ist. Eine derartige – unmittelbar aus der UVP-Richtlinie resultierende – Duldungspflicht bedingt nicht zwangsläufig eine *materiellrechtliche* Änderung der Rechtslage, beispielsweise die Aufhebung der Anlagengenehmigung. Vielmehr ergeben sich die materiell-

---

322 *Schmidt-Preuß*, NVwZ 2000, 252 (254).

323 *Schmidt-Preuß*, NVwZ 2000, 252 (254).

324 *Schmidt-Preuß*, NVwZ 2000, 252 (254).

325 Nach *Schmidt-Preuß* ist diese Frage anhand eines „Konfliktschlichtungsprogrammes" zu lösen (ebd., S. 254). Vgl. dazu die Stellungnahme in Kap. 4.

rechtlichen Konsequenzen einer nicht richtliniengemäß durchgeführten UVP aus dem jeweiligen nationalen Recht.[326]

Dass insofern in den einzelnen Mitgliedstaaten erhebliche Unterschiede auftreten können, lässt sich anhand eines Vergleiches der Rechtslage zwischen den Niederlanden und der Bundesrepublik Deutschland verdeutlichen:

In den Niederlanden führte die unterlassene Durchführung einer (richtliniengemäßen) Umweltverträglichkeitsprüfung bereits mehrfach zur gerichtlichen Aufhebung bereits erteilter Genehmigungen.[327] Die Schwellenwerte des niederländischen Rechts waren insofern irrelevant, als sie den in der UVP-Richtlinie festgesetzten Werten widersprachen. Die betreffenden Gerichtsentscheidungen wurden jeweils damit begründet, dass die Antragsteller nicht die in der Richtlinie genannten Informationen erbracht hätten, und die zuständigen Behörden demzufolge keine wirksamen Genehmigungen erteilen konnten.[328]

Ein anderes Bild ergibt sich dagegen bei einer Betrachtung der gegenwärtigen Rechtslage in der Bundesrepublik Deutschland: In einer Grundsatzentscheidung zur Behandlung der rechtlichen Folgen von Verfahrensfehlern stellte das *BVerwG* – vor allem auf § 46 VwVfG rekurrierend -[329] klar, dass allein der formelle Mangel einer (entgegen den Bestimmungen der UVP-Richtlinie) unterlassenen UVP nicht zu einer Aufhebung der betreffenden Genehmigung führe. Vielmehr sei darüber hinaus erforderlich, dass sich der formelle Mangel auf die Sachentscheidung ausgewirkt haben kann.[330] Eine derartige Entscheidungserheb-

---

326 So auch *Rörig*, Die Direktwirkung von Richtlinien in Privatrechtsverhältnissen, S. 84. Dies übersieht *Steinberg*, DÖV 1996, 221 (224): „Da die Durchführung der Umweltverträglichkeitsprüfung von der Normierung von materiellen und prozeduralen Pflichten einzelner abhängig ist, scheidet auch deshalb regelmäßig die Direktwirkung aus... “.

327 *Jans*, European Environmental Law, S. 172 unter Hinweis auf die Entscheidungen VzAGRS 11. Dezember 1991 Aramide AB 1992, 122 (with case note FM and AGRS 12. Mai 1992 Aramide MR 1992/9).

328 *Jans*, European Environmental Law, S. 172: „In the context of Dutch EIA legislation this resulted in a situation in which the developer was required to carry out an environmental impact assessment, on pain of having his application rejected. Until the developer has submitted an environmental impact assessment report the competent authorities cannot validely grant an authorization. The developer is therefore well-advised to have an EIA report drawn up“.

329 BVerwGE 100, 238 (252).

330 BVerwGE 100, 238 (247): „Das Fehlen einer förmlichen UVP ist nicht ohne weiteres gleichbedeutend mit der Fehlerhaftigkeit der Abwägung. Die gerichtliche Aufhebung eines Planfeststellungsbeschlusses setzt voraus, dass abwägungserhebliche Umweltbelange außer acht gelassen oder fehlgewichtet worden sind. Derartige Abwägungsmängel können, müssen aber nicht Folge einer unterlassenen UVP sein."; kritisch dazu *Steinberg*, DÖV 1996, 221 (228). In diesem Zusammenhang ist zu

lichkeit des Mangels ist dann gegeben, wenn „nach den Umständen des Einzelfalles die konkrete Möglichkeit besteht, dass die Entscheidung ohne den Verfahrensmangel anders ausgefallen wäre“[331]. Diese Möglichkeit besteht vor allem bei Mängeln in der Ermittlung, bei Mängeln in deren zusammenfassender Darstellung sowie bei Mängeln in der Bewertung.[332]

Teilweise wird bezweifelt, dass der *EuGH* den soeben dargelegten Standpunkt des *BVerwG* akzeptieren wird.[333] Zugunsten dieser Kritik streitet zunächst die Tatsache, dass die nationale Verwaltung beim Vollzug gemeinschaftsrechtlicher Normen als Teil der Gemeinschaftsverwaltung tätig wird, und dass sie als solche nicht nur zur Beachtung, sondern auch zur *Verwirklichung* des Gemeinschaftsrechts verpflichtet ist.[334] Eine Verwirklichung des in der UVP-Richtlinie

---

betonen, dass sich die dargestellte Rechtsprechung des *BVerwG* auf einen *Planfeststellungsbeschluss* im Rahmen der Straßenplanung bezog. Auf – grundsätzlich als *Satzung* ergehende – *Bebauungspläne* findet § 46 VwVfG hingegen keine Anwendung. Eine – hinsichtlich der Kausalitätsabhängigkeit – dem § 46 VwVfG ähnliche Regelung enthält § 214 Abs. 3 S. 2 BauGB. Allerdings bezieht sich diese Norm lediglich auf Mängel im *Abwägungsvorgang*, nicht auf *Verfahrensfehler*. Für die Letzteren enthält § 214 Abs. 1 BauGB eine Sonderregelung: Dabei wird nicht auf die Kausalität des Mangels für das Ergebnis der Verwaltungsentscheidung abgestellt, sondern eine typisierende Einordnung bestimmter Fehler als beachtlich bzw. als unbeachtlich vorgenommen. § 214 Abs. 1 BauGB n.F. regelt explizit die Folgen von Fehlern, welche bei Anwendung der *neu* in das BauGB eingefügten Normen über die UVP auftreten. Bei Bebauungsplänen die *vor* In-Kraft-Treten des Artikelgesetzes vom 27. 7. 2001 erlassen worden sind, beurteilt sich die Frage nach der fehlerfreien Durchführung einer ggf. erforderlichen UVP am Maßstab der *unmittelbar wirksamen* UVP-Richtlinie in ihrer jeweils einschlägigen Fassung (*Gaentzsch*, UPR 2001, 287 (292). Ob die dabei offenbarten Verfahrensfehler mit Ablauf der Jahresfrist des § 215 Abs. 1 Nr. 1 BauGB unbeachtlich werden bzw. geworden sind, hängt von der Interpretation des § 214 Abs. 1 BauGB ab (vgl. zu den zwei Auslegungsmöglichkeiten dieser Norm und den jeweiligen Konsequenzen *Gaentzsch*, UPR 2001, 287 (292).

331 *Gellermann*, DÖV 1996, 433 (441) m.w.N.

332 *Steinberg*, DÖV 1996, 221 (228): Dagegen ist der Mangel z.B. dann nicht entscheidungserheblich, wenn die betreffende Verfahrenshandlung trotz des Verfahrensfehlers vorgenommen worden ist – z.B. wenn sich der Kläger ungeachtet eines Mangels in der Bekanntmachung des Vorhabens tatsächlich geäußert hat (ebd., S. 228).

333 *Jarass*, Bundes-Immissionsschutzgesetz, § 10 Rn. 133; *ders.*, DVBl 2000, 945 (951); ähnlich kritisch: *Classen*, DV 1998, 307 (327ff.); *Schoch*, in: *Schmidt-Aßmann/Hoffmann-Riem*, Strukturen des Europäischen Verwaltungsrechts, S. 279 (299f.); *Barth/Demmke/Ludwig*, NuR 2001, 133 (135): die Gemeinschaftsrechtskonformität der *BVerwG*-Rechtsprechung bezweifelnd.

334 Vgl. dazu *Burgi*, Verwaltungsprozess und Europarecht, S. 47. Grundlage dieser mitgliedstaatlichen Verpflichtung ist primär Art. 10 EG (vgl. dazu ausführlich *Pache*, Tatbestandliche Abwägung und Beurteilungsspielraum, S. 320ff.).

verankerten Regelungsgehalts lässt sich jedoch bezweifeln, wenn die Nichtbeachtung unmittelbar wirksamer Richtliniennormen lediglich in beschränktem Maße rechtliche Konsequenzen nach sich zieht.[335]

Gleichwohl ist Folgendes zu bedenken: Die Ausführungen des *EuGH* in der *Kraaijeveld*-Entscheidung rechtfertigen zunächst die – freilich durch künftige *EuGH*-Judikate widerlegbare – Annahme, dass der *EuGH* auch im vorliegenden Zusammenhang die verfahrensrechtliche Autonomie der Mitgliedstaaten beim nationalen Verwaltungsvollzug gemeinschaftsrechtlicher Normen grundsätzlich anerkennt.[336] Unter Zugrundelegung dieser Prämisse kann die vom *BVerwG* vorgenommene Beurteilung der Problematik unter Heranziehung des § 46 VwVfG mit den oben beschriebenen Konsequenzen nicht von vornherein zum Verdikt der Gemeinschaftsrechtswidrigkeit führen. Allerdings unterliegt die mitgliedstaatliche Autonomie gemeinschaftsrechtlich bedingten Grenzen, welche sich insbesondere aus der in Art. 10 EG verankerten Pflicht der Mitgliedstaaten zur Gemeinschaftstreue ergeben. Bezogen auf die nationale Verwaltung äußert sich dies in der Verpflichtung, das Gemeinschaftsrecht *effektiv* und *diskriminierungsfrei* zu vollziehen.[337] Mit Blick auf die vorliegende Fragestellung lässt sich zunächst feststellen, dass § 46 VwVfG sowohl in rein nationalen Verfahren als auch in Verfahren mit Gemeinschaftsbezug eine kausalitätsunabhängige Aufhebung versagt, mit der Folge, dass sich das *Diskriminierungsverbot* nicht begrenzend auf die Anwendung dieser Norm auswirkt.[338]

Allerdings könnte das bereits angesprochene *Effizienzgebot* verletzt sein. Dabei ist von entscheidender Bedeutung, ob die in der UVP-Richtlinie verankerten verfahrensrechtlichen Anforderungen durch die Anwendung des § 46 VwVfG im vorliegenden Zusammenhang derart relativiert werden, dass die Verwirklichung

---

335 Wie gering das Ausmaß entsprechender rechtlicher Konsequenzen in der Bundesrepublik Deutschland ist, zeigt sich anhand zahlreicher Judikate: *VGH München*, UPR 1993, 275; *VGH München*, NuR 1994, 244f.; BVerwGE, NVwZ 1994, 688ff. Eine ausführliche Darstellung und Bewertung von Teilen dieser Judikatur m.w.N. findet sich unter anderem bei *Steinberg*, DÖV 1996, 221 (226ff.).

336 Grundlegend dazu EuGHE 1976, Rs. 33/76, 1989 – Rewe; EuGHE 1980, verb. Rs. 119 und 126/79, 1863 – Lippische Hauptgenossenschaft; EuGHE 1976, Rs. 45/76, 2043 – Comet.

337 EuGHE 1976, Rs. 33/76, 1989 – Rewe; EuGHE 1980, verb. Rs. 119 und 126/79, 1863 – Lippische Hauptgenossenschaft; EuGHE 1976, Rs. 45/76, 2043 – Comet. Eine ausführliche Darstellung der Entwicklung dieser Rechtsprechung erfolgt unter anderem bei *Prechal*, Directives in EC Law, S. 148ff. Vgl. zur Problematik auch *Burgi*, Verwaltungsprozess und Europarecht, S. 57ff. Siehe insbesondere zur Rs. Rewe (Butterfahrten) ausführlich *Röben*, Einwirkung der Rechtsprechung des EuGH, S. 237f.

338 *Gellermann*, DÖV 1996, 433 (441).

ihres Regelungsgehalts „praktisch unmöglich“[339] gemacht wird. Der gemeinschaftsrechtliche Begriff der „praktischen Unmöglichkeit“ kann derzeit noch nicht als hinreichend geklärt gelten.[340] Ein Ansatzpunkt für eine weitere Konkretisierung dieses Begriffes ist von *Martin Nettesheim*[341] vorgestellt worden: Danach lassen sich die Ausführungen des *EuGH* in der Rechtssache *Deutsche Milchkontor*[342] dahingehend interpretieren, dass eine die Wirksamkeit des Gemeinschaftsrechts beeinträchtigende mitgliedstaatliche Vollzugsvorschrift mit dem Effizienzgebot am ehesten dann vereinbar ist, wenn sich auf der Ebene des Gemeinschaftsrecht eine vergleichbare Regelung findet.[343] Im vorliegenden Zusammenhang ist insofern Art. 230 Abs. 2 EG von näherem Interesse: Danach führt eine Nichtigkeitsklage unter anderem dann zur Aufhebung eines Gemeinschaftsrechtsaktes, wenn bei Erlass des betreffenden Rechtsaktes „wesentliche Formvorschriften“ missachtet wurden. Einige *EuGH*-Entscheidungen rechtfertigen die Annahme, dass ein Form- bzw. Verfahrensmangel auch im Rahmen des Art. 230 Abs. 2 EG lediglich dann als „wesentlich“ anzusehen ist, wenn sich dieser Mangel auf die *inhaltliche Ausgestaltung* des betreffenden Rechtsaktes auswirken konnte.[344] Demnach ordnet auch der – zumindest im Rahmen der vorliegenden Fragestellung – mit § 46 VwVfG vergleichbare Art. 230 Abs. 2 EG keine *kausalitätsunabhängige* Aufhebung des betreffenden Rechtsaktes an. Berücksichtigt man schließlich auch die Tatsache, dass weder § 46 VwVfG noch Art. 230 Abs. 2 EG eine absolute Unbeachtlichkeit von Form- bzw. Verfahrensmängeln, sondern lediglich die Notwendigkeit einer „ergebnisbeeinflussende[n] Wir-

339 So das vom *EuGH* aufgestellte Kriterium in der oben genannten Rspr.

340 Vgl. auch *Gellermann*, DÖV 1996, 433 (442). Vgl. zur inhaltlichen Ausgestaltung des Effizienzgebotes und damit verbundenen Unklarheiten z.B. *Prechal*, in: *Lonbay/Biondi*, Remedies for Breach of EC Law, S. 3ff.

341 *Nettesheim*, in: FS Grabitz, S. 447ff.

342 EuGHE 1983, verb. Rs. 205 bis 215/82, S. 2633 – Deutsche Milchkontor, Rn. 30: „Dazu ist zunächst zu bemerken, dass die Grundsätze des Vertrauensschutzes und der Rechtssicherheit Bestandteil der Rechtsordnung der Gemeinschaft sind. Daher kann es nicht als dieser Rechtsordnung widersprechend angesehen werden, wenn nationales Recht in einem Bereich wie dem der Rückforderung von zu Unrecht gezahlten Gemeinschaftsbeihilfen berechtigtes Vertrauen und Rechtssicherheit schützt...“.

343 *Nettesheim*, in: FS Grabitz, S. 447 (459f.). Vgl. auch *Gellermann*, DÖV 1996, 433 (442). Ähnlich argumentieren *Schmidt-Aßmann/Ladenburger*, in: *Rengeling*, Hdb. zum europ. und dt. UmweltR I, § 18 S. 542: allerdings äußerst kritisch mit Blick auf die konkrete Anwendung des § 46 VwVfG im Umweltrecht (ebd., S. 542f.) m.w.N.

344 Vgl. z.B. EuGHE 1987, Rs. 45/86, S. 1493 – APS, Rn. 12; EuGHE 1980, Rs. 30/78, 2229 – Distillers Company, Rn. 26; EuGHE 1990, Rs. C-301/87, I-307 – Kommission/Frankreich, Rn. 31. In diesem Sinne auch die Einschätzung von *Gellermann*, DÖV 1996, 433 (442) m.w.N.

kung“[345] derartiger Mängel postulieren, so können etwaige Zweifel an der Gemeinschaftskonformität der oben dargelegten Position des *BVerwG* nicht geteilt werden.[346] Dieser Befund erscheint gerade vor dem Hintergrund der in diesem Kapitel bislang untersuchten Rechtsprechung zum Belastungsverbot überzeugend: Die Richtliniennorm selbst kann allenfalls *verfahrensrechtliche* Belastungen für Private anordnen. Die Frage nach den materiellrechtlichen Konsequenzen von Verfahrensmängeln beurteilt sich hingegen – innerhalb der oben dargestellten Grenzen – nach dem jeweiligen nationalen Recht. Solange sich die mitgliedstaatlichen Maßnahmen innerhalb dieser Grenzen bewegen, kann die Autonomie der Mitgliedstaaten im Bereich des Verwaltungsverfahrens- und Prozessrechts auch nicht durch gegenläufige Wertungen des Gemeinschaftsrechts umgangen werden.

III Quasihorizontale Direktwirkung von Richtlinien im Bereich des Privatrechts

Während in den Abschnitten I und II Judikate untersucht wurden, in denen aufgrund der Einschaltung einer Verwaltungsbehörde zumindest potentiell eine dreipolige Konstellation gegeben war, sollen nunmehr einige *EuGH*-Entscheidungen[347] aus dem Bereich des Privatrechts näher betrachtet werden.

Naturgemäß liegen den betreffenden Sachverhalten keine klassisch-dreipoligen Rechtsbeziehungen zugrunde.[348] Vielmehr handelt es sich um Konstellationen, bei denen sich im Ausgangsverfahren zwei Privatparteien gegenüberstanden. Gleichwohl enthalten diese Judikate[349] Anhaltspunkte dafür, dass eine durch die Direktwirkung bedingte Belastung Privater vom *EuGH* in einigen Konstellationen – wenn auch größtenteils implizit – für zulässig erachtet wird. Kennzeichnend für diese Fälle ist, dass der *EuGH* an einer grundsätzlichen Verneinung der horizontalen Direktwirkung von Richtlinien zwar weiterhin festhält, gleichzeitig jedoch eine Berufung auf die jeweils in Frage stehende Richtlinie im Verfahren unter Privaten gestattet. Diese Problematik lässt sich mit dem Begriff der *quasihorizontalen* Direktwirkung beschreiben. Im englisch-sprachigen Schrifttum wird

345 *Gellermann*, DÖV 1996, 433 (443).

346 Vgl. auch *Gellermann*, DÖV 1996, 433 (443).

347 EuGHE 1996, Rs. C-194/94, I-2201 – CIA Security International/Signalson SA und Securitel; EuGHE 1996, Rs. C-441/93, I-1347 – Panagis Pafitis u.a./Trapeza Kentrikis Ellados AE u.a.; EuGHE 1996, Rs. C-129/94, I-1829 – Ruiz Bernáldez.

348 Siehe dazu Kap. 2.

349 Sämtliche Judikate in diesem Bereich kamen im Wege des Vorlageverfahrens gemäß Art. 234 EG zustande.

diese Fragestellung unter dem Begriff des sog. „incidental (direct) effect“[350] thematisiert.

1. Die Richtlinie 72/166/EWG über die Kfz-Haftpflichtversicherung (Die Rechtssache C-129/94 – Bernáldez)

In diesem Zusammenhang ist zunächst die *Bernáldez*-Entscheidung[351] des *EuGH* aus dem Jahr 1996 von näherem Interesse.

In dem der Rechtssache zugrunde liegenden Ausgangsverfahren war ein Privater wegen Trunkenheit am Steuer strafrechtlich verurteilt, und zu einer Geldzahlung für den einem Dritten entstandenen Schaden verpflichtet worden. Die Versicherung des Schädigers, ein privates Unternehmen, wurde dagegen von einer Schadensersatzpflicht entbunden. Dabei stützte sich das zuständige nationale Gericht auf die spanische Pflichtversicherungsordnung, welche für den Fall einer Unfallverursachung infolge alkoholbedingter Fahruntüchtigkeit des Fahrers einen Deckungsausschluss anordnete. Das höherinstanzliche Strafgericht veranlasste ein Vorlageverfahren an den *EuGH*, da Art. 3 Abs. 1 RL 72/166/EWG[352] eine derartige Freistellung nicht vorsah.

In seiner Urteilsbegründung legte der *EuGH* die oben genannte Richtliniennorm dahingehend aus, dass „ein Pflichtversicherungsvertrag... nicht vorsehen darf, dass der Versicherer in bestimmten Fällen, insbesondere im Falle der Trunkenheit des Fahrers, nicht verpflichtet ist, Ersatz für die Personen- und Sachschäden zu leisten, die Dritten durch das versicherte Fahrzeug entstanden sind“[353].

Für das Ausgangsverfahren hatte dies zur Folge, dass sich das private Versicherungsunternehmen nicht auf die im spanischen Recht verankerte Haftungsfreistellung berufen konnte. Gleichzeitig wurde der private Geschädigte im Vergleich zur spanischen Rechtslage insofern bessergestellt, als er nicht mehr das – aus einer möglichen Zahlungsunfähigkeit des privaten Schädigers resultierende – Vollstreckungsrisiko zu tragen hatte. Im Ergebnis wurde dem privaten Versicherungsunternehmen somit die Verpflichtung zur Entschädigung des Unfallopfers zumindest gesamtschuldnerisch auferlegt, obwohl eine derartige Pflicht für die in Frage stehende Konstellation nicht im nationalen Recht vorgesehen war.

---

350 Vgl. z.B. *Craig/de Búrca*, EU Law, S. 206; *Dougan*, CLJ 2000, 586ff.: den Begriff „disguised“ vertical direct effect verwendend (ebd. 586).

351 EuGHE 1996, Rs. C-129/94, I-1829 – Bernáldez.

352 Richtlinie 72/166/EWG des Rates vom 24. April 1972 betreffend die Angleichung der Rechtsvorschriften der Mitgliedstaaten bezüglich der Kraftfahrzeug-Haftpflichtversicherung und der Kontrolle der entsprechenden Versicherungspflicht – Erste Richtlinie (ABlEG L 103, S. 1).

353 EuGHE 1996, Rs. C-129/94, I-1829 – Bernáldez, Rn. 24.

Im Schrifttum wird das tatsächliche Ausmaß dieser Belastungswirkung unterschiedlich beurteilt: Während *Klaus Lackhoff* und *Harold Nyssens* die Position vertreten, dass infolge der *Bernáldez*-Entscheidung ein Privater zur Zahlung einer Versicherungsleistung verpflichtet wurde, welche nach nationalem Recht nicht vom Anwendungsbereich des Versicherungsvertrages umfasst war,[354] betont *Volker Röben*, dass das Recht des Dritten auf Entschädigung schon aufgrund des Vertrages bestanden habe, und insofern lediglich die Konformität der nationalen Freistellung der Versicherung von der Haftpflicht fraglich gewesen sei.[355] Aus diesen divergierenden Positionen resultieren auch unterschiedliche Konsequenzen: *Lackhoff/Nyssens* kommen zu dem Ergebnis, dass der *EuGH* in der *Bernáldez*-Entscheidung die wohl intensivste Belastung eines Individuums aus einer Richtlinie heraus bejaht habe.[356] Dagegen schließt *Röben* aus seinem Befund, dass die Problematik der horizontalen Direktwirkung gar nicht erläuterungsbedürftig gewesen sei.[357]

Unabhängig davon wird dem *EuGH* eine einseitige, nämlich allein auf die größtmögliche Wirksamkeit des Gemeinschaftsrechts bezogene Argumentation vorgeworfen.[358] So hätte der *EuGH* auch den Umstand berücksichtigen können, dass die spanische Versicherungsgesellschaft die betreffende Richtlinie – da sie bereits vor geraumer Zeit in Kraft getreten war – hätte kennen müssen.[359]

2. Die Zweite Unternehmensrichtlinie (Die Rechtssache C-441/93 – Panagis Pafitis)

Auch in der Rechtssache *Panagis Pafitis*[360] ging es um Belastungen Privater, welche sich im Zusammenhang mit der Direktwirkung einer Richtliniennorm ergeben haben.

Die Kläger des Ausgangsverfahrens, die „alten" Aktionäre Pafitis, hatten sich gegen eine Erhöhung des Grundkapitals einer als Aktiengesellschaft organisierten Bank gewandt. Die Kapitalerhöhung war durch eine Entscheidung des Gouverneurs der Bank bzw. einen Beschluss ihres kommissarischen Verwalters erfolgt. Die Kapitalerhöhung war somit ohne die Zustimmung der aus den alten Aktionären bestehenden Hauptversammlung vorgenommen worden. Diese Vorgehens-

354 *Lackhoff/Nyssens*, ELRev 1998, 397 (412).
355 *Röben*, Einwirkung der Rechtsprechung des EuGH, S. 58.
356 *Lackhoff/Nyssens*, ELRev 1998, 397 (412).
357 *Röben*, Einwirkung der Rechtsprechung des EuGH, S. 58.
358 *Lackhoff/Nyssens*, ELRev 1998, 397 (410).
359 *Lackhoff/Nyssens*, ELRev 1998, 397 (410).
360 EuGHE 1996, Rs. C-441/93, I-1347 – Panagis Pafitis. Vgl. insofern die bemerkenswerte „Vorhersage" der Problematik von *Easson* (*ders.*, ELRev 1979, 67 (76)).

weise wurde durch ein griechisches Gesetz legitimiert. Die „alten“ Aktionäre klagten daher vor dem zuständigen griechischen Gericht auf Nichtigerklärung des Beschlusses über die Kapitalerhöhung. Dabei stützten sie sich insbesondere auf Art. 25 Abs. 1 der Zweiten Unternehmensrichtlinie, wonach jede Kapitalerhöhung von der Hauptversammlung zu beschließen ist.

Wenngleich sich hinter diesem Sachverhalt mangels Einschaltung einer Verwaltungsbehörde keine typisch-dreipolige Rechtsbeziehung verbirgt, stellt sich doch mit Blick auf Art. 25 RL 77/91/EWG die Frage nach der Doppelwirkung.

In seiner Urteilsbegründung stellte der *EuGH* klar, dass Art. 25 RL 77/91/EWG eine Anwendung der streitigen nationalen Normen[361] ausschließe.[362] Für den zugrunde liegenden Ausgangsrechtsstreit hatte dies insofern eine Belastung der „neuen“ Aktionäre zur Folge, als die zuständige nationale Stelle die bereits erfolgte Erhöhung des Stammkapitals nunmehr für ungültig erklärte. Damit wurde ein Effekt hingenommen, der einer horizontalen Direktwirkung nahekommt.[363] Gleichwohl verzichtete der *EuGH* auch in dieser Entscheidung auf eine Stellungnahme zur Belastungsproblematik.[364]

Mit Blick auf das eingangs erläuterte Belastungsverbot aus einer Richtliniennorm stellt sich insofern die Frage, welcher Gesichtspunkt in der *Panagis Pafitis*-Entscheidung für die Bejahung einer Direktwirkung und die Zulässigkeit dadurch bedingter Belastungen Privater spricht.

Einige Autoren beurteilen die Frage nach zulässigen Belastungen Privater unter Heranziehung eines sog. „public law element“.[365] Dementsprechend begründen sie die Bejahung der Direktwirkung in der *Panagis Pafitis*-Entscheidung mit dem Umstand, dass die betreffende Richtliniennorm gegenüber öffentlichrechtlichen Normen des nationalen Rechts geltend gemacht wurde, und der Rechtsstreit somit ein „public law element“ enthielt.[366]

Die Heranziehung eines so genannten „public law element“ zur Beurteilung der Belastungsproblematik ist jedoch in mehrfacher Hinsicht Bedenken ausgesetzt: Zum einen lässt diese Position außer Betracht, dass die Trennlinie zwischen der „öffentlichrechtlichen“ bzw. „privatrechtlichen“ Natur ein und derselben

---

361 Gemäß den einschlägigen nationalen Bestimmungen kann das Kapital einer Aktiengesellschaft des Banksektors, die sich in einer von ihr verschuldeten außergewöhnlichen Situation befindet, ohne Beschluss der Hauptversammlung durch die Verwaltung erhöht werden.

362 EuGHE 1996, Rs. C-441/93, I-1347 – Panagis Pafitis, Rn. 40 und 60.

363 Vgl. auch *Hilson/Downes*, ELRev 1999, 121 (126).

364 Kritisch dazu *Stuyck*, CMLRev 1996, 1261 (1268).

365 *Craig/de Búrca*, EU Law, S. 209; *Stuyck*, CMLRev 1996, 1261 (1268ff.). Kritisch dazu *Hilson/Downes*, ELRev 1999, 121 (127) sowie *Lenz/Sif Tynes/Young*, ELRev 2000, 509 (515).

366 *Craig/de Búrca*, EU Law, S. 209; ähnlich *Stuyck*, CMLRev 1996, 1261 (1268ff.).

Fallkonstellation von Mitgliedstaat zu Mitgliedstaat durchaus unterschiedlich gezogen werden kann.[367] Insofern wäre eine einheitliche Handhabung derartiger Konstellationen im Gemeinschaftsgebiet nicht gewährleistet. Verschärft wird die Gefahr einer willkürlichen Handhabung dieses Kriteriums durch den Umstand, dass selbst innerhalb eines Mitgliedstaates eine klare Abgrenzung zwischen rein privatrechtlichen Fragestellungen und solchen, die sowohl privat- als auch öffentlichrechtliche Gesichtspunkte tangieren, oft nicht leicht zu vollziehen ist.[368] Darüber hinaus treten gerade im deutschen Prozessrecht vielfach Konstellationen auf, in denen der Staat zwar „formal" als Partei eines Rechtsstreites auftritt, es der Sache nach jedoch um einen Interessenausgleich zwischen Privaten geht.[369]

Neben diesen Einwänden belegt vor allem die *Draehmpaehl*-Entscheidung[370] aus dem Jahr 1997, dass eine Beurteilung der Belastungsproblematik anhand des oben beschriebenen „public law element" nicht überzeugen kann. Der Kläger des Ausgangsverfahrens hatte sich bei der Beklagten, einem privaten Unternehmen, beworben und wurde unter gleichzeitiger Einstellung einer weiblichen Bewerberin abgelehnt, obwohl er die qualifizierteste Bewerbung eingereicht hatte. Daraufhin klagte Herr Draehmpaehl vor dem zuständigen Arbeitsgericht auf Schadensersatz. Dabei machte der Kläger unter anderem geltend, er sei aufgrund seines Geschlechts diskriminiert worden. Dem Anspruch stand allerdings § 611a Abs. 2 S. 1 BGB entgegen, wonach der Kläger substantiiert darzulegen hat, dass den Arbeitgeber ein Verschulden trifft. Herr Dreahmpaehl konnte hingegen lediglich Vermutungen äußern. Nach Ansicht des Arbeitsgerichts war fraglich, ob das in § 611a Abs. 2 S. 1 BGB verankerte Verschuldenserfordernis mit Art. 2 Abs. 1 und Art. 3 Abs. 1 der RL 76/207/EWG zur Verwirklichung des Grundsatzes des Gleichbehandlung zwischen Mann und Frau vereinbar war. Darüber hinaus war zweifelhaft, ob die Höhe des Schadensersatzes mit Art. 6 RL 76/207/EWG vereinbar war.

Dieser Sachverhalt ist rein privatrechtlicher Natur. Gleichwohl bejahte der *EuGH* eine Direktwirkung der betreffenden Richtliniennormen – und dies im Ergebnis zu Lasten eines Privaten. Die Auswirkungen auf den Ausgangsrechtsstreit waren dergestalt, dass die private Firma ohne Anknüpfung an ein etwaiges Verschulden zum Schadensersatz gegenüber dem diskriminierten Bewerber ver-

---

367 Vgl. auch *Lenz/Sif Tynes/Young*, CMLRev 2000, 509 (515); *Gassner*, in: FS Oppermann, S. 503 (510).

368 Ähnlich *Hilson/Downes*, ELRev 1999, 121 (127); *Lenz/Sif Tynes/Young*, ELRev 2000, 509 (515).

369 *Richter*, EuR 1988, 394 (400): die Erfüllung staatlicher Ordnungsfunktionen (z.B. bei der Überwachung der Einhaltung lebensmittelrechtlicher Bestimmungen) beispielhaft anführend.

370 EuGHE 1997, Rs. C-180/95, I-2195 – Draehmpaehl.

pflichtet wurde, wobei der zu leistende Betrag – im Vergleich zum nationalen Recht – höher war. Die Konstruktion eines „public law element“ in der *Draehmpaehl*-Entscheidung als Begründungsansatz für die Position des *EuGH* wäre daher allenfalls gekünstelt, wenn nicht gar unmöglich.[371]

Aufgrund der soeben aufgezeigten Einwände kann die Heranziehung eines „public law element“ als entscheidendes Kriterium für die Beurteilung der Zulässigkeit von Belastungen Privater aus einer Richtliniennorm nicht überzeugen.

3. *Die Richtlinie 83/189/EWG über ein Informationsverfahren im Bereich technischer Normen*

Schließlich ist im Zusammenhang mit der Belastungsproblematik die *EuGH*-Rechtsprechung zur Direktwirkung der Richtlinie 83/189/EWG[372] von erheblicher Relevanz. Die so genannte Informationsrichtlinie im Bereich technischer Normen regelt unter anderem ein Informationsverfahren, in dessen Rahmen die Mitgliedstaaten verpflichtet sind, jeden Entwurf einer technischen Vorschrift der *Europäischen Kommission* zu übermitteln.

a) Die Rechtssache C-194/94 – CIA Security

In der Rechtssache *CIA Security* aus dem Jahr 1996 wurde die Direktwirkung von Normen der Informationsrichtlinie vom *EuGH* bejaht, obwohl dies – mit Blick auf den Ausgangsrechtsstreit – zumindest mittelbar zu Belastungen eines Privaten führte.

Die Klägerin des Ausgangsverfahrens, die Firma CIA Security, vertreibt Alarmsysteme. Die Beklagten des Ausgangsverfahrens, die Konkurrenzunternehmen Signalson und Securitel, hatten im Rahmen ihrer Vertriebstätigkeit darauf hingewiesen, dass ein bestimmtes von der Klägerin vermarktetes System zum Schutz vor Einbrüchen nicht den an Sicherungssysteme gestellten Anforderungen der belgischen Rechtsvorschriften genüge. Die Firma CIA Security klagte daraufhin vor dem Tribunal de commerce Lüttich auf Unterlassung des unlauteren Verhaltens. Darüber hinaus beantragte die Klägerin, die Konkurrentinnen zur Zahlung eines Bußgeldes sowie zur Veröffentlichung der Entscheidung zu verurteilen. Dabei machte sie unter anderem geltend, die in Frage stehende belgische

371 Ähnlich *Lenz/Sif Tynes/Young*, ELRev 2000, 509 (515).

372 Richtlinie 83/189/EWG des Rates vom 28. März 1983 über ein Informationsverfahren auf dem Gebiet der Normen und technischen Vorschriften in der Fassung der Richtlinie 94/10/EG des Europäischen Parlaments und des Rates vom 23. März 1994 (ABlEG L 109, S. 8; geändert durch die Richtlinie 98/48/EG vom 20. Juli 1998, ABlEG L 217, S. 18).

Regelung über Sicherungssysteme sei ungültig, da sie der *Kommission* entgegen der in Art. 8 RL 83/189/EWG normierten Verpflichtung nicht notifiziert worden sei.

In seiner Urteilsbegründung stellte der *EuGH* zunächst auf das Ziel der Richtlinie 83/189/EWG ab: Dieses bestehe darin, durch eine vorbeugende Kontrolle den freien Warenverkehr und damit eine der Grundlagen der Gemeinschaft zu schützen.[373] Sodann betonte der *EuGH*, dass die in Art. 8 RL 89/189/EWG verankerte Notifizierungspflicht ein wichtiges Mittel zur Verwirklichung der gemeinschaftsrechtlichen Kontrolle darstelle. Dabei stellte der *EuGH* klar, dass „... [d]ie Wirksamkeit dieser Kontrolle... um so größer [ist], wenn die Richtlinie dahin ausgelegt wird, dass der Verstoß gegen die Mitteilungspflicht einen *wesentlichen Verfahrensfehler* darstellt, der zur Unanwendbarkeit der fraglichen technischen Vorschriften auf einzelne führen kann“[374].

Für das der *EuGH*-Entscheidung zugrunde liegende Privatklageverfahren hatte dies zur Folge, dass sich ein Privater, die Firma CIA Security, auf die betreffende Richtliniennorm berufen konnte, um die Anwendbarkeit einer für dieses Unternehmen nachteiligen staatlichen technischen Vorschrift zu verhindern. Vergegenwärtigt man sich gleichzeitig den Umstand, dass an dem Ausgangsverfahren ausschließlich Private, nämlich die Firma CIA Security und ihre Konkurrentinnen, beteiligt waren, so mag die einschränkungslose Bejahung der Direktwirkung zunächst erstaunen. Auch stellt sich die Frage, welche Gesichtspunkte in der Rechtssache *CIA Security* für die Zulässigkeit einer Belastung Einzelner sprechen könnten. Die Heranziehung eines so genannten *public law element*[375] kommt aufgrund der bereits an anderer Stelle dargelegten Einwände nicht in Betracht.

Gleichwohl vermag die Entscheidung des *EuGH* in der Rechtssache *CIA Security* zu überzeugen, wenn man berücksichtigt, dass die in Frage stehende Richtliniennorm eine Verpflichtung enthält, welche ausschließlich an die Mitgliedstaaten gerichtet ist: Diese sind verpflichtet, der *Europäischen Kommission* Entwürfe über technische Vorschriften zu notifizieren. Privatpersonen werden dagegen nicht unmittelbar aus dem Regelungsgehalt der Richtliniennorm ver-

---

373 EuGHE 1996, Rs. C-194/94, I-2201 – CIA Security, Rn. 40.

374 EuGHE 1996, Rs. C-194/94, I-2201 – CIA Security, Rn. 48 – Hervorhebung durch die Verfasserin.

375 *Stuyck*, CMLRev 1996, 1261 (1271). Ähnlich argumentiert auch GA *Elmer* in seinem Schlussantrag vom 24. 10. 1995 zu EuGHE 1995, Rs. C-194/94, I-2201 – CIA Security, I-2204, Rn. 69: „Es ist der Staat, der die Straf- und Verbotsvorschriften usw. festsetzt, und es sind ja gegebenenfalls auch die Gerichte, die solche Sanktionen verhängen, gleich, wer nach den nationalen Verfahrensvorschriften das Verfahren eingeleitet hat.“.

pflichtet.[376] Der *EuGH* selbst weist darauf hin, dass sich die Richtlinie über das Informationsverfahren durch diesen Gesichtspunkt wesentlich von jener Richtlinie unterscheidet, deren unmittelbare Wirkung in der Rechtssache *Faccini Dori* in Frage stand – und verneint wurde.[377]

Unabhängig davon lässt sich Art. 8 RL 83/189/EWG auch als eine – mit den entsprechenden Normen der UVP-Richtlinie vergleichbare – *Verfahrensregelung* ansehen. Die gegenüber der *Kommission* bestehende mitgliedstaatliche Pflicht zur Mitteilung von geplanten Gesetzesvorhaben zieht keine *materiellrechtlichen* Konsequenzen für Private nach sich. Ebensowenig bedingt eine „Sanktionierung" von richtlinienwidrig unterlassenen Mitteilungen unmittelbar – d.h. aus dem Regelungsgehalt der betreffenden Richtliniennorm heraus – etwaige Belastungen eines Privaten. Der Umstand, dass es einem Privaten verwehrt ist, sich gegenüber einem anderen Privaten auf richtlinienwidrige technische Normen zu berufen, lässt sich allenfalls als *mittelbare* Folge der Direktwirkung bezeichnen.

b) Die Rechtssache C-143/98 – Unilever

Die in der *CIA Security*-Entscheidung eingeleitete Tendenz, mittelbare Belastungen Einzelner aus der Informationsrichtlinie für zulässig zu erachten, ist in der Rechtssache *Unilever*[378] aus dem Jahr 2000 fortgeführt worden. Die *Unilever*-Entscheidung des *EuGH* hat bislang wenig Beachtung in der Diskussion um die Belastungsproblematik erfahren.[379] Dessen ungeachtet ist sie insofern von erheblicher Bedeutung, als sich der *EuGH* in dieser Entscheidung explizit mit der Frage der Zulässigkeit von Belastungen eines Privaten befasste.

In dem italienischen Ausgangsrechtsstreit ging es um die richtige Etikettierung von Olivenöl. Die Klägerin, die Firma Unilever, hatte der Beklagten, der Firma Central Food, Olivenöl geliefert, das nicht den Anforderungen des italienischen Rechts genügte. Unter Hinweis auf die insofern unzutreffende Etikettierung wurden die Annahme sowie die Bezahlung der Ware von der Firma Central Food verweigert. Die Klägerin machte demgegenüber geltend, dass die italienische Republik im Rahmen des von der Richtlinie 83/189/EG eingeführten Notifizierungsverfahrens von der *Europäischen Kommission* aufgefordert worden sei, im Bereich der Etikettierung von Öl bis zu einem bestimmten Zeitpunkt keine neuen Rechtsvorschriften zu erlassen – die streitige italienische Regelung war dessen

376 Vgl. auch GA *Elmer*, Schlussantrag vom 24. 10. 1995 zu EuGHE 1995, Rs. C-194/94, I-2201 – CIA Security, I-2204, Rn. 71.

377 Vgl. auch GA *Elmer*, Schlussantrag vom 24. 10. 1995 zu EuGHE 1995, Rs. C-194/94, I-2201 – CIA Security, I-2204, Rn. 71.

378 EuGHE 2000, Rs. C-443/98, I-7535 – Unilever.

379 Vgl. aber z.B. die Auswertung dieser Entscheidung bei *Gundel*, EuZW 2001, 143ff.

ungeachtet in Kraft getreten. Unter Hinweis darauf, dass die italienische Vorschrift daher gegen Art. 9 RL 83/189/EWG verstoße und folglich unanwendbar sei, betonte die Firma Unilever, dass das gelieferte Öl vollständig dem derzeit geltenden italienischen Recht entspreche. Gleichzeitig forderte Unilever die Firma Central Food zur Abnahme der Ware sowie zur Zahlung des Kaufpreises auf. Central Food weigerte sich, so dass die Firma Unilever schließlich beim Pretore von Mailand den Erlass eines Mahnbescheides beantragte.

In seiner Urteilsbegründung stellte der *EuGH* zunächst fest, dass in einem vergleichbaren Zivilrechtsstreit „die Anwendung der italienischen Rechtsvorschriften geeignet ist, die Vermarktung des von Unilever vertriebenen nativen Olivenöls extra durch diese Firma zu beeinträchtigen"[380]. Auf den von der italienischen und der dänischen Regierung vorgebrachten Einwand, dass eine Richtlinie gemäß der *Faccini Dori*-Rechtsprechung nicht selbst Verpflichtungen Einzelner begründen und daher nicht als solche ihnen gegenüber herangezogen werden könne, reagierte der *EuGH* in der *Unilever*-Entscheidung mit einer differenzierenden Stellungnahme: Er bestätigte zunächst seine ständige Rechtsprechung, der zufolge „... eine Richtlinie nicht selbst Verpflichtungen Einzelner begründen und daher nicht als solche ihnen gegenüber herangezogen werden [kann] (vgl. Urteil vom 14. Juli 1994 in der Rechtssache C-91/92, Faccini Dori, Slg. 1994, I-3325, Randnr. 20); ..."[381]. Gleichzeitig stellte der *EuGH* explizit klar, dass „... diese Rechtsprechung... jedoch nicht für den Fall [gilt], dass die Nichtbeachtung der Artikel 8 und 9 der Richtlinie 83/189, die einen wesentlichen Verfahrensfehler darstellt, die Unanwendbarkeit der unter Verstoß gegen einen dieser Artikel erlassenen technischen Vorschrift nach sich zieht"[382]. Daran anknüpfend führte der *EuGH* aus, dass „... das nationale Gericht in einem Zivilrechtsstreit zwischen Einzelnen über vertragliche Rechte und Pflichten die Anwendung einer nationalen technischen Vorschrift ablehnen muss, die während einer Aussetzungsfrist nach Art. 9 der Richtlinie 83/189 erlassen worden ist"[383]. Die Zulässigkeit der Direktwirkung[384] in der Rechtssache *Unilever* begründete der *EuGH* dahingehend, dass die Richtlinie 83/189 „keineswegs den *materiellen* Inhalt der Rechtsnorm fest[legt], auf deren Grundlage das nationale Gericht den bei ihm anhängigen Rechtsstreit zu entscheiden hat"[385].

---

380 EuGHE 2000, Rs. C-443/98, I-7535 – Unilever, Rn. 46f.
381 EuGHE 2000, Rs. C-443/98, I-7535 – Unilever, Rn. 50.
382 EuGHE 2000, Rs. C-443/98, I-7535 – Unilever, Rn. 50.
383 EuGHE 2000, Rs. C-443/98, I-7535 – Unilever, Rn. 52.
384 Ungeachtet der „klassischen" strukturellen Voraussetzungen einer Direktwirkung.
385 EuGHE 2000, Rs. C-443/98, I-7535 – Unilever, Rn. 51 – Hervorhebung durch die Verfasserin.

Die *Unilever*-Entscheidung des *EuGH* ist insofern überzeugend, als die Nichtanwendung der nationalen Etikettierungsnormen als solche keine Belastung bzw. Verpflichtung für die Firma Central Food darstellt. Als Belastung in diesem Sinne kämen allenfalls die Pflicht zur Abnahme der Ware bzw. zur Bezahlung des Kaufpreises in Frage. Diese Verpflichtungen werden jedoch nicht durch den Regelungsgehalt der in Frage stehenden Richtliniennorm „kreiert", sondern ergeben sich bereits unter alleiniger Zugrundelegung des nationalen Rechts.

4. Zusammenfassung

In den Rechtssachen *CIA Security* und *Unilever* standen mit Art. 8 und 9 der RL 83/189 jeweils Richtliniennormen im Vordergrund, welche nicht den *materiellen* Inhalt der im Ausgangsrechtsstreit entscheidenden Regelungen betrafen. Der *EuGH* stellte zwar ausdrücklich klar, dass die betreffende Richtlinie „weder Rechte noch Pflichten für Einzelne"[386] begründet. Gleichwohl haben die betreffenden Richtlinien jeweils eine Direktwirkung entfalten können. Denn in beiden Rechtssachen bejahte der *EuGH* die Heranziehung der in Frage stehenden Art. 8 bzw. 9 RL 83/189/EWG als Maßstabsnorm. Dies hatte zur Folge, dass staatliche Regelungen, welche jeweils mit diesen Normen kollidierten, im Ausgangsrechtsstreit nicht zur Anwendung kommen konnten. Die mittelbare Belastung eines privaten Dritten[387], die sich aus der Unanwendbarkeit der für ihn günstigeren nationalen Rechtslage ergab, wurde vom *EuGH* – zumindest indirekt – für zulässig erachtet.

Die soeben untersuchten Judikate aus dem Bereich des Privatrechts lassen sich wie folgt verallgemeinern: Allein der *formale* Gesichtspunkt, dass eine Richtliniennorm in einem Rechtsstreit zwischen zwei Privaten geltend gemacht wird, führt nicht zwangsläufig zu dem – von der *Marshall*-Rechtsprechung motivierten – Verdikt der Unanwendbarkeit[388] dieser Richtliniennorm. Gleichzeitig weisen jene *EuGH*-Entscheidungen, in denen eine quasihorizontale Direktwirkung bejaht wurde, die Gemeinsamkeit auf, dass die Direktwirkung nicht zu einer Beeinträchtigung der durch das nationale Recht geschützten Rechtspositionen Privater führte.[389] Damit kann in diesen Fällen das Hauptargument gegen eine Bejahung der Richtlinienwirkung unter Privaten gerade nicht durchgreifen: Nämlich, dass durch die Direktwirkung ein – mit Blick auf die mangelhafte

386 EuGHE 2000, Rs. C-443/98, I-7535 – Unilever, Rn. 51.

387 In der Rechtssache *CIA Security*: die Konkurrentinnen von CIA; in der Rechtssache *Unilever*: die Firma Central Food.

388 Ungeachtet einer Heranziehung im Rahmen der richtlinienkonformen Auslegung sowie der gemeinschaftsrechtlichen Staatshaftung.

389 Vgl. *Gundel*, EuZW 2001, 143 (149); *Dougan*, CLJ 2000, 586 (602).

Richtlinienumsetzung – „unschuldiger" privater Dritter in seinen rechtlich geschützten Positionen beeinträchtigt wird.[390] Kennzeichnend für die hier untersuchten Judikate ist der Umstand, dass die nationalen Verbotsnormen primär im öffentlichen Interesse geltend gemacht wurden. Mit anderen Worten: Diejenigen Privaten, welche sich in den untersuchten Judikaten jeweils auf nationale Verbotsnormen berufen hatten, nutzten die gegebene nationale Rechtslage allenfalls aus opportunistischen Erwägungen: So verfügen die Konkurrenten der Firma CIA Security über keine Rechtsposition, welche sie davor schützt, dass die Firma CIA Security bei der Herstellung ihrer Sicherungssysteme gegen die Anforderungen des nationalen Rechts verstößt. Genauso wenig besitzt die Firma Central Food eine Rechtsposition, welche sie davor schützt, dass ihre Vertragspartner gegen nationale Etikettierungsvorschriften verstoßen. Berücksichtigt man gleichzeitig die Tatsache, dass sich der *Staat selbst* – infolge der Richtlinienwidrigkeit der jeweiligen nationalen Verbotsnormen – nicht mehr zu Lasten eines Privaten auf diese Regelungen berufen kann,[391] so käme die Geltendmachung der staatlichen Verbotsnorm in einem Rechtsstreit zwischen Privaten quasi einer Durchsetzung der richtlinienwidrigen nationalen Rechtslage „durch die Hintertür"[392] gleich.[393]

C Teilergebnis

Die im Rahmen dieses Kapitels durchgeführte Rechtsprechungsanalyse lässt sich zu folgendem Teilergebnis zusammenfassen:

1. Den Ausgangspunkt der rechtlichen Betrachtung bildet die ständige Rechtsprechung des *EuGH*, der zufolge eine Richtliniennorm nicht selbst Verpflichtungen für einen Privaten begründen, und somit nicht gegenüber diesem geltend gemacht werden kann.

2. Ungeachtet dieses Belastungsverbotes Privater deuten zahlreiche Judikate darauf hin, dass der *EuGH* diesen Grundsatz relativiert.

---

390 Vgl. auch *Gundel*, EuZW 2001, 143 (147, 149).

391 Der *EuGH* verneint eine sog. umgekehrt vertikale Direktwirkung in ständiger Rechtsprechung (vgl. grundlegend dazu EuGHE 1987, Rs. 80/86, 3969 – Kolpinghuis Nijmegen, Rn. 8).

392 *Gundel*, EuZW 2001, 143 (145): zumindest mit Blick auf die Konstellation einer wettbewerblichen Konkurrentenklage.

393 Vgl. auch *Dougan*, CLJ 2000, 586 (606f.): „... The rationale here seems to be that not only the guilty public authority but also an opportunistic passer-by should be prevented from taking advantage of the Member State's substantive breach of Community Law." (ebd., S. 607).

So lassen sich mehrere *EuGH*-Entscheidungen im Bereich der öffentlichen Auftragsvergabe[394] dahingehend verallgemeinern, dass so genannte *mittelbare* Belastungen eines Privaten, welche sich infolge der Direktwirkung einer Richtliniennorm ergeben, vom *EuGH* für zulässig erachtet werden. Dem steht auch die *Busseni*-Entscheidung des *EuGH* nicht entgegen: Denn im Rahmen dieser Entscheidung stellte der *EuGH* lediglich klar, dass einem Individuum keine *unmittelbaren* – und damit richtlinienimmanenten – Belastungen auferlegt werden können.

Unabhängig davon bejahte der *EuGH* in einigen Judikaten im Bereich des Umweltrechts die Pflicht staatlicher Stellen, den ihnen durch eine Richtlinie auferlegten „unmissverständlichen Verpflichtungen"[395] nachzukommen. Die Begründungserwägungen des *EuGH* in diesen Entscheidungen lassen sich dahingehend interpretieren, dass Belastungen Privater, welche infolge der Direktwirkung auftreten, jedenfalls dann für zulässig zu erachten sind, wenn diese rein *verfahrensrechtlicher* Natur sind. Derartige verfahrensrechtliche Belastungen Privater, beispielsweise die Pflicht zur Duldung einer UVP, sind von materiellrechtlichen Belastungen bzw. Verpflichtungen, beispielsweise der Aufhebung einer Anlagengenehmigung, zu unterscheiden. Zur letzteren Art von Belastungen, welche sich als mittelbare Folge einer durchgeführten UVP ergeben kann, hat der *EuGH* hingegen nicht Stellung bezogen.

Die untersuchten *EuGH*-Entscheidungen im Bereich des Privatrechts lassen sich als kohärenter Bestandteil in die oben aufgezeigte Rechtsprechung einfügen. Entscheidendes Kriterium für die Zulässigkeit einer Belastung Privater scheint auch hier der Umstand zu sein, dass der Regelungsgehalt der betreffenden Richtliniennorm keine *materiellrechtliche* Änderung der Rechtslage zu Lasten eines Privaten anordnet. Auch die *Draehmpaehl*-Entscheidung[396] des *EuGH* bestätigt den Befund, dass *verfahrensrechtliche* Belastungen Privater aus einer Richtlinie für zulässig zu erachten sind: So kann sich ein privater Kläger gegenüber einer privaten Beklagten auf eine Richtliniennorm berufen, die eine für ihn – im Vergleich zum nationalen Recht – günstigere Beweissituation vorsieht.[397] Dabei lässt sich die in der betreffenden Richtliniennorm verankerte Beweislastregel als Ver-

394 EuGHE 1989, Rs. 103/88, 1839 – Costanzo, Rn. 32; EuGHE 1998, Rs. C-76/97, I-5357 – Tögel, Rn. 52; EuGHE 1999, Rs. C-258/97, I-1405 – Hospital, Rn. 35-39.

395 EuGHE 1995, Rs. C-431/92, I-2189 – Großkrotzenburg, Rn. 39.

396 EuGHE 1997, Rs. C-180/95, I-2195 – Draehmpaehl.

397 In dem der Rechtssache *Draehmpaehl* zugrunde liegenden Ausgangsverfahren führt dies dazu, dass der private Kläger einen Schadensersatzanspruch, der gemäß dem nationalen Recht an ein Verschulden des diskriminierenden Arbeitgebers geknüpft war, unabhängig von diesem Verschuldenserfordernis gegenüber einer privaten Bank durchsetzen konnte.

fahrensvorschrift einordnen. In materiellrechtlicher Hinsicht ergab sich der Schadensersatzanspruch dagegen ausschließlich unter Zugrundelegung des nationalen Rechts.

3. Zu Beginn der Rechtsprechungsanalyse ist bereits dargelegt worden, dass der *EuGH* ein Belastungsverbot unter anderem auf Kompetenzerwägungen stützt: „Eine Ausdehnung dieser Rechtsprechung auf den Bereich der Beziehungen zwischen den Bürgern hieße, der Gemeinschaft die Befugnis zuzuerkennen, mit unmittelbarer Wirkung zu Lasten der Bürger Verpflichtungen anzuordnen, obwohl sie dies nur dort darf, wo ihr die Befugnis zum Erlass von Verordnungen zugewiesen ist."[398] Vor diesem Hintergrund stellt sich abschließend die Frage, ob die vom *EuGH* vorgenommene Relativierung des Belastungsverbotes eine Kompetenzüberschreitung zu Lasten der Mitgliedstaaten darstellt.

Die untersuchte *EuGH*-Rechtsprechung weist zwei Charakteristika auf, welche die Position rechtfertigen, dass eine Überschreitung der gemeinschaftlichen Kompetenzen durch den *EuGH* bislang nicht zu verzeichnen ist. Zum einen ist bereits dargelegt worden, dass die Direktwirkung in den untersuchten Judikaten allein zu *verfahrensrechtlichen* bzw. zu *mittelbaren* Belastungen Privater geführt hat. In der Rechtssache *Busseni* ist hingegen eine Direktwirkung im Verhältnis zwischen Privaten – unter Hinweis auf die damit verbundenen *unmittelbaren* Rechtsbeeinträchtigungen – ausdrücklich abgelehnt worden. Überdies zeichnen sich einige der untersuchten Entscheidungen durch den Umstand aus, dass der *EuGH* im Anschluss an eine Bejahung der Direktwirkung lediglich die *Nichtanwendbarkeit* des jeweils mit der Richtliniennorm kollidierenden nationalen Rechts postulierte. Die Festlegung der aus einer Direktwirkung resultierenden *konkreten* materiellrechtlichen Konsequenzen obliegt somit weiterhin grundsätzlich den zuständigen mitgliedstaatlichen Stellen.

Der Befund, dass sich insofern erhebliche Unterschiede zwischen den einzelnen Mitgliedstaaten ergeben können, ist anhand eines Rechtsvergleiches (Niederlande – Bundesrepublik Deutschland) verdeutlicht worden.

D Tabellarische Darstellung der Rechtsprechungsanalyse

Die wesentlichen Gesichtspunkte der in diesem Kapitel untersuchten Judikate lassen sich tabellarisch wie folgt veranschaulichen:

398 EuGHE 1994, Rs. C-94/92, I-3325 – Faccini Dori, Rn. 24.

Entscheidung	**Richtliniennorm/ Beurteilung der Direktwirkung**	**Regelungsgehalt der Richtliniennorm[399]/ Adressat**	**(Potentielle) Begünstigung**	**(Potentielle) Belastung**
Rs. 152/84 Marshall	Art. 5 Abs. 1 RL 76/207/ keine Direktwirkung	Diskriminierungsverbot aufgrund des Geschlechts im Hinblick auf Arbeitsbedingungen/ nationaler Gesetzgeber; private und öffentliche Arbeitgeber	Abschaffung der Diskriminierung des jeweils benachteiligten Geschlechts	Verpflichtung des Arbeitgebers, z.B. das Rentenalter von männlichen und weiblichen Arbeitnehmern gleichermaßen auszugestalten
Rs. 103/88 Costanzo	Art. 29 Abs. 5 RL 71/305/ Direktwirkung	Verpflichtung zur angemessenen Berücksichtigung sämtlicher Angebote; kein automatischer Ausschluss ungewöhnlich niedriger Angebote/ staatliche Vergabestelle	Der zunächst ausgeschlossene private Anbieter bekommt durch nochmalige Durchführung des Vergabeverfahrens die Möglichkeit, sein Angebot zu unterbreiten	Der ursprünglich begünstigte Anbieter verliert den bereits erteilten Zuschlag
Rs. C-94/92 Faccini Dori	Art. 1. Abs. 1,2 und 5 RL 85/577/ keine Direktwirkung	Sicherstellung von Mindestrechten des Verbrauchers im Hinblick auf den Verbrauerschutz für außerhalb von Geschäftsräumen geschlossene Verträge/ mitgliedstaatliche Legislative	Widerrufsrecht des Verbrauchers ggü. dem Gewerbetreibenden	Der Gewerbetreibende ist der Gefahr einer Aufhebung von Verträgen durch die Verbraucher in verstärktem Maße ausgesetzt (nicht zulässig)

399 Gemeint sind jene Verpflichtungen, welche sich aus dem Regelungsgehalt einer Richtliniennorm ergeben und unabhängig von der aus Art. 10 EG resultierenden und zwangsläufig an die nationale Legislative adressierten Umsetzungsverpflichtung bestehen.

Entscheidung	**Richtliniennorm/ Beurteilung der Direktwirkung**	**Regelungsgehalt der Richtliniennorm/ Adressat**	**(Potentielle) Begünstigung**	**(Potentielle) Belastung**
Rs. C-431/92 Großkrotzenburg Rs. C-72/95 Kraaijeveld Rs. C-435/97 WWF/Bozen	Art. 2 Abs. 1, 4 Abs. 2 RL 85/337/EWG/ Direktwirkung	Verpflichtung zur Ergreifung der erforderlichen Maßnahmen für die Durchführung einer UVP bei bestimmten Vorhaben/ nationale Legislative bzw. zuständige staatliche Behörde	Potentielle Begünstigung privater Nachbarn sowie der Allgemeinheit durch höhere Umweltstandards	Verpflichtung des (privaten) Antragstellers, die Durchführung einer UVP zu dulden; ggf. Mitwirkungsobliegenheiten
Rs. C-194/94 CIA Security	Art. 8 RL 83/189/ Direktwirkung	Notifizierungspflicht ggü der Kommission im Hinblick auf Gesetzgebungsvorhaben im Bereich der Etikettierungsnormen/ nationale Legislative	Die private Fa. CIA Security kann sich auf die RL berufen und damit die richtlinienwidrig erlassenen nationalen Verbotsnormen abwehren	Die privaten Konkurrenzunternehmen der Fa. CIA Security können sich nicht im Wege der wettbewerblichen Unterlassungsklage auf die nationalen Verbotsnormen berufen

Entscheidung	Richtliniennorm/ Beurteilung der Direktwirkung	Regelungsgehalt der Richtliniennorm/ Adressat	(Potentielle) Begünstigung	(Potentielle) Belastung
Rs. C-180/95 Draehmpaehl	Art. 2 Abs. 1 und Art. 3 Abs. 1 RL 76/207 Direktwirkung	Verbot der Diskriminierung aufgrund des Geschlechts bei den Bedingungen des Zugangs zu den Beschäftigungen oder Arbeitsplätzen	Ein entsprechender Schadensersatzanspruch des diskriminierten Bewerbers ist nicht vom Verschulden des Arbeitgebers abhängig	Die Schadensersatzpflicht des diskriminierenden Arbeitgebers ist nicht davon abhängig, dass diesen ein Verschulden trifft.
	Art. 6 RL 76/207/ Direktwirkung	Verpflichtung der MS zum Erlass der Vorschriften, welche notwendig sind, damit jeder, der sich entsprechend für beschwert hält, seine Rechte geltend machen kann	Der aufgrund seines Geschlechts diskriminierte Bewerber kann Schadensersatz in Höhe einer effektiven Wiedergutmachung verlangen	Das private Unternehmen muss dem Bewerber (ggf.) einen im Vergleich zum nationalen Recht höheren Schadensersatz leisten
Rs. C-143/98 Unilever	Art. 9 RL 83/189/ Direktwirkung	Mitgliedstaatliche Legislative/Pflicht zur Unterlassung weiterer Gesetzgebungsinitiativen im Bereich der Etikettierungsnormen innerhalb eines bestimmten Zeitraumes	Die private Fa. Unilever kann sich auf die RL berufen und damit die richtlinienwidrig erlassenen nationalen Etikettierungsstandards abwehren	Die private Vertragspartnerin der Fa Unilever kann sich nicht vor Gericht auf die nationalen Etikettierungsstandards (Verbotsnormen) berufen

Kapitel 4
Darstellung und methodenbezogene Kritik an den im Schrifttum bereits entwickelten Lösungsansätzen zur Beurteilung der Problematik

Gegenstand des folgenden Kapitels ist eine Analyse der im Schrifttum bereits entwickelten Lösungsansätze zur Beurteilung der Direktwirkung in dreipoligen Rechtsbeziehungen. Dabei werden zunächst die einzelnen Positionen sowie die jeweils verwendeten Hauptargumente dargestellt. Im Anschluss daran erfolgt eine Stellungnahme, welche sich in diesem Untersuchungsstadium auf die *methodischen* Aspekte der einzelnen Lösungsansätze beschränken wird.

A Generelle Bejahung bzw. Verneinung der Direktwirkung in dreipoligen Konstellationen

Ein beträchtlicher Teil der Literatur plädiert zugunsten einer generellen Bejahung der Direktwirkung in dreipoligen Konstellationen.[400]

Zur Begründung dieser Position wird in erster Linie angeführt, dass nicht ein Privater, sondern vielmehr die Verwaltung Adressat der richtlinienimmanenten Verpflichtung sei. Insofern stehe die Rechtmäßigkeit des Verwaltungshandelns im Vordergrund[401] bzw. sei die Belastung des Privaten lediglich *mittelbarer* Na-

---

400 *Winter*, NuR 1989, 204 – unentschieden dagegen *ders.*, DVBl 1991, 657 (663); pro Direktwirkung auch *Pernice*, NVwZ 1990, 414 (425f.); *Krämer*, WuV 1990, 138 (152f.); *Weber/Hellmann*, NJW 1990, 1625 (1633); *Reich*, EuZW 1991, 203 (209f.); *Fischer*, NVwZ 1992, 635 (638); *Langenfeld*, DÖV 1992, 955 (961); *Hilf*, EuR 1993, 1 (10); *Rengeling/Middeke/Gellermann*, Rechtsschutz in der EU, § 34 Rn. 908; *Schink*, NVwZ 1995, 953 (957); *Erbguth/Stollmann*, DVBl 1997, 453 (456) m.w.N.; *Jans*, European Environmental Law, S. 173, zumindest für den Bereich des Umweltrechts bejahend; *Albin*, NuR 1997, 29 (32); *dies.*, Vollzugskontrolle, S. 97; i. E. auch *Timmermans*, Yearbook of European Law 1997, 1 (18f.); *Wyatt*, Journal of Environmental Law 1998, 9 (15f.); generell bejahend wohl auch *Hahn/Oberrath*, BayVBl 1998, 388 (391), die ihren Befund zwar auf „drittbelastende" Richtlinien beziehen, jedoch i. E. nicht näher differenzieren.

401 So z.B. *Pernice*, NVwZ 1990, 414 (426); *Middecke*, Nationaler Umweltschutz im Binnenmarkt, S. 58f.; *Schink*, NVwZ 1995, 953 (957); *Erbguth/Stollmann*, DVBl 1997, 453 (456); ähnlich *Sach*, in: *Rengeling*, Hdb. zum europ. und dt. UmweltR I, S. 1477 (1518f.); *Beckmann*, DVBl 1991, 358 (365): diese Argumentationslinie darstellend, ohne jedoch eindeutig Stellung zu beziehen.

tur.[402] Überdies wird die generelle Bejahung der Direktwirkung in dreipoligen Konstellationen dahingehend begründet, dass es in diesen Fällen lediglich um die so genannte objektive Wirkung von Richtlinien gehe.[403] Schließlich wird in diesem Zusammenhang – vor allem mit Blick auf den Bereich des Umweltrechts – der Gesichtspunkt des gemeinschaftsrechtlichen *effet utile* angeführt:[404] Infolge des hohen Richtlinienanteils sowie der besonderen Häufigkeit dreipoliger Konstellationen in diesem Bereich wären im Falle einer Verneinung der Direktwirkung große Teile des Umweltrechts erheblich in ihrer praktischen Wirksamkeit eingeschränkt.[405]

Demgegenüber lehnt eine andere Ansicht die Direktwirkung in dreipoligen Rechtsbeziehungen generell ab.[406] Als zentrales Argument wird dabei der Gedanke der Rechtssicherheit angeführt: Private sollen darauf vertrauen dürfen, mit den für sie potentiell belastenden Rechtswirkungen einer Richtlinie erst nach ordnungsgemäßer Durchführung des Umsetzungsprogramms konfrontiert zu werden.[407] Darüber hinaus sei die unmittelbare Wirkung mit der in Art. 249 EG verankerten Unterscheidung zwischen Richtlinien und Verordnungen nicht vereinbar.[408]

B Abstrakt-differenzierende Betrachtungsweisen

Andere Vertreter des Schrifttums beurteilen die Problematik dreipoliger Rechtsbeziehungen anhand einer abstrakten Betrachtungsweise, indem sie für eine Bejahung der Direktwirkung in derartigen Konstellationen – abgesehen von den

---

402 Z.B. *Kühling/Röckinghausen*, DVBl 1999, 1614 (1618); kritisch mit Blick auf eine derartige Argumentation *Lackhoff/Nyssens*, ELRev 1998, 397 (405): dies als „... rather formalistic view... " einordnend.

403 *Albin*, NuR 1997, 29 (32); *dies.*, Vollzugskontrolle, S. 97.

404 Z.B. *Langenfeld*, DÖV 1992, 955 (961); *Middecke*, Nationaler Umweltschutz im Binnenmarkt, S. 59; ähnlich *Jans*, European Environmental Law, S. 173.

405 Beispielhaft insofern *Lagenfeld*, aaO, S. 961.

406 *Classen*, EuZW 1993, 83 (85); *Haneklaus*, DVBl 1993, 129 (133); *Papier*, DVBl 1993, 809 (811f.); *Scherzberg*, JURA 1993, 225 (228); *Steinberg*, AöR 1995, 549 (580); *Hutka*, Gemeinschaftsbezogene Prüfungs- und Verwerfungskompetenz, S. 46f.; *Leonard*, Rechtsfolgen der Nichtumsetzung von EG-Richtlinien, S. 89; *Pühs*, Vollzug von Gemeinschaftsrecht, S. 389; *Moench/Sandner*, in: *Rengeling*, Hdb. zum europ. und dt. UmweltR I § 46 Rn. 75; sehr skeptisch im Hinblick auf das gesamte Rechtsinstitut der unmittelbaren Wirkung: *Claßen*, Nichtumsetzung von Gemeinschaftsrichtlinien, S. 83ff.

407 *Classen*, EuZW 1993, 83 (85); *Papier*, DVBl 1993, 809 (811f.); *Hutka*, Gemeinschaftsbezogene Prüfungs- und Verwerfungskompetenz, S. 47.

408 *Claßen*, Nichtumsetzung von Gemeinschaftsrichtlinien, S. 83ff.

klassischen Voraussetzungen –[409] besondere Anforderungen an die in Frage stehende Richtliniennorm stellen.

I Differenzierung nach drittbegünstigenden und drittbelastenden Richtlinien

Ein insbesondere von *Hans D. Jarass* vertretener Lösungsansatz besteht darin, zwischen so genannten dritt*belastenden* und dritt*begünstigenden* Richtlinien zu differenzieren:[410] Drittbelastend sei eine Richtlinienbestimmung, die dem Bürger ein bestimmtes Recht einräumt, dessen Ausübung negative Auswirkungen für Dritte hat.[411] Dagegen entfalte die Richtliniennorm eine drittbegünstigende Wirkung, wenn sie zunächst Anforderungen an das Verhalten des Bürgers stellt, deren Einhaltung sich dann aber begünstigend für Dritte auswirkt.[412]

Während *Jarass* eine Direktwirkung dritt*belastender* Richtlinien generell bejaht[413], sieht er die Beurteilung von dritt*begünstigenden* Richtlinien als problematisch an.[414] Im Rahmen dieser zweiten Gruppe gehe es letztlich um „Schutzansprüche" des Bürgers gegenüber der Verwaltung. Daher sei bei dritt*begünstigenden* Richtlinien ein „Recht auf Schutz im weiteren Sinne" notwendig, damit sich der drittbegünstigte Bürger auf die Richtlinie berufen kann.[415]

II Direktwirkung bei Existenz richtlinienimmanenter subjektiver Rechte

Ein – im Vergleich zu der soeben dargelegten Position – etwas abgewandelter Lösungsansatz besteht darin, die Direktwirkung in dreipoligen Konstellationen –

---

409 Vgl. zu den Voraussetzungen der Direktwirkung einer Richtliniennorm Kap. 1 C.

410 *Jarass*, NJW 1991, 2665 (2667); *ders.*, Grundfragen, S. 83ff.; *Klein*, in: FS Everling, S. 641 (649); *Burgi*, Verwaltungsprozess und Europarecht, S. 17f.

411 *Jarass*, Grundfragen, S. 83.

412 Ebd., S. 85.

413 *Jarass*, NJW 1991, 2665 (2667); nicht mehr ganz so deutlich: *Jarass*, Grundfragen, S. 84.

414 *Jarass*, NJW 1991, 2665 (2668); *ders.*, Grundfragen, S. 85f.: unter Betonung der rechtsstaatlichen Grenzen.

415 *Jarass*, Grundfragen, S. 86; *Klein*, in: FS Everling, 641 (649); *Herdegen*, RIW 1992, 89 (92); ähnlich *Wahl/Schütz*, in: *Schoch/Schmidt-Aßmann/Pietzner*, VwGO § 42 Abs. 2 Rn. 215; ohne Differenzierung nach drittbegünstigenden und drittbelastenden Richtlinien, allein auf Schutzansprüche des Bürgers abstellend: *Epiney*, DVBl 1996, 409 (413).

ohne Differenzierung im oben beschriebenen Sinne – dann zu bejahen, wenn die betreffende Richtliniennorm subjektive Rechte enthält.[416]

Hinsichtlich der Ermittlung dieser – richtlinienimmanenten – subjektiven Rechte variieren diese Konzeptionen: *Matthias Schmidt-Preuß* schlägt vor, derartige Rechte unter Heranziehung des so genannten „Konfliktschlichtungsprogramms" der betreffenden Richtliniennorm zu ermitteln und dann zu bejahen, wenn „kollidierende Gestaltungsinteressen des Betreibers und Verschonungsinteressen des Bürgers tatbestandlich in Drittschutz begründender Weise austariert sind"[417]. *Matthias Ruffert* zieht zur Ermittlung richtlinienimmanenter subjektiver Rechte die vom *EuGH* ansatzweise entwickelten Kriterien heran.[418]

C Konkrete Betrachtungsweisen

Darüber hinaus wird teilweise vorgeschlagen, die Frage der Direktwirkung in dreipoligen Rechtsbeziehungen unter Berücksichtigung des konkreten Einzelfalles zu entscheiden.

I Einbeziehung des Vertrauensschutzaspektes in eine Abwägungsentscheidung

So plädiert *Martin Gellermann* – unter grundsätzlicher Bejahung einer Direktwirkung in dreipoligen Konstellationen – dafür, Vertrauensschutzaspekte in die Überlegungen einzubeziehen.[419] Dabei sollen die Voraussetzungen der unmittelbaren Wirkung in bestimmten Fallkonstellationen um eine Abwägung widerstreitender Belange, insbesondere des Vertrauensschutzes, ergänzt werden.[420] Die mittelbar belastenden Folgen für private Dritte stünden einer Direktwirkung in dreipoligen Konstellationen lediglich dann entgegen, wenn private Dritte selbst

---

416 *Schmidt-Preuß*, NVwZ 2000, 252 (254); dagegen eine Direktwirkung von Richtlinien in multipolaren Konfliktlagen im Vergleich dazu noch relativ pauschal ablehnend: *ders.*, Kollidierende Privatinteressen im Verwaltungsrecht, S. 245; die Direktwirkung jedenfalls bei dreipoligen Beziehungen an die Existenz subjektiver Rechte knüpfend: *Ruffert*, Subjektive Rechte im Umweltrecht der EG, S. 235; *Gstaltmeyr*, Bewehrung von EG-Richtlinien, S. 183.

417 *Schmidt-Preuß*, Kollidierende Privatinteressen im Verwaltungsrecht, S. 247ff.; *ders.*, DVBl 1995, 485 (495); *ders.*, NVwZ 2000, 252 (254).

418 *Ruffert*, Subjektive Rechte im Umweltrecht der EG, S. 234. Siehe dazu die Ausführungen in Kap. 1 und 2.

419 *Gellermann*, Die Beeinflussung des bundesdeutschen Rechts, S. 179.

420 *Gellermann*, Die Beeinflussung des bundesdeutschen Rechts, S. 182. Kritisch dazu *Jarass*, Grundfragen, S. 87.

als „besonnene und umsichtige Wirtschaftsteilnehmer die Gemeinschaftswidrigkeit des Umsetzungsaktes nicht zu erkennen vermögen“[421]. Anderenfalls liege kein schutzwürdiges Vertrauen vor, so dass die unmittelbare Wirkung trotz der mittelbar belastenden Folgen für einen privaten Dritten zu bejahen sei.

II Einbeziehung der Grundrechte

Klaus Lackhoff und *Harold Nyssens* vertreten die Auffassung, dass in dreipoligen Rechtsbeziehungen im Einzelfall die Grundrechte privater Dritter zu einer Einschränkung der Direktwirkung führen sollten.[422] Dabei erfolgt allerdings von Seiten der Autoren keine Stellungnahme im Hinblick auf die Frage, ob Grundrechte des jeweiligen nationalen Rechts oder solche des Gemeinschaftsrechts heranzuziehen sind.

D Stellungnahme und Teilergebnis

Die folgende Stellungnahme soll sich zunächst auf eine Auseinandersetzung mit den *methodischen* Aspekten der verschiedenen Lösungsansätze beschränken. Auf die *inhaltlichen* Gesichtspunkte – die Argumente der einzelnen Positionen – wird separat im Rahmen des 5. Kapitels eingegangen.

I Stellungnahme bezüglich einer generellen Bejahung bzw. Verneinung der Direktwirkung in dreipoligen Konstellationen

Eine pauschale Verneinung der Direktwirkung von Richtlinien in dreipoligen Rechtsbeziehungen wird der Besonderheit derartiger Konstellationen nicht gerecht: Insbesondere bleibt unberücksichtigt, dass die richtlinienimmanente Verpflichtung – im Unterschied zu rein horizontalen Rechtsbeziehungen – an eine staatliche Behörde adressiert ist. Die Einhaltung dieser Verpflichtung durch die Behörde muss nicht zwangsläufig zu einer unmittelbaren Rechtsbeeinträchtigung auf Seiten eines Privaten führen. Allein diese *unmittelbare* Rechtsbeeinträchtigung ist es jedoch, die der *EuGH* in seiner Rechtsprechung zum Belastungsverbot Privater bislang explizit ausgeschlossen hat.[423]

421 *Gellermann*, Beeinflussung des bundesdeutschen Rechts, S. 182f.
422 *Lackhoff/Nyssens*, ELRev 1998, 397 (406f.).
423 Vgl. dazu die ausführliche Analyse der betreffenden Judikate in Kap. 3.

Demgegenüber werden potentiell rechtsbeeinträchtigende Auswirkungen auf Private bei einer pauschalen Bejahung der Direktwirkung vollständig außer Acht gelassen. Eine derartige Position widerspricht insbesondere der *Busseni*-Entscheidung[424] des *EuGH* aus dem Jahr 1990: In dieser Rechtssache hatte der *EuGH* der drohenden *unmittelbaren Beeinträchtigung von Rechtspositionen* der Privatgläubiger eine entscheidende Rolle bei der Beurteilung der Direktwirkung beigemessen. Überdies könnte eine pauschale Bejahung der Direktwirkung in dreipoligen Konstellationen im Widerspruch zu einigen rechtsstaatlichen Grundsätzen des Gemeinschaftsrechts stehen.[425] Schließlich berechtigen insbesondere die im Rahmen des 3. Kapitels untersuchten Judikate zu der Annahme, dass der *EuGH* eine *kategorische* Handhabung der Direktwirkung in dreipoligen Konstellationen ablehnt.

II Stellungnahme bezüglich einer Differenzierung nach drittbegünstigenden und drittbelastenden Richtlinien

Auch eine – insbesondere von *Hans D. Jarass* vertretene – Differenzierung nach so genannten dritt*begünstigenden* und dritt*belastenden* Richtlinien ist Bedenken ausgesetzt. So kann sich die Ermittlung der drittbegünstigenden bzw. drittbelastenden Natur einer Richtliniennorm im Einzelfall schwierig gestalten.[426] Darüber hinaus ist die – nach dieser Auffassung vertretene – generelle Bejahung der Direktwirkung bei so genannten dritt*belastenden* Richtlinien vor allem mit Blick auf die *Busseni*-Entscheidung[427] des *EuGH* problematisch: Denn in diesem Judikat verneinte der *EuGH* die Direktwirkung einer EGKS-Empfehlung[428] zu Lasten der beteiligten privaten Gläubiger, obwohl die betreffende Norm explizit ein Recht auf bevorzugte Befriedigung zugunsten der EGKS, welche im Konkursverfahren als privater Gläubiger auftrat, vorsah. Der Anspruch auf bevorzugte Befriedigung war – in formaler Hinsicht – nicht gegenüber den übrigen Privatgläubigern, sondern vielmehr gegenüber dem Staat, in Person des Konkursverwalters, geltend gemacht worden. Gleichwohl stellte der *EuGH* – ohne Rücksicht auf die insofern zu verzeichnende dritt*belastende* Natur der EGKS-Empfehlung – primär auf den Umstand ab, dass die Bejahung der Direktwirkung auf Seiten der übrigen

424 EuGHE 1990, Rs. C-221/88, I-495 – Busseni.

425 Vgl. dazu ausführlich Kap. 5 B.

426 Diesen Umstand räumt *Jarass* selbst ein (vgl. *ders.*, Grundfragen, S. 87).

427 EuGHE 1990, Rs. C-221/88, I-495 – Busseni.

428 EGKS-Empfehlungen sind nach denselben Grundsätzen zu behandeln wie Richtlinien i.S.v. Art. 249 Abs. 3 EG (vgl. Art. 14 Abs. 3 EGKSV sowie EuGHE 1990, Rs. C-221/88, I-495 – Busseni, Rn. 21ff.).

Privatgläubiger zu einer unmittelbaren Rechtsbeeinträchtigung führen würde. Somit belegt die *Busseni*-Entscheidung, dass die (lediglich) dritt*belastende* Natur einer EGKS-Empfehlung bzw. einer Richtliniennorm nicht immer eine „problemlose“ Bejahung der Direktwirkung nach sich zieht.

Auch der in diesem Zusammenhang entwickelte Lösungsansatz, wonach die Direktwirkung bei dritt*begünstigenden* Richtlinien dann zu bejahen sei, wenn ein „Recht auf Schutz im weiteren Sinne“[429] vorliegt, ist in mehrfacher Hinsicht Zweifeln ausgesetzt. Zum einen bleibt weitgehend ungeklärt, wie der Begriff des „Rechtes“ in diesem Sinne zu definieren ist. Unabhängig davon belegen zahlreiche der im 3. Kapitel untersuchten Judikate, dass der *EuGH* im Falle einer Bejahung der Direktwirkung nicht ausschließlich an den Pol des *begünstigten* Privaten angeknüpft: Vielmehr scheint der *EuGH* – insofern zumindest *auch* an den Pol des *belasteten* Privaten anknüpfend – nach verschiedenen Arten von Belastungen zu differenzieren.[430]

III Stellungnahme bezüglich einer abstrakten Konfliktlösung auf der Ebene der Richtliniennorm

Auch eine abstrakte Beurteilung der Direktwirkung, welche die Konfliktlösung auf der Ebene der Richtliniennorm herbeizuführen versucht, ist Einwänden ausgesetzt. So ist zweifelhaft, ob sich die von *Matthias Schmidt-Preuß* – wohl in erster Linie mit Blick auf das deutsche besondere Verwaltungsrecht – entwickelte Konzeption problemlos auf gemeinschaftsrechtliche Normen übertragen lässt. Die von *Schmidt-Preuß* vertretene Konzeption steht unter der Prämisse, dass sich die infolge der Direktwirkung entstehenden Interessenkonflikte bereits auf der Ebene des Regelungsgehalts einer Richtliniennorm ausgleichen lassen. Dabei bleibt jedoch die erhebliche politische Dimension der rechtlichen „Entstehung“ von Maßnahmen des Gemeinschaftsrechts vollständig unberücksichtigt: Gerade im Bereich des Umweltrechts, wo Interessen des Umweltschutzes vor allem mit – teilweise recht einflussreichen – wirtschaftlichen Interessen kollidieren, lässt sich nur schwer leugnen, dass bei der Ausarbeitung dieser Richtlinien bei weitem nicht ausschließlich rechtliche Aspekte zum Tragen kommen. Von Verhandlungen, die in erheblichem Maße politisch geprägt sind, kann kaum erwartet werden,

---

429 *Jarass*, Grundfragen, S. 86; *Klein*, in: FS Everling, 641 (649); *Herdegen*, RIW 1992, 89 (92); ähnlich *Wahl/Schütz*, in: *Schoch/Schmidt-Aßmann/Pietzner*, VwGO § 42 Abs. 2 Rn. 215. Ohne Differenzierung nach drittbegünstigenden und drittbelastenden Richtlinien, allein auf Schutzansprüche des Bürgers abstellend: *Epiney*, DVBl 1996, 409 (413).

430 Vgl. ausführlich dazu Kap. 3 sowie Kap. 6.

dass ein – in *juristisch eindeutiger Form* redigierter – angemessener Ausgleich der widerstreitenden Interessen bereits in den betreffenden Richtliniennormen erfolgt.[431]

Ähnlich ist die von *Matthias Ruffert* vertretene Position zu beurteilen. Nach der vorliegend vertretenen Auffassung ist eine Beurteilung der Direktwirkung unter ausschließlicher Anknüpfung an das Kriterium einer ausreichend individualisierten Stellung des begünstigten Privaten zu einseitig. Darüber hinaus deuten zahlreiche Judikate des *EuGH* darauf hin, dass für die Beurteilung der Direktwirkung auch der Umstand, mit welcher *Art von Belastung* ein Privater konfrontiert wird, von erheblicher Relevanz ist – dieser Gesichtspunkt beurteilt sich jedoch unabhängig vom Grad der Individualisierung bzw. der „Schutzbedürftigkeit" des *begünstigten* Privaten.

IV Stellungnahme hinsichtlich der konkreten Betrachtungsweisen

Aufgrund der oben genannten Bedenken vermögen jene Positionen, welche für eine Berücksichtigung des Vertrauensschutzaspektes sowie von Grundrechten des potentiell belasteten privaten Dritten im Einzelfall plädieren, zunächst mehr zu überzeugen.

Teilweise wird gegen eine Berücksichtigung des Vertrauensschutzaspektes angeführt, dass die Fälle eines derart schutzwürdigen Vertrauens äußerst selten vorliegen dürften, da der Feststellung einer Gemeinschaftsrechtswidrigkeit von Umsetzungsmaßnahmen durch den *EuGH* meist umfangreiche Diskussionen auf nationaler Ebene vorausgehen.[432] Wenngleich diesem Befund im Hinblick auf die hohen Anforderungen an die Schutzwürdigkeit des Vertrauens zugestimmt werden kann, vermag eine generelle Nichtberücksichtigung des Vertrauensschutzaspektes *unter Hinweis auf die geringe praktische Relevanz* aus rechtstaatlichen Gründen nicht zu überzeugen. Die inhaltliche Komponente der Diskussion um den Vertrauensschutz wird an anderer Stelle zu erörtern sein.[433]

---

431 Ähnliche Bedenken äußert *Breuer*, NuR 2000, 541 (548): primär mit Blick auf die Entstehung der EG-Wasserrahmenrichtlinie (ebd., S. 548). Auf die erhebliche politische Dimension bei der Ausarbeitung von Richtlinien verweist auch *Battis*, DÖV 2001, 988 (993): den Begriff „diplomatischer Formelkompromiss" verwendend.

432 *Ruffert*, Subjektive Rechte im Umweltrecht der EG, S. 235 unter Hinweis auf die Entscheidungen des *EuGH* zu den Verwaltungsvorschriften im Immissionsschutz- und Wasserrecht: EuGHE 1991, Rs. C-131/88, I-825 – Grundwasser; EuGHE 1991, Rs. C-361/88, I-2567 – Schwefeldioxid; EuGHE 1991, Rs. C-59/89, I-2607 – Blei; EuGHE 1991, Rs. C-58/89, I-4983 – Oberflächenwasser.

433 Vgl. dazu Kap. 5 B III.

Im Zusammenhang mit dem Lösungsansatz, die Direktwirkung unter Einbeziehung von *Grundrechten* zu beurteilen, ist der Umstand zu berücksichtigen, dass die Frage, ob der Regelungsgehalt einer Richtlinie zu Grundrechtsbeeinträchtigungen führt, kein spezifisches Problem der Direktwirkung darstellt – diese Problematik könnte also gleichermaßen im Falle einer ordnungsgemäßen Richtlinienumsetzung auftreten. Insofern ist zweifelhaft, ob unter Zugrundelegung dieser Prämisse eine angemessene Beurteilung der Direktwirkung in dreipoligen Konstellationen erfolgen kann.

V Teilergebnis

Die Auseinandersetzung mit den methodischen Aspekten der bereits im Schrifttum entwickelten Lösungsansätze führt zu dem Befund, dass sich die Problematik dreipoliger Rechtsbeziehungen weder durch eine kategorische Bejahung bzw. Verneinung der Direktwirkung noch durch eine abstrakte Konfliktlösung auf der Ebene der betreffenden Richtliniennormen dergestalt lösen lässt, dass sämtliche involvierte Interessen in angemessener Form Berücksichtigung finden. Gleichzeitig rechtfertigen die im Rahmen des 3. Kapitels untersuchten *EuGH*-Entscheidungen die Position, dass – neben verallgemeinerungsfähigen Konstellationen – auch konkrete Umstände des Einzelfalles in die Beurteilung der Problematik einzubeziehen sind. Zwar könnte man einer derartigen Herangehensweise vorwerfen, sie führe zu Unsicherheiten bzw. behördlicher Willkür bei der Entscheidung über die Direktwirkung. Dem kann jedoch durch möglichst klar festgelegte Eckpunkte für eine Beurteilung der Direktwirkung zumindest entgegengewirkt werden.[434]

434 Vgl. ausführlich dazu Kap. 6.

Kapitel 5
Gegenüberstellung der Aspekte für bzw. gegen eine Direktwirkung in dreipoligen Konstellationen

Im folgenden Kapitel sollen die Argumente für bzw. gegen eine Direktwirkung von Richtlinien in dreipoligen Rechtsbeziehungen erörtert werden. Zur Ermittlung der in diesem Zusammenhang relevanten Aspekte wird zunächst auf die bereits von der *EuGH*-Rechtsprechung sowie dem Schrifttum vorgebrachten Argumente zurückgegriffen. Darüber hinaus rechtfertigen die vom *EuGH* vorgenommene Charakterisierung der Europäischen Gemeinschaft als „Rechtsgemeinschaft“[435] sowie der damit verbundene materielle Gehalt eine Berücksichtigung weiterer rechtsstaatlicher Erwägungen.

A Argumente zugunsten einer Direktwirkung

Zugunsten einer Direktwirkung von Richtlinien in dreipoligen Rechtsbeziehungen lassen sich vor allem der Gedanke des *effet utile* sowie der Grundsatz der *einheitlichen Anwendung des Gemeinschaftsrechts* anführen. Im Folgenden sollen beide Argumentationslinien jeweils vor dem Hintergrund der gegenwärtig (im Falle einer Verneinung der Direktwirkung)[436] einschlägigen Rechtsinstitute – d.h. primär der richtlinienkonformen Auslegung[437] sowie der gemeinschaftsrechtlichen Staatshaftung – erläutert werden.

I Der Grundsatz des effet utile

Das Hauptargument zugunsten einer möglichst umfassenden Direktwirkung von Richtlinien basiert auf dem mit der teleologischen Auslegung verwandten *Prinzip der nützlichen Wirkung („effet utile“)* des Gemeinschaftsrechts.

---

435 EuGHE 1986, Rs. 294/83 – Les Verts, Rn. 23.

436 Das Verhältnis dieser drei Rechtsinstitute zueinander (z.B. Subsidiarität der Staatshaftung) kann noch nicht als geklärt gelten. Eine ausführliche Stellungnahme zu dieser Problematik würde jedoch den Rahmen dieser Arbeit sprengen.

437 EuGHE 1993, Rs. C-334/92, I-6911 – Wagner Miret; EuGHE 1996, Rs. C-168/95, I-4705 – Arcaro.

Diesem – das gesamte Gemeinschaftsrecht prägenden -[438] Grundsatz zufolge wird bei der Auslegung gemeinschaftsrechtlicher Normen „derjenigen Auslegung der Vorzug eingeräumt, die die Verwirklichung der Vertragsziele, die Funktionsweise der Gemeinschaft sicherstellt"[439]. Gemeint ist damit nicht die „Vertragsauslegung im Sinne einer größtmöglichen Ausschöpfung der Gemeinschaftsbefugnisse"[440], sondern vielmehr die „praktische Wirksamkeit"[441] des Gemeinschaftsrechts. Die besondere Bedeutung des *effet utile*-Grundsatzes mit Blick auf die Direktwirkung von Richtlinien ist vom *EuGH* besonders markant in der Rechtssache *Van Duyn* aus dem Jahr 1974 herausgestellt worden. In dieser Entscheidung betonte der *EuGH*, dass „[i]nsbesondere in den Fällen, in denen etwa die Gemeinschaftsbehörden die Mitgliedstaaten durch Richtlinie zu einem bestimmten Verhalten verpflichten,... die *nützliche Wirkung („effet utile")* einer solchen Maßnahme abgeschwächt [würde], wenn die einzelnen sich vor Gericht hierauf nicht berufen und die staatlichen Gerichte sie nicht als Bestandteil des Gemeinschaftsrechts berücksichtigen könnten."[442]

Zu Recht wird teilweise darauf hingewiesen, dass der *effet utile*-Gedanke keine Aussage über den *Umfang* der Direktwirkung von Richtlinien treffe, sondern vielmehr für eine umfassende Direktwirkung spreche.[443] Ungeachtet dessen stellt der *EuGH* in ständiger Rechtsprechung klar, dass eine einschränkungslose Direktwirkung – insbesondere im Sinne einer horizontalen Direktwirkung – abzulehnen ist.[444] Im Zusammenhang mit dreipoligen Konstellationen ist allerdings

---

438 Zu den Einflüssen dieses Grundsatzes auf einzelne Bereiche des Gemeinschaftsrechts siehe z.B. *Pernice*, in: *Grabitz/Hilf*: Kommentar zur Europäischen Union, Art. 164 Rn. 27; m.w.N. aus der *EuGH*-Rechtsprechung *Ruffert*, in: *Callies/Ruffert*: EUV/EGV, Art. 249 EG Rn. 70, Fn. 174.

439 *Pernice*, in: *Grabitz/Hilf*: Kommentar zur Europäischen Union, Art. 164 Rn. 27.

440 Dies verkennt das *BVerfG* in seiner Maastricht-Entscheidung (vgl. BVerfGE 89, 155 (210)).

441 *Pernice*, in: *Grabitz/Hilf*: Kommentar zur Europäischen Union, Art. 164 Rn. 27.

442 EuGHE 1974, Rs. 41/74, 1337 – Van Duyn/Home Office, Rn. 12 – Ergänzung bzw. Hervorhebung durch die Verfasserin.

443 Dies feststellend, ohne für eine derart umfassende Direktwirkung zu plädieren: *Hutka*, Gemeinschaftsrechtsbezogene Prüfungs- und Verwerfungskompetenz, S. 46 sowie *Lackhoff/Nyssens*, ELRev 1998, 397 (405).

444 Vgl. u.a. EuGHE 1994, Rs. C-94/92, I-3325 – Faccini Dori, Rn. 20; EuGHE 1996, Rs. C-192/94, I-1281 – El Corté Inglés, Rn. 10; EuGHE 1997, verb. Rs. C-253/96 bis C-258/96, I-6907 – Kampelmann, Rn. 46. Die Beurteilung des Pro und Contra einer horizontalen Direktwirkung kann nicht Gegenstand der vorliegenden Untersuchung sein. Vgl. jedoch aus dem umfangreichen Literaturbestand zu dieser Problematik z.B. *Nicolaysen*, EuR 1984, 380ff.; *Emmert*, EWS 1992, 56ff.; *Betlem*, Columbia Journal of European Law Fall/Winter 94/95 (Vol.1), 469 (481ff.); *Prechal*, Directives in EC Law, S. 295ff.; *Schockweiler*, in: FS Everling Bd. II, S. 1315ff.;

die Besonderheit zu berücksichtigen, dass beispielsweise das gemeinschaftliche Umweltrecht – ein Bereich, in dem dreipolige Konstellationen besonders häufig auftreten – überwiegend in Form von Richtlinien kodifiziert wird. Infolge der oft verspäteten bzw. unzureichenden Umsetzung von Umweltrichtlinien sind gerade in diesem Bereich erhebliche Vollzugsdefizite zu verzeichnen. Vor diesem Hintergrund ist die praktische Wirksamkeit des Gemeinschaftsrechts im Bereich des Umweltrechts in stärkerem Maße gefährdet als etwa in Bereichen, in denen ein geringerer Richtlinienanteil zu verzeichnen ist.

Gleichzeitig erweist sich das Vertragsverletzungsverfahren, das im Falle von Vollzugsdefiziten der Mitgliedstaaten von der *Europäischen Kommission* gemäß Art. 226 EG eingeleitet wird, als wenig geeignet, die hier interessierenden Verstöße zu beseitigen bzw. künftig einzuschränken: Denn vorliegend geht es nicht um die mangelhafte *normative* Richtlinienumsetzung durch den nationalen Gesetzgeber. Vielmehr stehen Vollzugsdefizite bei der *normvollziehenden* Rechts*anwendung* durch nationale Verwaltungsbehörden in Frage – derartige Mängel lassen sich nur schwer im Wege einer *zentralen* Vollzugsüberwachung durch die *Europäische Kommission* ahnden. Unabhängig davon werden der Personalmangel bei der Vollzugsüberwachung sowie die politische Stellung der *Kommission* bemängelt.[445] Hinzu kommt der Umstand, dass das gesamte Verfahren – bis hin zur Feststellung einer Vertragsverletzung durch den *EuGH* – ungefähr 4 Jahre dauert.[446] Daher verwundert es nicht, wenn teilweise die Praktikabilität dieses „reaktiven" Verfahrens im Umweltbereich bezweifelt wird.[447] Vor allem mit Blick auf diese Begrenztheit der Mittel, welche der *Kommission* zur Verfügung stehen, ist die Einbindung Privater in die *dezentrale* Vollzugskontrolle – in Form einer Möglichkeit Privater, sich vor nationalen Behörden und Gerichten *möglichst uneingeschränkt* auf bestimmte Richtliniennormen berufen zu können – von erheblicher praktischer Bedeutung.[448]

Auch die Konfliktlösung mit dem „Instrumentarium" der *gemeinschaftsrechtlichen Staatshaftung* erweist sich mit Blick auf die Verwirklichung des *effet utile-*

Craig, ELRev 1997, 519ff.; *Lenz*, in: Mélanges Schockweiler, S. 371ff.; *Mastroianni*, EPL 1999, 417ff.

445 *Emmert/ Pereira de Azevedo*, RTDE 1995, 11 (13f.).

446 *Emmert/ Pereira de Azevedo*, RTDE 1995, 11 (14).

447 Vgl. z.B. die Kritik von *Somsen*, in: *ders.*, Protecting the European Environment, S. 135 (137f.); sehr optimistisch dagegen *Staupe*, in: NVwZ 2000, 508ff.: „... wirksames Folterinstrument politischer und finanzieller Art... " (ebd., S. 509). Einen großen Schritt hin zur Effektuierung entsprechender „Druckmittel" stellt die Entscheidung EuGHE 2000, Rs. C-387/97, I-5047 – Kommission/Hellenische Republik zur Festsetzung eines Zwangsgeldes nach Art. 171 EGV a.F. (Art. 228 EG) dar.

448 *Mastroianni*, EPL 1999, 417 (428).

Gedankens als unzureichend.[449] So wird das Prozessrisiko im Rahmen eines Staatshaftungsprozesses auf denjenigen Privaten verlagert, welcher sich auf das Gemeinschaftsrecht beruft.[450] Gerade in dem für dreipolige Konstellationen relevanten Umweltrecht lässt sich jedoch der – im Rahmen des Staatshaftungsprozesses nachzuweisende – *konkrete* Schaden, den ein Privater infolge der mangelhaften bzw. vollständig unterlassenen Richtlinienumsetzung erleidet, oft nur schwer ermitteln.[451] Allein diese Umstände werden Private nicht selten davon abhalten, ihre aus dem Gemeinschaftsrecht resultierenden Rechte geltend zu machen, und damit der praktischen Wirksamkeit der in Frage stehenden Richtliniennorm zum Durchbruch zu verhelfen. Unabhängig davon stellt die im Rahmen eines Staatshaftungsprozesses gewährte Entschädigung nicht immer einen adäquaten Ausgleich für die dem Bürger versagte Geltendmachung von richtlinienimmanenten Rechten dar.[452]

Vor diesem Hintergrund wird deutlich, dass das Gemeinschaftsrecht – hier die jeweils in Frage stehenden EG-Richtlinien – im Falle einer kategorischen Verneinung der Direktwirkung in dreipoligen Rechtsbeziehungen in erheblichem Maße seiner praktischen Wirksamkeit beraubt wäre.

II Der Grundsatz der einheitlichen Anwendung des Gemeinschaftsrechts

Neben dem *effet utile*-Gedanken spricht auch der Grundsatz der *einheitlichen Anwendung des Gemeinschaftsrechts* für eine möglichst umfassende Direktwirkung von Richtlinien.

Die herausragende gemeinschaftsrechtliche Bedeutung dieses Grundsatzes wird vom *EuGH* in zahlreichen Judikaten betont. So führte er beispielsweise in der Rechtssache *Maris*[453] aus, dass „... [d]ie Geltung des Gemeinschaftsrechts... nicht von Mitgliedstaat zu Mitgliedstaat aufgrund der nationalen Rechtsvorschriften, gleichgültig, womit sich diese befassen, verschieden sein [darf]; anderenfalls würden die Wirksamkeit dieses Rechts und die einheitliche Anwendung,

---

449 Vgl. z.B. die ernüchternde Bilanz bei *Krämer*, WuV 1990, 138 (155); a.A. *Claßen*, Nichtumsetzung von Gemeinschaftsrichtlinien, S. 270f.

450 *Emmert/Pereira de Azevedo*, RTDE 1995, 11 (18).

451 *Mastroianni* spricht in derartigen Fällen von „diffused interests" (*ders.*, EPL 1999, 417 (419); *Lackhoff/Nyssens*, ELRev 1998, 397 (412). Vgl. zur Beweislastproblematik *Schockweiler*, in: FS Everling, Bd. II, 1315 (1318f.); ähnliche Bedenken äußert *Somsen*, in: *ders.*, Protecting the European Environment, S. 135 (146).

452 *Kühling/Röckinghausen*, DVBl 1999, 1614 (1619); *Mastroianni*, EPL 1999, 417 (419).

453 EuGHE 1977, Rs. 55/77, 2327 – Maris.

die es in sämtlichen Mitgliedstaaten gegenüber allen Adressaten der betreffenden Bestimmungen finden muss, gefährdet"[454].

Eine auf rein vertikale[455] Rechtsbeziehungen beschränkte Direktwirkung gefährdet die einheitliche Anwendung des Gemeinschaftsrechts im Europäischen Binnenmarkt und kann folglich zu erheblichen Wettbewerbsverzerrungen führen. So werden private Personen und Unternehmen, die infolge korrekter Richtlinienumsetzung „ihres" Mitgliedstaates bereits strengeren Regelungen unterworfen sind, gegenüber Wettbewerbern aus säumigen Mitgliedstaaten benachteiligt.[456] Dieser Befund lässt sich am Beispiel einer Richtlinie zur Erhöhung von Umweltstandards, beispielsweise von Grenzwerten, verdeutlichen: In einem Mitgliedstaat, der die in Frage stehende Richtlinie ordnungsgemäß umgesetzt hat, werden die betreffenden Wirtschaftsteilnehmer mit den (normalerweise) nunmehr strengeren Umweltstandards des nationalen Rechts konfrontiert. Anders gestaltet sich dagegen die Rechtslage in einem Mitgliedstaat, der seinen Umsetzungsverpflichtungen nicht nachgekommen ist: Strengere – der Richtlinie entsprechende – nationale Umweltstandards mit verbindlicher Wirkung für die Wirtschaftsteilnehmer sind noch nicht ergangen, so dass die betroffenen Unternehmen – im Falle einer Verneinung der Direktwirkung – lediglich den (normalerweise) geringeren Umweltstandards des bislang geltenden nationalen Rechts unterworfen sind.[457] Dadurch kann zugunsten dieser Wirtschaftsteilnehmer vor allem Zeit für die Umstellung auf modernere Umweltstandards gewonnen werden. Aber auch Kosteneinsparungen zugunsten der betroffenen Unternehmen sind bei einem derartigen Szenario durchaus naheliegend. Vor diesem Hintergrund wird den Mitgliedstaaten teilweise sogar vorgeworfen, sie würden eine Richtlinienumsetzung gegebenfalls *absichtlich* verzögern, um den soeben beschriebenen Effekt zugunsten „ihrer" Wirtschaftsteilnehmer herbeizuführen bzw. möglichst lange aufrechterhalten zu können.[458]

---

454 EuGHE 1977, Rs. 55/77, 2327 – Maris, Rn. 15/18.

455 Gemeint sind Rechtsbeziehungen zwischen Bürger und Staat.

456 *Mastroianni*, EPL 1999, 417 (427); ähnlich *Lenz*, FS Schockweiler, 371 (373); *Dougan*, CLJ 2000, 586 (588). Eine derartige Argumentation – wenn auch mit Blick auf die Frage der horizontalen Direktwirkung – ohne nähere Begründung ablehnend: *Claßen*, Nichtumsetzung von Gemeinschaftsrichtlinien, S. 91.

457 Siehe zu dieser Problematik *Schockweiler*, in: FS Everling, Bd. II, 1315 (1328); *Pagh*, Nordic Journal of International Law 1995, 23 (55f.); *Emmert/Pereira de Azevedo*, RTDE 1995, 11ff.; *Kühling/Röckinghausen*, DVBl 1999, 1614 (1619); *Baldus/Becker*, EuR 1999, 375 (391); *Mastroianni*, EPL 1999, 417 (419).

458 Vgl. z.B. *Emmert/Pereira de Azedevo*, RTDE 1995, 11 (13). Teilweise wird darauf hingewiesen, dass ein derartiges Vorgehen möglicherweise sogar eine staatliche Beihilfe darstellt: *Pagh*, Nordic Journal of International Law 1995, 23 (55f.); *Schockweiler*, in: FS Everling Bd. II, 1315 (1328).

Mit Blick auf diese Problemlage ist nunmehr zu untersuchen, inwieweit die – im Falle einer Verneinung der Direktwirkung in dreipoligen Konstellationen – einschlägigen Rechtsinstitute geeignet sind, die *einheitliche Anwendung des Gemeinschaftsrechts* sicherzustellen.

Bei einer *richtlinienkonformen Auslegung* kommt grundsätzlich nicht das Gemeinschaftsrecht, sondern vielmehr das jeweilige nationale Recht – interpretiert im Lichte des Gemeinschaftsrechts – zur Anwendung.[459] Dies ist allerdings lediglich dann möglich, wenn überhaupt eine nationale Norm zur Regelung des streitigen Sachverhalts existiert und diese Norm nicht absolut unvereinbar mit dem Gemeinschaftsrecht ist – denn eine Interpretation *contra legem* ist nicht zulässig.[460] Darüber hinaus birgt die praktische Handhabung der richtlinienkonformen Auslegung grundsätzlich die Gefahr in sich, dass identische Sachverhalte – in Abhängigkeit von dem jeweils angerufenen Gericht – unterschiedlich beurteilt werden.[461] Vor diesem Hintergrund erweist sich das Rechtsinstitut der richtlinienkonformen Auslegung als lediglich bedingt geeignet, eine einheitliche Anwendung des Gemeinschaftsrechts zu gewährleisten.

Auch das Institut der *gemeinschaftrechtlichen Staatshaftung* vermag eine einheitliche Anwendung des Gemeinschaftsrechts nicht sicherzustellen, da dieses Rechtsinstitut lediglich als *Reaktion* auf einen bereits existenten Gemeinschaftsrechtsverstoß zur Anwendung kommt. Darüber hinaus kann die Tatsache, dass die gemeinschaftsrechtliche Staatshaftung im Rahmen der nationalen Rechtssysteme vollzogen wird, – z.B. im Hinblick auf Fristen – zu erheblichen Unterschieden zwischen den Haftungssystemen der einzelnen Mitgliedstaaten führen.[462]

III Notwendigkeit einer Gleichbehandlung von Primär- und Sekundärrecht bei struktureller Gleichartigkeit

Zugunsten einer (möglichst umfassenden) Direktwirkung streitet darüber hinaus der Umstand, dass die Frage nach dem *Adressaten* einer Verpflichtung – Privater

---

459 *Simon*, La directive européenne, S. 93.

460 *Mastroianni*, EPL 1999, 417 (419) unter Hinweis auf EuGHE 1996, Rs. C-168/95, I-4705 – Arcaro, Rn. 42. Siehe zu dieser Problematik auch *Kinley*, EPL 1995, 79 (81f.) sowie *Raubenheimer*, IIL 1997, 191 (200ff.).

461 *Emmert/Pereira de Azevedo*, RDTE 1995, 11 (17) mit umfangreichen Nachweisen aus der Rechtsprechung nationaler Gerichte in Fn. 19 ihres Aufsatzes. Kritisch auch *Geddes*, Protection of Individual Rights and EC Law, S. 119 sowie *Craig*, ELRev 1997, 519 (524f.): vor allem Bedenken mit Blick auf die Rechtsicherheit äußernd.

462 *Emmert/Pereira de Azevedo*, RTDE 1995, 11 (18).

oder Staat – für den *EuGH* im Bereich des Primärrechts – anders als es der Wortlaut der betreffenden Primärrechtsnorm zunächst indizieren würde – nicht relevant zu sein scheint. So bejahte der *EuGH* bereits mehrfach die Direktwirkung einiger Primärrechtsnormen auch im Verhältnis zwischen Privaten, obwohl diese Normen ihrem Wortlaut nach lediglich an die Mitgliedstaaten adressiert sind.

Abgesehen davon, dass in dreipoligen Konstellationen ohnehin der *Staat* – in jeder Hinsicht -[463] Adressat der von einer Richtliniennorm angeordneten Verpflichtungen ist, würden zumindest jene gegen eine (möglichst umfassende) Bejahung der Direktwirkung vorgebrachten Einwände an Überzeugungskraft verlieren, welche – gestützt auf den Wortlaut des Art. 249 Abs. 3 EG – betonen, dass Richtlinien lediglich *an die Mitgliedstaaten adressiert* seien, so dass im Umkehrschluss Private nicht aus ihnen verpflichtet werden könnten. Im Folgenden soll die eingangs bereits angesprochene, vor allem mit Blick auf Artikel 141 EG[464] sowie Art. 39 EG[465] ergangene Rechtsprechungslinie des *EuGH* kurz dargestellt werden.[466]

Art. 141 EG verpflichtet die Mitgliedstaaten zur Sicherstellung des Grundsatzes der Lohngleichheit von Männern und Frauen. Der *EuGH* hat jedoch bereits im Jahr 1976 in der Rechtssache *Defrenne*[467] einen Grundsatz statuiert, dem zufolge sich der Einzelne auch gegenüber seinem privaten Arbeitgeber auf Art. 141 EG berufen kann. Dabei „... schließt die Tatsache, dass bestimmte Vertragsvorschriften ausdrücklich die Mitgliedstaaten ansprechen, nicht aus, dass zugleich allen an der Einhaltung der so umschriebenen Pflichten interessierten Privatpersonen Rechte verliehen sein können“[468]. Vor diesem Hintergrund stellt sich die Frage, ob dem *EuGH* infolge der unterschiedlichen Behandlung von Primärrecht (Bejahung der horizontalen Direktwirkung[469]) und Sekundärrecht (Vernei-

---

463 Gemeint ist die Tatsache, dass der Staat in dreipoligen Konstellationen sowohl Adressat der *Pflicht zur normativen Umsetzung* der Richtlinie als auch Adressat der *konkreten richtlinienimmanenten Verpflichtung* ist. Während erstere Pflicht im Regelfall dem nationalen Gesetzgeber obliegt, wendet sich letztere im Regelfall an die nationale Verwaltung.

464 Art. 119 EGV a.F.

465 Art. 48 EGV a.F.

466 Eine ausführliche Untersuchung dieser Rechtsprechung findet sich u.a. bei *Jaensch*, Die unmittelbare Drittwirkung der Grundfreiheiten sowie bei *Ganten*, Die Drittwirkung der Grundfreiheiten.

467 EuGHE 1976, Rs. 43/75, 455 – Defrenne II, Rn. 21ff.

468 EuGHE 1976, Rs. 43/75, 455 – Defrenne II, Rn. 30ff. Vgl. dazu u.a. *Wernicke*, Privatwirkung im Europ. Gemeinschaftsrecht, S. 198f.

469 Im Rahmen der innerstaatlichen Anwendbarkeit von Primärrechtsnormen werden – ähnlich wie mit Blick auf die Richtlinienproblematik – verschiedene Begrifflichkei-

nung der horizontalen Direktwirkung) eine widersprüchliche, zumindest jedoch inkonsequente Rechtsprechung vorzuwerfen ist. Dies dürfte jedenfalls dann der Fall sein, wenn in beiden Bereichen parallele Ausgangsbedingungen vorliegen.

Für eine gewisse Gleichartigkeit der Ausgangsbedingungen spricht zunächst der Umstand, dass sich Art 141 EG – wie Art. 249 Abs. 3 mit Blick auf Richtlinien – seinem Wortlaut nach lediglich an die Mitgliedstaaten richtet und eine Anpassungsfrist setzt.[470] Insofern weist Art. 141 EG seinem Regelungsgehalt nach eine ähnliche Struktur auf wie Art. 249 Abs. 3 EG.[471]

Gleichwohl könnte es sich bei den Art. 141 EG zugesprochenen Wirkungen – unabhängig von der normstrukturellen Ähnlichkeit – um einen Sonderfall handeln, der sich nicht ohne weiteres auf andere Bereiche des Primär- oder gar des Sekundärrechts übertragen lässt.[472] Die besondere Stellung des Art. 141 EG lässt sich zunächst mit der fundamentalen Bedeutung, welche dem *Grundsatz der Geschlechtergleichbehandlung* im gesamten Gemeinschaftsrecht zukommt, begründen.[473] Darüber hinaus ist die Privatrechtsgeltung des Art. 141 EG – anders als im Bereich der Grundfreiheiten – eine notwendige Voraussetzung für die Effektuierung dieser Norm:[474] Art. 141 EG würde ohne die Anwendung auch bzw. gerade zwischen Privaten „... weitgehend leerlaufen“[475]. Da das Rechtsinstrument „Richtlinie“ im Gemeinschaftsrecht ausgesprochen häufig zur Anwendung kommt, lässt sich der soeben mit Blick auf Art. 141 EG getroffene Befund nicht auf Art. 249 Abs. 3 EG übertragen. Unabhängig von diesen eher pragmatischen Überlegungen spricht auch ein inhaltlicher Aspekt gegen die Bejahung einer Parallele zwischen der Direktwirkung des Art. 141 EG und einer (entsprechend gebotenen) umfassenden Wirkung von Richtlinien: Im Unterschied zu der Vielzahl von Rechten und Pflichten, die eine Richtlinie enthalten kann, statuiert Art. 141 EG eine klare Aussage – nämlich, dass bei gleicher oder gleichwertiger Arbeit für beide Geschlechter ein gleiches Entgelt zu zahlen ist.[476] Insofern ist hinsicht-

---

ten diskutiert bzw. unterschieden. Vgl. ausführlich zu dieser Problematik *Ganten*, Die Drittwirkung der Grundfreiheiten, S. 21ff.

470 *Winter*, DVBl 1991, 657 (665).

471 *Nicolaysen*, EuR 1984, 380 (386ff.); *Emmert*, EWS 1992, 56 (64); *Gstaltmeyr*, Bewehrung von EG-Richtlinien, S. 163; *Dougan*, CLJ 2000, 586 (589).

472 Vgl. z.B. *Langenfeld*, DÖV 1992, 955 (959); *Gstaltmeyr*, Bewehrung von EG-Richtlinien, S. 163; a.A. wohl *Nicolaysen*, EuR 1984, 380 (386ff.); *Emmert*, EWS 1992, 56 (64).

473 Z.B. *Gstaltmeyr*, Bewehrung von EG-Richtlinien, S. 163 unter Hinweis auf EuGHE 1976, Rs. 43/75, 455 – Defrenne II Rn. 12 bzw. Rn. 28f.

474 *Forsthoff*, EWS 2000, 389 (390).

475 *Gstaltmeyr*, Bewehrung von EG-Richtlinien, S. 164.

476 *Gstaltmeyr*, Bewehrung von EG-Richtlinien, S. 164.

lich Vertrauensschutz und Rechtssicherheit grundsätzlich eine andere Situation gegeben, als dies bei einer Belastung Privater aus einer Richtlinie der Fall wäre.

Aufgrund dieser Einwände eignet sich Art. 141 EG lediglich begrenzt als Argumentationsgrundlage für eine möglichst umfassende Direktwirkung von Richtlinien.

Etwas differenzierter gestaltet sich dagegen die Beurteilung einer Parallelität zwischen der Direktwirkung von Richtlinien und einer entsprechenden Wirkung des Art. 39 EG (Art. 48 EGV a.F.): Art. 39 EG statuiert die Freizügigkeit der Arbeitnehmer innerhalb der Gemeinschaft (Abs. 1), wobei davon „... die Abschaffung jeder auf der Staatsangehörigkeit beruhenden unterschiedlichen Behandlung der Arbeitnehmer der Mitgliedstaaten in bezug auf Beschäftigung, Entlohnung und sonstige Arbeitsbedingungen" umfasst ist (Abs. 2).

Zwar hat der *EuGH* bereits in der Rechtssache *Walrave und Koch* aus dem Jahr 1974 – sowie später in der Rechtssache *Bosman*[477] – klargestellt, dass „das Verbot der unterschiedlichen Behandlung... nicht nur für Akte der staatlichen Behörden [gilt], sondern [sich]... auch auf sonstige Maßnahmen [erstreckt], die eine kollektive Regelung im Arbeits- und Dienstleistungsbereich enthalten"[478]. Jedoch lagen diesen Judikaten jeweils *kollektive* Regelungen von Verbänden zugrunde, die potentiell staatliche Normen in diesem Bereich ersetzten: In der Rechtssache *Walrave und Koch* ging es um ein Reglement der „Union Cycliste Internationale", einem internationalen Sportverband; die Rechtssache *Bosman* betraf die durch Sportverbände aufgestellten Transferregeln für Fußballer. Folglich lässt sich diesen Entscheidungen kein gesicherter Befund zugunsten einer umfassenden (allgemeinen) Bindung von Privatpersonen an Art. 39 EG entnehmen.[479]

Einen großen Schritt hin zur Klärung der insofern verbliebenen Unklarheiten stellt die Rechtssache *Angonese*[480] dar. In dieser Entscheidung aus dem Jahr 2000 führte der *EuGH* aus, dass das „... in Art. 48 EG (jetzt Art. 39 EG) des Vertrages ausgesprochene Verbot der Diskriminierung aufgrund der Staatsangehörigkeit... somit auch für Privatpersonen [gilt]"[481]. Die herausragende Bedeu-

---

477 EuGHE 1995, Rs. C-415/93, 4921 – Bosman, Rn. 82f. Vgl. dazu u.a. *Wernicke*, Privatwirkung im Europ. Gemeinschaftsrecht, S. 205f.

478 EuGHE 1974, Rs. 36/74, 1405 – Walrave und Koch, Rn. 16ff.

479 Vgl. z.B. die Einschätzung von *Gstaltmeyr*, Bewehrung von EG-Richtlinien, S. 163; *Forsthoff*, EWS 2000, 389 (390).

480 EuGHE 2000, Rs. C-281/98, I-4139 – Angonese.

481 EuGHE 2000, Rs. C-281/98, I-4139 – Angonese, Rn. 36. Vgl. dazu *Forsthoff*, EWS 2000, 389 (390ff.): im Hinblick auf diese abstrakt sowie leitsatzartig formulierte Aussage des *EuGH* von einem „Kraftakt", zu dem der *EuGH* wohl auch künftig stehen werde, sprechend (ebd., S. 390). Siehe auch die eingehende Urteilsanmerkung von *Streinz/Leible*, EuZW 2000, 459ff.

tung der *Angonese*-Entscheidung für die vorliegend zu untersuchende Problematik ergibt sich aus dem ihr zugrunde liegenden Sachverhalt: Denn im Unterschied zu den bereits erläuterten Judikaten waren nicht quasinormative[482] Regelungen einer kollektiven Vereinigung, sondern vielmehr Maßnahmen eines Privaten, nämlich die Ausschreibungsbedingungen einer privaten Bank, Gegenstand des Verfahrens. Daher lässt sich die *Angonese*-Entscheidung des *EuGH* als „Votum" zugunsten einer umfassenden Drittwirkung des Art. 39 EG interpretieren.[483]

B Argumente gegen eine Direktwirkung

Im Folgenden sollen jene Gesichtspunkte näher untersucht werden, die gegen eine Direktwirkung von Richtlinien in dreipoligen Rechtsbeziehungen sprechen.

In diesem Zusammenhang ist zunächst der vom *EuGH* formulierte Begründungsansatz, dem zufolge die Direktwirkungsdoktrin als „Sanktionsmechanismus" gegenüber säumigen Mitgliedstaaten diene, von Interesse. In rein horizontalen Rechtsbeziehungen – also zwischen Privaten – kann dieser Begründungsansatz hingegen nicht überzeugen: Denn in derartigen Konstellationen wird bei Bejahung der Direktwirkung nicht der im Hinblick auf die Umsetzung säumige Staat, sondern vielmehr ein Privater belastet und damit „sanktioniert". Im Rahmen der vorliegenden Untersuchung stellt sich damit die Frage, ob die Funktion der Direktwirkung als „Sanktionsmechanismus" in dreipoligen Konstellationen gleichermaßen sinnentleert wird (I). Unabhängig davon wird gegen eine Direktwirkung in dreipoligen Konstellationen eingewandt, dass anderenfalls die in Art. 249 EG verankerte Unterscheidung zwischen Richtlinien und Verordnungen überflüssig würde (II). Darüber hinaus könnte die – mit einer Bejahung der Direktwirkung einhergehende – Belastung eines Privaten gegen rechtsstaatliche Grundsätze verstoßen: Dabei lässt sich die Frage der Direktwirkung in dreipoligen Rechtsbeziehungen zunächst mit Blick auf den Grundsatz des *Vertrauensschutzes* sowie den Grundsatz der *Rechtssicherheit* – in seiner Ausprägung als

482 Durch die Verwendung des Begriffes *quasi*normativ soll dem Umstand Rechnung getragen werden, dass es sich bei den betreffenden Regelungen nicht um Maßnahmen des Gesetzgebers, sondern vielmehr um Maßnahmen im Rahmen der privatautonomen Rechtssetzung nationaler bzw. internationaler Sportverbände handelt.

483 Vgl. in diesem Zusammenhang *Forsthoff*, EWS 2000, 389 (390ff.): das Ergebnis sei vertretbar, die Begründung durch den *EuGH* jedoch mit Defiziten behaftet (ebd., S. 390). Siehe dazu auch *Michaelis*, NJW 2001, 1841ff.: mit kritischen Anmerkungen hinsichtlich der Argumentation des *EuGH* sowie zu möglichen Auswirkungen dieser Entscheidung auf die Anwendung der Grundfreiheiten (ebd., S. 1842). Kritisch auch *Streinz/Leible*, EuZW 2000, 459 (460f.) sowie *Wernicke*, Privatwirkung im Europäischen Gemeinschaftsrecht, S. 223.

Bestimmtheitsgebot – problematisieren (III). Auch der Grundsatz vom *Vorbehalt des Gesetzes* könnte gegen eine Direktwirkung von Richtlinien zu Lasten Privater sprechen (IV). Dabei wird insbesondere zu untersuchen sein, ob zur Beurteilung der Direktwirkungsproblematik die jeweiligen nationalen Maßstäbe oder der gemeinschaftsrechtliche Grundsatz des Gesetzesvorbehalts heranzuziehen sind. Schließlich lässt sich die Frage der Direktwirkung in dreipoligen Rechtsbeziehungen vor dem Hintergrund des – möglicherweise nicht gewährleisteten – effektiven Rechtsschutzes problematisieren (V). In diesem Zusammenhang wird zu ermitteln sein, welche prozessualen Möglichkeiten dem im Falle einer Direktwirkung belasteten Privaten zur Verfügung stehen, um die aufgrund der behördlichen Entscheidung erfolgte Belastung abzuwehren bzw. die Rechtmäßigkeit der zugrunde liegenden Richtlinie überprüfen zu lassen.

I Das estoppel-Prinzip

Als eines der Hauptargumente gegen die Direktwirkung von Richtlinien wird das aus der englischen *Equity*-Doktrin hervorgegangene *estoppel*-Prinzip angeführt. Hinter diesem Prinzip steht der Grundgedanke, dass niemand von seinem eigenen Fehlverhalten profitieren soll.[484]

Dieser Grundsatz hat im Wege der richterlichen Rechtsfortbildung durch den *EuGH* auch Zugang in das Gemeinschaftsrecht gefunden. So führte der *EuGH* in der Rechtssache *Faccini Dori* aus, mit der Direktwirkung einer Richtliniennorm solle verhindert werden, dass „... der Staat aus seiner Nichtbeachtung des Gemeinschaftsrechts Nutzen ziehen kann“[485]. Mit anderen Worten: Es soll einem Mitgliedstaat verwehrt sein, von der von ihm verantworteten mangelhaften Richtlinienumsetzung auch noch dadurch profitieren zu können, dass er – nunmehr im Verhältnis zum Gemeinschaftsbürger – geltend macht, eine Richtliniennorm müsse zunächst ordnungsgemäß in nationales Recht umgesetzt werden, bevor sich der Gemeinschaftsbürger auf ihren Regelungsgehalt berufen kann.[486] In-

484 *Hartley*, Foundations of EC Law, S. 208: „... no one should profit from his own wrongdoing... “.

485 EuGHE 1994, Rs. C-91/92, I-3325 – Faccini Dori, Rn. 22 unter Hinweis auf EuGHE 1986, Rs. 152/84, 723 – Marshall, Rn. 48ff.

486 Siehe dazu *Lenz*, DVBl 1990, 903 (908). Vgl. allerdings die grundlegende Kritik an einer Heranziehung des *estoppel*-Gedankens als Begründungsansatz für die (eingeschränkte) Direktwirkung von *Manin*, RTDE 1990, 669 (692f.).

sofern stellt das Rechtsinstitut der Direktwirkung einen „Sanktionsmechanismus“ gegenüber dem säumigen Mitgliedstaat dar.[487]

In dreipoligen Konstellationen führt die Bejahung der Direktwirkung zumindest mittelbar auch zu Belastungen bzw. Verpflichtungen eines Privaten. Damit ist zweifelhaft, ob – entsprechend der soeben dargelegten Prämisse – tatsächlich der Mitgliedstaat „sanktioniert“ wird, oder ob nicht vielmehr ein Privater Opfer des „Sanktionsmechanismus“ wird.

In diesem Zusammenhang sind folgende Gesichtspunkte zu berücksichtigen: Zum einen ist der *estoppel*-Gedanke als dogmatische Begründung für das Rechtsinstitut der Direktwirkung vom *EuGH* selbst relativiert worden: Der *EuGH* betont in nunmehr ständiger Rechtsprechung, dass der Begriff des „Staates“ mit Blick auf die Direktwirkung von Richtlinien weit zu fassen sei.[488] Folglich sind auch jene Entitäten vom Staatsbegriff und somit vom Adressatenkreis einer Direktwirkung umfasst, welche letztlich gar keinen Einfluss auf die ordnungsgemäße Umsetzung einer Richtlinie in nationales Recht haben. Mangels entsprechender Einflussmöglichkeiten bedürften diese Stellen daher grundsätzlich auch keiner „Sanktionierung“ mittels einer Direktwirkung. Darüber hinaus ist zu bedenken, dass Richtlinien grundsätzlich zwei unterschiedliche Arten von Verpflichtungen enthalten.[489] Die normative Umsetzungsverpflichtung als solche kann lediglich einem staatlichen Organ – überwiegend der Legislative – obliegen. Davon zu unterscheiden sind jene materiell- und verfahrensrechtlichen Verpflichtungen, welche sich aus dem Regelungsgehalt einzelner Richtliniennormen ergeben: Diese können sowohl an staatliche Entitäten als auch an Private adressiert sein. Auf die letztgenannten – richtlinienimmanenten – Verpflichtungen bezieht sich der *EuGH*, wenn er betont, dass Private nicht unmittelbar aus einer Richtlinie verpflichtet bzw. belastet werden dürfen. Allerdings ist in dreipoligen Rechtsbezie-

---

487 EuGHE 1994, Rs. C-91/92 – Faccini Dori, Rn. 24. Dieser Grundsatz wird in diesem Zusammenhang teilweise gleichbedeutend mit dem Gedanken des *venire contra factum proprium* verwendet.

488 Vgl. z.B. EuGHE 1986, Rs. 152/84, 723 – Marshall; EuGHE 1990, Rs. C-188/89, I-3313 – Foster; EuGHE 1997, verb. Rs. C-253/96 bis C-258/96, I-6907 – Kampelmann, Rn. 46.

489 Vgl. u.a. *Betlem*, The Columbia Journal of European Law 1994/95, 469 (481): zwischen „binding force“ und „legal effects“ einer Richtlinie unterscheidend. Differenzierend auch *Prechal*, Directives in EC Law, S. 65; *Gellermann*, Beeinflussung des bundesdeutschen Rechts, S. 157; *Kadelbach*, Allgemeines Verwaltungsrecht unter europäischem Einfluss, S. 76.

hungen auch diese Verpflichtung nicht an ein Individuum, sondern naturgemäß an eine staatliche Verwaltungsbehörde adressiert.[490]

Vor diesem Hintergrund lässt sich feststellen, dass das eingangs erwähnte *estoppel*-Prinzip in dreipoligen Konstellationen nicht sinnentleert wird und folglich nicht gegen eine Direktwirkung in derartigen Konstellationen spricht: Denn sowohl die normative Umsetzungsverpflichtung als solche als auch etwaige richtlinienimmanente Verpflichtungen obliegen einer staatlichen Entität. Allein diese staatliche Entität ist in dreipoligen Rechtsbeziehungen unmittelbarer Adressat des von der Direktwirkung ausgelösten „Sanktionsmechanismus".

II Die Systematik des Art. 249 EG

Gegen eine Ausweitung der Direktwirkung auf dreipolige Konstellationen wird darüber hinaus vorgebracht, dass anderenfalls die in Art. 249 EG verankerte Unterscheidung zwischen Richtlinien und Verordnungen überflüssig würde.[491]

Einer derartigen Argumentation lässt sich zunächst entgegenhalten, dass die unmittelbare Wirkung von Richtlinien – im Gegensatz zu Verordnungen – in doppelter Hinsicht lediglich einen Ausnahmefall darstellt: In zeitlicher Hinsicht kommt dieses Rechtsinstitut bei Richtlinien allein nach Ablauf der Umsetzungsfrist zur Anwendung. Zudem sind – anders als bei Verordnungen – nicht sämtliche Bestimmungen einer Richtlinie unmittelbar wirksam. Vielmehr beschränkt sich die Direktwirkung auf jene Richtliniennormen, welche die entsprechenden Voraussetzungen erfüllen.[492] Darüber hinaus führt eine Bejahung der Direktwirkung einzelner Richtliniennormen nicht dazu, dass der säumige Mitgliedstaat von der Umsetzungspflicht als solcher befreit wird.[493] Mit anderen Worten: Im Unterschied zu Verordnungen, die grundsätzlich keiner weiteren Umsetzung in nationales Recht bedürfen, bleibt die Pflicht zur *normativen* Umsetzung einer Richtlinie auch im Falle ihrer Direktwirkung weiterhin bestehen. Demzufolge wird der

---

490 *Jans*, European Environmental Law, S. 173; *Kühling/Röckinghausen*, DVBl 1999, 1614 (1618). Kritisch dazu *Lackhoff/Nyssens*, ELRev 1998, 397 (405): „... rather formalistic view... „.

491 Vgl. insbesondere *Claßen*, Nichtumsetzung von Gemeinschaftsrichtlinien, S. 83ff.; wohl auch *Gassner*, in: FS Oppermann, S. 503 (520): in diesem Zusammenhang den Begriff des „gemeinschaftsrechtlichen Normentypenvorbehalts" verwendend.

492 Siehe zu den Voraussetzungen der Direktwirkung ausführlich Kap. 1 C.

493 *Everling*, RIW 1992, 379 (380) m.w.N.; *Brechmann*, Die richtlinienkonforme Auslegung, S. 17; *Craig*, ELRev 1997, 519 (523f.); *Lenz*, in: Mélanges Schockweiler, S. 371 (375); *Rörig*, Die Direktwirkung von Richtlinien in Privatrechtsverhältnissen, S. 29f.. Zumindest unverständlich insofern *Claßen*, Nichtumsetzung von Gemeinschaftsrichtlinien, S. 83f.

in Art. 249 EG verankerte Unterschied zwischen Richtlinien und Verordnungen auch im Falle einer weiteren Ausweitung der Direktwirkungsdoktrin auf dreipolige Konstellationen nicht aufgehoben.

III Der Grundsatz des Vertrauensschutzes und der Rechtssicherheit

Im Folgenden soll untersucht werden, ob eine Bejahung der Direktwirkung in dreipoligen Rechtsbeziehungen mit dem Grundsatz des *Vertrauensschutzes* sowie mit dem Grundsatz der *Rechtssicherheit* – in seiner Ausprägung als *Bestimmtheitsgebot* – vereinbar ist: Denn die Zulässigkeit einer Direktwirkung könnte daran scheitern, dass Belastungen eines Privaten, die bei Bejahung der Direktwirkung eintreten, mit Blick auf die genannten Grundsätze nicht tragbar sind. Die Grundsätze des *Vertrauensschutzes* und der *Rechtssicherheit* sind als allgemeine Rechtsgrundsätze des Gemeinschaftsrechts anerkannt[494] und hinsichtlich ihrer Zielrichtung eng miteinander verknüpft.[495]

1. Der Grundsatz des Vertrauensschutzes

Der Grundsatz des *Vertrauensschutzes* ist vom *EuGH* bislang vor allem im Rahmen der Anwendung von Verordnungen sowie im Bereich der Rückforderung gemeinschaftswidriger staatlicher Beihilfen konkretisiert worden. So stellte der *EuGH* im Hinblick auf die Anwendung von Verordnungen klar, dass ein schutzwürdiges Vertrauen gegenüber nachteiligen Gesetzesänderungen bei bereits getroffenen und nicht ohne Verlust rückgängig zu machenden Vermögensdispositionen jedenfalls dann ausgeschlossen sei, wenn die Änderung *vorherseh-*

---

494 Siehe zum Grundsatz der Rechtssicherheit z.B. EuGHE 1962, Rs. 13/61, 97 – Bosch, S. 113. Vgl. *Pernice*, in: *Grabitz/Hilf*, Kommentar zur Europäischen Union, Art. 164 EGV Rn. 89f. m.w.N. zur inhaltlichen Ausgestaltung dieses Grundsatzes durch die *EuGH*-Rechtsprechung. Speziell zum Bestimmtheitsgebot siehe EuGHE 1981, Rs. 169/80, 1931 – Gondrand Frères, Rn. 17: „... der Grundsatz der Rechtssicherheit verlangt, dass eine den Abgabepflichtigen belastende Regelung klar und deutlich ist, damit er seine Rechte und Pflichten unzweideutig erkennen und somit seine Vorkehrungen treffen kann...“. Vgl. zum Vertrauensschutzaspekt z.B. EuGHE 1999, Rs. C-60/98, I-3939 – Butterfly Music, Rn. 25.

495 *Pernice*, in: *Grabitz/Hilf*: Kommentar zur Europäischen Union – Art. 164 EGV Rn. 93 m.w.N., insbesondere unter Hinweis auf EuGHE 1973, Rs. 1/73, 723 – Westzukker, S. 731.

bar war.[496] Ein ähnlicher Befund dürfte für eine Änderung der nationalen Rechtslage infolge der Umsetzung von Richtlinien gelten.

Zwar zeichnet sich die Situation im Falle einer *Direktwirkung* von Richtliniennormen gerade durch den Umstand aus, dass noch keine nachteilige Änderung der (nationalen) Gesetzeslage vorgenommen wurde. Gleichwohl ist diese rechtliche Situation mit der vom *EuGH* beurteilten Anwendung von Verordnungen insofern vergleichbar, als jeweils das Vertrauen eines Privaten in Frage steht, nicht mit zusätzlichen Belastungen konfrontiert zu werden, sofern sich dieser – im Rahmen des derzeit geltenden nationalen Rechts – rechtmäßig verhält.

Dieser temporäre Unterschied stellt sich aus Sicht des Privaten, der potentiell aus einer Richtliniennorm *belastet* wird, wie folgt dar: Grundsätzlich ist für die Umsetzung von Richtlinien in nationales Recht eine Umsetzungsfrist vorgesehen.[497] Während jedoch im Falle einer ordnungsgemäßen Umsetzung die (nachteilige) Änderung der nationalen Rechtslage regelmäßig *vor* Ablauf der Umsetzungsfrist vollzogen wird, erfolgt im Falle einer Direktwirkung die „Konfrontation" mit dem Regelungsgehalt der Richtlinie *erst nach* Ablauf dieser Frist. Demnach hat der betroffene Private in der Direktwirkungskonstellation regelmäßig mehr Zeit, sich auf potentielle Belastungen einzustellen. Gleichzeitig sind sowohl die Änderung der Rechtslage im Falle einer ordnungsgemäßen Umsetzung als auch die „Konfrontation" mit der Richtliniennorm kraft Direktwirkung für den potentiell Betroffenen *vorhersehbar*: Denn infolge der durch den Maastricht-Vertrag vorgenommenen Änderung des Art. 191 EGV a.F. (vgl. Art. 254 EG) sind Richtlinien nunmehr veröffentlichungspflichtig.[498] Ab dem Zeitpunkt der Veröffentlichung ist es dem Privaten möglich, sich über mögliche Auswirkungen

---

496 *Pernice*, in: *Grabitz/Hilf*: Kommentar zur Europäischen Union – Art. 164 EGV Rn. 98 m.w.N. aus der Rechtsprechung des *EuGH*.

497 Die Dauer beträgt regelmäßig 2 Jahre oder länger.

498 Vgl. dazu auch *Langenfeld*, DÖV 1992, 955 (957); GA *Lenz*, Schlussantrag vom 9. 2. 1994, zu EuGHE 1994, Rs. C-94/92, I-3325 – Faccini Dori, Rn. 64, wobei GA *Lenz* sogar davon ausging, dass der *EuGH* nach In-Kraft-Treten des Maastricht-Vertrages seine Rechtsprechung zur horizontalen Direktwirkung von Richtlinien aufgeben würde (vgl. ebd., Rn. 66). Siehe zur Problematik auch *Kühling/Röckinghausen*, DVBl 1999, 1614 (1618). Ein anderer Befund ist auch dann nicht gerechtfertigt, wenn die ursprüngliche Richtlinie vor Neufassung des Art. 254 EG erlassen wurde, und entsprechende Änderungen der Richtlinie nach diesem Zeitpunkt vorgenommen wurden – denn für die betreffenden Änderungsrichtlinien gilt die Veröffentlichungspflicht gleichermaßen (vgl. dagegen *Mastroianni*, EPL 1999, 417 (431)). Auch GA *Lenz* differenziert hinsichtlich einer (horizontalen) Direktwirkung zwischen Richtlinien, die vor bzw. nach der Vertragsänderung von Maastricht veröffentlicht wurden (*ders.*, in: Mélanges Schockweiler, S. 371 (378) sowie sein Schlussantrag vom 9. 2. 1994, zu EuGHE 1994, Rs. C-94/92, I-3325 – Faccini Dori, Rn. 64).

der Richtlinie zu informieren, und sich entsprechend auf die Änderung der nationalen Rechtslage bzw. eine direkte Konfrontation mit der Richtliniennorm einzustellen. Er muss insofern damit rechnen, *spätestens nach Ablauf* der Umsetzungsfrist mit dem Regelungsgehalt der betreffenden Richtliniennorm konfrontiert zu werden – in Abhängigkeit vom Stand der Umsetzung: entweder in Form der geänderten nationalen Rechtslage oder in Form der einschlägigen Richtliniennorm.

Verwehrt man dem potentiell Betroffenen im Falle einer *ordnungsgemäßen* Richtlinienumsetzung ein schutzwürdiges Vertrauen auf den Bestand der nationalen Rechtslage, so kann ein derartiges Vertrauen erst recht nicht zeitlich gesehen *später* – nämlich *nach Ablauf* der Umsetzungsfrist kraft Direktwirkung – als schutzwürdig angesehen werden. Das Vertrauen eines Privaten auf die Beibehaltung eines *status quo* für den Fall, dass er sich im Rahmen seiner mitgliedstaatlichen Rechtsordnung rechtmäßig verhält, ist demnach nicht schutzwürdig.[499] Dies gilt umso mehr, als sich dieser Vertrauenstatbestand auf die Beibehaltung einer *gemeinschaftsrechtswidrigen* Rechtslage bezieht: So hat der *EuGH* im Bereich der Rückforderung gemeinschaftsrechtswidriger Beihilfen bereits mehrfach klargestellt, dass ein derartiges Vertrauen von vornherein nicht als schutzwürdig angesehen werden kann.[500]

2. *Der Grundsatz der Rechtssicherheit*

Allerdings schließt der soeben aufgezeigte Befund nicht aus, dass eine Bejahung der Direktwirkung in dreipoligen Konstellationen möglicherweise gegen den Grundsatz der *Rechtssicherheit* – in seiner Ausprägung als *Bestimmtheitsgebot* – verstößt. Grundgedanke des in allen demokratischen Rechtsordnungen verankerten *Bestimmtheitsgebots* ist unter anderem, dass der Bürger lediglich durch eine Regel gebunden sein kann, deren verbindliche Wirkung er mit genügender Sicherheit erkennen konnte.[501]

Der *EuGH* verknüpft die Ablehnung einer Direktwirkung in rein horizontalen Beziehungen regelmäßig mit der Formulierung, dass Private nicht unmittelbar aus einer Richtlinie verpflichtet werden können.[502] Dahinter verbirgt sich wohl

---

499 Vgl. mit Blick auf die horizontale Direktwirkung auch GA *Lenz*, Schlussantrag vom 9. 2. 1994, zu EuGHE 1994, Rs. C-94/92, I-3325 – Faccini Dori, Rn. 64.

500 Vgl. z.B. EuGHE 1997, Rs. C-24/95, I-1591 – Alcan, Rn. 34ff.

501 Ähnlich *Schockweiler*, in: FS Everling Bd. II, S. 1315 (1324). Vgl. zu den Ausprägungen des Bestimmtheitsgebotes auf der Gemeinschaftsebene auch *Schilling*, EuGRZ 2000, 3 (19) m.w.N.

502 EuGHE 1986, Rs. 152/84, 723 – Marshall I, Rn. 48; EuGHE 1987, Rs. 14/86, 2545 – Pretore di Salò/X, Rn. 19; EuGHE 1987, Rs. 80/86, 3969 – Kolpinghuis Nijmegen, Rn. 8; EuGHE 1990, Rs. C-221/88, I-49 – Busseni, Rn. 23; EuGHE 1990, Rs.

auch der Gedanke, dass es Privatpersonen nicht zugemutet werden soll, in teilweise komplexe Überlegungen dahingehend einzusteigen, welche konkreten Pflichten sich für sie aus der Richtlinie ergeben.[503]

Diese für rein horizontale Rechtsbeziehungen zutreffende Überlegung lässt sich jedoch nicht auf dreipolige Rechtsbeziehungen übertragen: Denn in derartigen Konstellationen ist regelmäßig eine nationale Verwaltungsbehörde unmittelbarer Adressat der in einer Richtliniennorm enthaltenen Verpflichtung.[504] Dieser staatlichen Entität obliegt insofern auch die Prüfung, welche konkreten Verpflichtungen bzw. Belastungen einem Privaten – in Erfüllung der richtlinienimmanenten staatlichen Verpflichtung – aufzuerlegen sind. Die Belastung bzw. Verpflichtung des Privaten erfolgt insofern zumindest in *formaler* Hinsicht durch eine Maßnahme der nationalen Verwaltung. Vor diesem Hintergrund dürfte die notwendige *Rechtssicherheit* in dreipoligen Konstellationen gewährleistet sein.[505]

IV Der Grundsatz vom Vorbehalt des Gesetzes

Allerdings führt der Umstand, dass in dreipoligen Rechtsbeziehungen regelmäßig eine staatliche Entität als *Adressat der richtlinienimmanenten Verpflichtung* „zwischengeschaltet" ist, nicht zwangsläufig zu dem Befund, dass sämtliche Belastungen Privater lediglich *mittelbarer* Natur sind.[506] Vielmehr sind auch in dreipoligen Rechtsbeziehungen Szenarien denkbar, in denen ein Privater – bei Bejahung der Direktwirkung – mit *unmittelbaren* Belastungen aus einer Richtliniennorm konfrontiert wird.[507] Vor diesem Hintergrund lässt sich eine Bejahung der Direktwirkung auch unter Heranziehung des Grundsatzes vom *Vorbehalt des Gesetzes* problematisieren: Dabei stellt sich insbesondere die Frage, ob Richtliniennormen eine ausreichende Ermächtigungsgrundlage für Belastungen eines Privaten darstellen.

C-106/89, I-4135 – Marleasing, Rn. 6; EuGHE 1997, Rs. C-97/96, I-6843 – Daihatsu, Rn. 24.

503 *Herdegen*, Europarecht, Rn. 185; *Kühling/Röckinghausen*, DVBl 1999, 1614 (1618).

504 Vgl. auch *Kühling/Röckinghausen*, DVBl 1999, 1614 (1618).

505 *Kühling/Röckinghausen*, DVBl 1999, 1614 (1618).

506 A.A. *Epiney*, ZUR 1996, 229 (232f.); *Kühling/Röckinghausen*, DVBl 1999, 1614 (1618).

507 Vgl. dazu ausführlich Kap. 6 B III.

1. Der Gesetzesvorbehalt des nationalen Rechts[508]

Teilweise wird die Zulässigkeit von Belastungen Privater aufgrund einer Richtliniennorm aus dem Blickwinkel des nationalen Rechts betrachtet und – primär im Hinblick auf den Gesetzesvorbehalt des *deutschen* Rechts – problematisiert.[509] So verweist beispielsweise *Christiane Claßen* auf die Rechtsprechung des *BVerfG*, der zufolge die vollziehende Gewalt im Bereich der Eingriffsverwaltung lediglich dann tätig werden dürfe, wenn die entsprechende Befugnis in einem formellen Gesetz verankert ist.[510] Dabei kommt *Claßen* zu dem Befund, dass EG-Richtlinien diesen Anforderungen nicht genügen, und eine Direktwirkung in dreipoligen Rechtskonstellationen demnach verneint werden müsse.[511]

Diese Position vermag jedoch in mehrfacher Hinsicht nicht zu überzeugen. Zunächst wird eine derart pauschale Betrachtung dreipoliger Rechtsbeziehungen der Vielschichtigkeit der Belastungsproblematik in derartigen Konstellationen nicht gerecht: Denn die Belastungen Privater, welche sich als Folge einer Bejahung der Direktwirkung ergeben können, sind in dreipoligen Konstellationen höchst unterschiedlicher Natur.[512] Zwar wurde eingangs die These vertreten, dass eine *unmittelbare materiellrechtliche* Belastung Einzelner – ungeachtet der „Zwischenschaltung" einer staatliche Entität – auch in dreipoligen Konstellationen denkbar ist.[513] Dieser Befund führt jedoch nicht dazu, dass sämtliche Belas-

---

508 Die Problematik des Gesetzesvorbehalts wird im vorliegenden Zusammenhang – soweit ersichtlich – ausschließlich mit Blick auf den *deutschen* Gesetzesvorbehalt bzw. sein gemeinschaftsrechtliches Pendant problematisiert. Gleichwohl ist zu berücksichtigen, dass diese Problematik – bei Anwendung des (jeweiligen) *nationalen* Maßstabes – von Mitgliedstaat zu Mitgliedstaat variieren würde.

509 Vgl. dazu *Papier*, DVBl 1993, 809 (811ff.); *Adamek*, EG-Richtlinien im Umweltrecht, S. 798ff.; *Becker* 1997, 588 (595); *Claßen*, Nichtumsetzung von Gemeinschaftsrichtlinien, S. 84f.; *Schwartmann/Maus*, EuZW 2000, 74 (77); nicht ganz eindeutig: *Pieper*, DVBl 1990, 684 (688).

510 *Claßen*, Nichtumsetzung von Gemeinschaftsrichtlinien, S. 84f. unter Hinweis auf BVerfGE 33, 1 (10f.); BVerfGE 47, 46 (78ff.); BVerfGE 49, 89 (126f.); BVerfGE 57, 295 (320f.); BVerfGE 58, 257 (268ff.).

511 *Claßen*, Nichtumsetzung von Gemeinschaftsrichtlinien, S. 85.

512 Die Vielfältigkeit der Belastungen, welche bei einer Direktwirkung von Richtlinien in dreipoligen Konstellationen auftreten könnten, verkennt auch *Ulrich M. Gassner* (*ders.*, in: FS Oppermann, S. 503 (522)), wenn er Verpflichtungen und Belastungen Privater durch nicht b.z.w. nur mangelhaft umgesetzte Richtlinienbestimmungen mit „finalen Grundrechtsbeeinträchtigungen" gleichsetzt. Ausgehend von dieser Prämisse kommt *Gassner* zu dem Befund, dass „ [d]ie vom effet utile-Gedanken geprägte Rechtsprechung des EuGH zur unmittelbaren Wirkung von Richtlinien... an ihrer Grundrechtsblindheit und mangelnden Sensibilität für rechtsstaatliche Verbürgungen" kranke (*ders.*, aaO, S. 539).

513 Vgl. dazu ausführlich Kap. 6 B III.

tungen, die in dreipoligen Konstellationen auftreten, *unmittelbarer* sowie *materiellrechtlicher* Natur sind. Beispielhaft kann insofern auf die Judikate des *EuGH* zur Direktwirkung der UVP-Richtlinie verwiesen werden. Gemäß Art. 4 Abs. 2 i.V.m. Art. 2 Abs. 1 UVP-Richtlinie ist die zuständige nationale Behörde verpflichtet, vor Genehmigung bestimmter Vorhaben eine Umweltverträglichkeitsprüfung durchzuführen. Für den betroffenen Anlagenbetreiber ergibt sich aus dem Regelungsgehalt dieser Normen allenfalls die Pflicht zur Duldung der Durchführung einer UVP durch die Behörde bzw. die Pflicht zur Beibringung weiterer Unterlagen. Der Umstand, dass dieses – im Vergleich zum nationalen Recht möglicherweise zusätzliche – Verfahrenserfordernis im Ergebnis zur Ablehnung des Antrages auf Genehmigungserteilung oder gar zur Aufhebung einer bereits erteilten Genehmigung führen kann, lässt sich zumindest nicht mehr als unmittelbare richtlinienimmanente Belastung einordnen. Gleichzeitig deuten die Ausführungen des *EuGH* in der Rechtssache *Kraaijeveld*[514] darauf hin, dass sich die Entscheidung darüber, ob beispielsweise die Genehmigung aufgehoben oder eine Auflage erteilt wird, falls nachträglich erhebliche Auswirkungen auf die Umwelt festgestellt werden, grundsätzlich nach Maßgabe des jeweiligen nationalen Rechts bestimmt.[515] Demnach wird auch die Ermächtigungsgrundlage für eine derartige *materiellrechtliche* Belastung des Anlagenbetreibers dem nationalen Recht zu entnehmen sein.[516] Vor diesem Hintergrund dürfte – zumindest mit Blick auf so genannte *mittelbare*[517] Belastungen Privater – ein Verstoß gegen den *deutschen Gesetzesvorbehalt* zu verneinen sein.

Ungeachtet dieser Bedenken gegenüber einer pauschalen Beurteilung der Problematik scheinen aber auch grundsätzliche Zweifel bezüglich einer Heranziehung des *deutschen Gesetzesvorbehaltes* angebracht zu sein. Entsprechende Zweifel ergeben sich, wenn man bedenkt, dass nach ständiger Rechtsprechung des *EuGH* (auch) die Mitgliedstaaten an die Gemeinschaftsgrundrechte als Teil der allgemeinen Rechtsgrundsätze gebunden sind, sofern sie „im Bereich des Gemeinschaftsrechts“[518] tätig werden. Dies ist unter anderem dann der Fall, wenn mitgliedstaatliche Entitäten Gemeinschaftsrecht administrativ vollziehen.[519]

514 EuGHE 1996, Rs. C-72/95, I-5403 – Kraaijeveld.

515 Vgl. dazu 3. Kap. B II 1b.

516 Im deutschen Recht dienen die §§ 48ff. VwVfG bzw. die entsprechenden spezialgesetzlichen Regelungen als Ermächtigungsgrundlage für die Aufhebung der Genehmigung. Auch für die Auflagenerteilung existieren – je nach Bereich – entsprechende spezialgesetzliche Regelungen.

517 Vgl. zum Begriff der *(Un-)mittelbarkeit* ausführlich Kap. 6 B III.

518 EuGHE 1991, Rs. C-260/89, S. 2925ff. – ERT, Rn. 42. Siehe zur Problematik im Allgemeinen *Streinz*, Europarecht, Rn. 368.

519 Vgl. EuGHE 1989, Rs. 5/88, S. 2609 – Wachauf, Rn. 19. In diesem Zusammenhang wird teilweise von einer „Auftragssituation“ gesprochen (vgl. *Schilling*, EuGRZ

Wenngleich noch Unklarheiten im Hinblick auf den konkreten Umfang der vom *EuGH* postulierten Bindungswirkung bestehen,[520] so dürfte diese jedenfalls in der hier interessierenden Konstellation zu bejahen sein: Denn die Anwendung unmittelbar wirksamer Richtliniennormen durch nationale Verwaltungsbehörden stellt eine Form des *indirekten unmittelbaren* Vollzuges dar.[521] Dabei ist klarzustellen, dass der *EuGH* die soeben beschriebene Bindungswirkung nicht nur mit Blick auf die „klassischen" Grundrechte (z.B. das Eigentumsrecht), sondern auch hinsichtlich der allgemeinen Grundsätze des Rechts (z.B. Vertrauensschutz, Verhältnismäßigkeit usw.) statuiert hat.[522]

2. *Der gemeinschaftsrechtliche Gesetzesvorbehalt*

Vor diesem Hintergrund vermag eine Beurteilung der Direktwirkungsproblematik am Maßstab des *gemeinschaftsrechtlichen Gesetzesvorbehalts* mehr zu überzeugen.[523]

In diesem Zusammenhang ist die Rechtssache *Hoechst*[524] aus dem Jahr 1989 von grundsätzlicher Bedeutung: Denn in dieser Entscheidung führte der *EuGH* aus, dass „... in allen Rechtsordnungen der Mitgliedstaaten Eingriffe der öffentlichen Gewalt in die Sphäre der privaten Betätigung jeder – natürlichen oder juristischen – Person einer Rechtsgrundlage [bedürfen] und... aus den gesetzlich vor-

---

2000, 3 (8). Siehe zur sog. „Vorbehaltssituation" (ebd., S. 8) z.B. EuGHE 1997, Rs. C-368/95, I-3689 – Familiapress, Rn. 24.

520 Siehe zur Diskussion um den Umfang einer Bindung der Mitgliedstaaten an allgemeine Rechtsgrundsätze des Gemeinschaftsrechts *Suerbaum*, VerwArch 2000, 169 (187) m.w.N.

521 Vgl. zur Typologie des Verwaltungsvollzuges von Gemeinschaftsrecht u.a. *Rengeling*, VVDStRL 53 (1994), 202 (205ff.). Siehe auch die entsprechende Klassifizierung von unmittelbar wirksamen Richtliniennormen bei *Schmidt-Aßmann*, in: *ders./Hoffmann-Riem*, Strukturen des Europäischen Verwaltungsrechts, S. 32. Vgl. auch *Pernice/Kadelbach*, DVBl 1996, 1100ff.: eine Bindung der Mitgliedstaaten an die Gemeinschaftsgrundrechte jedenfalls im Falle des *indirekten unmittelbaren* Vollzuges bejahend (ebd., S. 1110).

522 Vgl. insofern z.B. EuGHE 1980, verb. Rs. 41/79, 121/79 und 796/79, S. 1979 – Testa u.a., Rn. 21: nationale Behörden haben bei der Ausübung des Ermessens, das ihnen durch eine EG-Verordnung eingeräumt ist, den Grundsatz der Verhältnismäßigkeit als allgemeinen Grundsatz der Gemeinschaft zu beachten.

523 So auch *Gellermann*, Beeinflussung des bundesdeutschen Rechts, S. 183f.; *Royla/Lackhoff*, DVBl 1998, 1116 (1120); *Engelsberger*, Empirische Umfrage, S. 123. Vgl. zum gemeinschaftsrechtlichen Gesetzesvorbehalt auch *Schwarze*, Europäisches Verwaltungsrecht, Bd. I, S. 201ff.; *Papier*, DVBl 1993, 809 (812); *Ukrow*, NJW 1994, 2469ff.

524 EuGHE 1989, verb. Rs. 46/87 und 227/88, S. 2859 – Hoechst.

gesehenen Gründen gerechtfertigt sein [müssen]; diese Rechtsordnungen sehen daher, wenn auch in unterschiedlicher Ausgestaltung, einen Schutz gegen willkürliche oder unverhältnismäßige Eingriffe vor. Das Erfordernis eines solchen Schutzes ist folglich als allgemeiner Grundsatz des Gemeinschaftsrechts anzuerkennen... "[525].

Analysiert man die Ausführungen des *EuGH* bezüglich der inhaltlichen Ausgestaltung des gemeinschaftsrechtlichen Gesetzesvorbehalts, so lassen sich zunächst folgende Gesichtspunkte festhalten: Eingriffe der öffentlichen Gewalt in die Sphäre Privater bedürfen einer Rechtsgrundlage. Gleichzeitig müssen derartige Eingriffe aus gesetzlichen Gründen gerechtfertigt sein (s.o.). Allerdings erkennt der *EuGH* hinsichtlich der *Ausgestaltung* des Gesetzesvorbehalts explizit Divergenzen zwischen den einzelnen Mitgliedstaaten an (s.o.). Als mögliche Parameter kommen vor allem unterschiedlich redigierte Anforderungen an die *Regelungsdichte* der betreffenden Rechtsgrundlage sowie eine unterschiedliche Ausgestaltung der *Rechtfertigungsgründe* in Betracht. Demnach dürften an den *gemeinschaftsrechtlichen Gesetzesvorbehalt* – insbesondere im Vergleich zu dem entsprechenden Grundsatz des deutschen Rechts – weniger strenge Anforderungen zu stellen sein.[526]

Ungeachtet bestehender Divergenzen ist allerdings allen mitgliedstaatlichen Rechtsordnungen der Gedanke des Schutzes gegen *willkürliche und unverhältnismäßige* Eingriffe gemein (s.o.). Für Gemeinschaftsrechtsakte, die als Rechtsgrundlage für hoheitliches Handeln herangezogen werden, lässt sich diesem Gedanken eine *Mindestanforderung* dergestalt entnehmen, dass ein willkürlicher bzw. unverhältnismäßiger Eingriff in die Rechtssphäre Privater ausgeschlossen sein muss. Ein willkürliches hoheitliches Handeln dürfte zumindest dann ausgeschlossen sein, wenn der Regelungsgehalt der betreffenden Rechtsgrundlage *hinreichend bestimmt* formuliert ist. Damit einher geht ein gewisses Maß an *Vorhersehbarkeit* hoheitlichen Handelns für den Bürger. Darüber hinaus gehende konkrete Anhaltspunkte im Hinblick auf die Regelungsdichte der – auch aus gemeinschaftsrechtlicher Sicht grundsätzlich erforderlichen – Rechtsgrundlage für (belastendes) hoheitliches Handeln lassen sich der *Hoechst*-Entscheidung indes nicht entnehmen.

Vor diesem Hintergrund kann dem Typus Richtlinie nicht vornherein das „Potential“ für eine – den Anforderungen des gemeinschaftsrechtlichen Geset-

---

525 EuGHE 1989, verb. Rs. 46/87 und 227/88, S. 2859 – Hoechst, Rn. 19.

526 Vgl. auch *Gellermann*, Beeinflussung des bundesdeutschen Rechts, S. 183ff.: allerdings für eine Abschwächung des *deutschen* Gesetzesvorbehalts plädierend (ebd., S.185).

zesvorbehalts genügende – Rechtsgrundlage abgesprochen werden.[527] Dies gilt umso mehr, als ohnehin lediglich diejenigen Richtliniennormen als Grundlage für Belastungen Privater kraft Direktwirkung in Betracht kommen, welche eine bestimmte Regelungsdichte aufweisen: Sie müssen *hinreichend konkret* und *unbedingt* formuliert sein. Wenig überzeugend ist daher auch eine Verneinung der Direktwirkung, welche damit begründet wird, dass in Grundrechte der Marktbürger „... nur in einem rechtstaatlich geordneten Verfahren eingegriffen werden [darf]. Sofern es sich – wie im Falle der Richtlinie – um ein zweigestuftes Rechtssetzungsverfahren handelt, müssen beide Stufen des Verfahrens durchlaufen werden, bevor die einen Privaten belastende Wirkung einer Richtlinienbestimmung sich entfalten kann... "[528]. Ein derartiges Erfordernis lässt sich aus der oben dargelegten *EuGH*-Rechtsprechung – zumindest mit Blick auf ihren gegenwärtigen Stand – nicht ableiten.

Bei einer weiteren inhaltlichen Ausgestaltung des *gemeinschaftsrechtlichen Gesetzesvorbehaltes* scheint vor allem eine Orientierung an der spezifischen Form der Gesetzgebung auf der Gemeinschaftsebene geboten zu sein.[529] So wäre beispielsweise zu berücksichtigen, dass auf europäischer Ebene – zumindest zum jetzigen Zeitpunkt – kein parlamentarischer Gesetzgeber agiert, welcher im Hinblick auf seine Funktionen sowie seine demokratische Legitimation mit den Parlamenten der einzelnen Mitgliedstaaten vergleichbar ist. Vor diesem Hintergrund dürfte eine Übertragung nationaler Topoi, wie etwa der deutschen „Wesentlichkeitstheorie"[530], für eine Beurteilung der Legitimation von Maßnahmen des Gemeinschaftsrechts wenig geeignet sein.

Auch *Claus Dieter Classen* gibt zu Bedenken, dass weder ein „... Verharren in nationalstaatlichen Denkstrukturen... noch eine phantasielose Übertragung staatlicher Strukturen auf die EG dem Phänomen der europäischen Integration angemessen Rechnung tragen [können] ... "[531]. Bei einer „originär gemeinschaftsrechtlichen Lösung"[532] wäre beispielsweise dem Umstand Rechnung zu tragen, dass das vielerorts kritisierte „demokratische Defizit"[533] der Gemeinschaft, wel-

527 A.A. *Stollberg*, Der Städtetag 1989, 515 (517); *Molkenbur*, Normenharmonisierung, S. 61; *Papier*, FS Friauf, S.105 (131); *Royla/Lackhoff*, DVBl 1998, 1116 (1118).

528 So jedenfalls mit Blick auf die sog. horizontale Direktwirkung *Ukrow*, NJW 1994, 2469 (2469); ähnlich *Engelsberger*, Empirische Umfrage, S. 123; *Papier*, DVBl 1993, 809 (811); *ders.*, FS Friauf, S. 105 (130); *Gassner*, in: FS Oppermann, S. 503 (522): ausdrücklich auch bezogen auf dreipolige Konstellationen.

529 Vgl. auch *Kingreen*, JuS 2000, 857 (863).

530 So aber z.B. *Pieper*, DVBl 1990, 684 (688).

531 *Classen*, AöR 1994, 238 (259) – Ergänzung durch die Verfasserin.

532 *Kingreen*, JuS 2000, 857 (863).

533 Vgl. zur Diskussion um die demokratische Legitimation des europäischen Integrationsprozesses z.B. *Classen*, AöR 1994, 238ff. m.w.N.

ches primär auf die mangelnde unmittelbare Legitimation zurückzuführen ist, durch eine Betonung rechtsstaatlicher Elemente zumindest reduziert werden kann.[534]

3. Zusammenfassung

Zusammenfassend lässt sich Folgendes zur Problematik des Gesetzesvorbehaltes feststellen: Der jeweilige nationale Grundsatz vom Vorbehalt des Gesetzes findet bei einer Beurteilung der Direktwirkung von Richtlinien keine Anwendung. Vielmehr ist allein der *gemeinschaftsrechtliche Gesetzesvorbehalt* als Beurteilungsmaßstab heranzuziehen. In seiner derzeitigen inhaltlichen Ausgestaltung steht dieser Grundsatz einer Direktwirkung von Richtlinien in dreipoligen Rechtsbeziehungen grundsätzlich nicht entgegen.[535]

V Die Rechtsweggarantie und der Grundsatz des effektiven Rechtsschutzes

Die Frage der Direktwirkung in dreipoligen Rechtsbeziehungen lässt sich schließlich mit Blick auf den – möglicherweise nicht gewährleisteten – ausreichenden Rechtsschutz des *belasteten* Privaten problematisieren.[536] Der Grundsatz des *effektiven Rechtsschutzes* stellt einen allgemeinen Rechtsgrundsatz des Gemeinschaftsrechts dar. Er besagt, dass „... die Mitgliedstaaten den erforderlichen gerichtlichen Schutz der Rechte sicherzustellen haben, die den Gemeinschaftsangehörigen aufgrund des EG-Vertrages zustehen... “.[537]

---

534 Vgl. dazu *Rengeling*, VVDStRL 53 (1994), 202 (223). Ein ähnlicher Ansatz wird von *Peter L. Lindseth* (*ders.*, CLR 1999, 628 (636f.) vertreten: Er misst der Europäischen Gemeinschaft eine primär *administrative* Bedeutung bei und untersucht unter dieser Prämisse Möglichkeiten einer Legitimation: „... The Community draws its authority not from a constitutional enactment of some definable European „demos", or people – the prerequisite of democratic legitimacy – but generally from lawful transfers of normative power from national parliaments as representatives of their respective national communities. Like an administrative body, the key sources of legitimacy in the Community are found in political and legal, and not directly democratic, control mechanisms." (ebd., S. 636f.).

535 Vgl. auch *Triantafyllou*, Vom Vertrags- zum Gesetzesvorbehalt, S. 91f.

536 So der Einwand gegen die belastende Direktwirkung einer Richtliniennorm von *Scherzberg*, JURA 1993, 225 (227ff.); *Papier*, FS Friauf, S. 105 (131); *Royla/Lackhoff*, DVBl 1998, 1116 (1119). Vgl. zu dieser Problematik auch *Prechal*, Directives in EC Law, S. 147; *Lackhoff/Nyssens*, ELRev 1998, 397 (404).

537 EuGHE 1986, Rs. 222/84, S. 1651 – Johnston, Rn. 18.

Kennzeichnend für die bisherige Rechtsprechung des *EuGH* ist der Umstand, dass sich das Postulat eines effektiven Rechtsschutzes jeweils auf die Durchsetzung *gemeinschaftsrechtlicher* Rechtspositionen bezog. Vorliegend ist zweifelhaft, ob der *belastete* Private derartige Rechtspositionen für sich in Anspruch nehmen kann: Denn von dem Personenkreis des belasteten Privaten sind allein jene Personen umfasst, die durch eine *Bejahung* der Direktwirkung Nachteile erleiden.[538] Damit macht der *belastete* Private – anders als der durch eine Richtlinie Begünstigte – gerade keine Rechtspositionen aus der betreffenden Richtlinie geltend. Allerdings kann sowohl die staatliche Maßnahme als auch die ihr zugrunde liegende Richtlinie in gemeinschaftsrechtlich verbürgte Grundrechte des belasteten Privaten eingreifen.

Vor diesem Hintergrund soll nunmehr untersucht werden, welche prozessualen Möglichkeiten dem belasteten Privaten zur Verfügung stehen, um die aufgrund der behördlichen Entscheidung erfolgte Belastung abzuwehren, bzw. um die Rechtmäßigkeit der ihr zugrunde liegenden Richtlinie überprüfen zu lassen. In diesem Zusammenhang sind verschiedene Gesichtspunkte zu unterscheiden: Zum einen ist danach zu differenzieren, gegen welchen Rechtsakt – nationale Maßnahme oder Richtlinie – sich der Rechtsschutz des *belasteten* Privaten richtet. In Abhängigkeit davon bestimmt sich, auf welche Aspekte das jeweilige Rechtsbegehren gestützt werden kann. Rechtsschutzmöglichkeiten kommen sowohl auf nationaler[539] Ebene als auch auf der Ebene des Gemeinschaftsrechts in Betracht. Dabei lässt sich die Effektivität des jeweiligen Rechtsschutzes freilich nicht im Sinne einer präzisen „Effektivitätsskala“ bestimmen.

1. Rechtsschutz mit Blick auf die belastende Maßnahme des nationalen Rechts

Auf nationaler Ebene kann lediglich die belastende *staatliche* Maßnahme, beispielsweise der Verwaltungsakt (VA), gerichtlich überprüft werden – nicht jedoch die zugrunde liegende Richtlinie als solche:[540] Denn den nationalen Ge-

538 Vgl. dazu ausführlich Kap. 2 A III.

539 Siehe zu entsprechenden Rechtsschutzmöglichkeiten im Rahmen des deutschen Verwaltungsprozessrechts *Lackhoff/Nyssens*, ELRev 1998, 397 (412); *Burgi*, Verwaltungsprozess und Europarecht, S. 30ff.; *Caspar*, DÖV 2000, 349 (352f.). Dabei soll die Problematik des Rechtsschutzes gegen die Auswahl und Festsetzung von FFH-Gebieten vorliegend ausgeklammert werden (vgl. dazu *Ever*, NuR 2000, 361ff.).

540 Die Ausführungen zum nationalen Rechtsschutz sollen – mit Blick auf die Geltung für sämtliche mitgliedstaatliche Rechtssysteme – in allgemeiner Form erfolgen. Auf die Besonderheiten des deutschen Verwaltungsrechts wird im Rahmen des 7. Kap. eingegangen.

richten ist jede rechtsprechende Tätigkeit im Hinblick auf die Gültigkeitskontrolle von Gemeinschaftsrecht verwehrt.[541]

Aus Sicht des belasteten Privaten ist dies insofern problematisch, als der nationale Rechtsakt, z.B. der VA, regelmäßig durch die ihm zugrunde liegende Richtliniennorm „legitimiert“ sein wird: Der VA ergeht sozusagen „in Erfüllung“ der in der Richtliniennorm verankerten – und an die Verwaltungsbehörde adressierten – Verpflichtung. Allerdings kann ein entsprechendes Rechtsschutzbegehren des belasteten Privaten dennoch Aussicht auf Erfolg haben, wenn die Rechtswidrigkeit auf Mängel in der Rechts*anwendung* gestützt wird: So wäre beispielsweise ein nationaler VA – obwohl grundsätzlich durch die betreffende Richtliniennorm legitimiert – dennoch rechtwidrig, wenn der VA unverhältnismäßig ist. Vor diesem Hintergrund wird allerdings deutlich, dass die Rechtmäßigkeit der belastenden staatlichen Maßnahme nicht an die Problematik der Direktwirkung von Richtliniennormen geknüpft ist: Denn die Frage nach der *Verhältnismäßigkeit* der staatlichen Maßnahme, beispielsweise des VA, könnte sich gleichermaßen bei ordnungsgemäßer Umsetzung der betreffenden Richtlinie stellen.

2. *Rechtsschutz des belasteten Privaten gegenüber der EG-Richtlinie*

Die Rechtmäßigkeit bzw. Gültigkeit der EG-Richtlinie, welche der belastenden *staatlichen* Maßnahme zugrunde liegt, kann hingegen allein von den Gemeinschaftsgerichten (*EuGH bzw. EuG I*) beurteilt werden.

541 *Oppermann*, Europarecht, § 8 Rn. 718 m.w.N. Vgl. zur Rechtsprechung des *BVerfG*, insbesondere zur Maastricht-Entscheidung, z.B. *Schneider*, AöR 1994, 294ff. Siehe zur Ausgestaltung des „Kooperationsverhältnisses“ nunmehr *BVerfG*, Beschluss v. 7. 6. 2000 – 2 BvL 1/97 (BayVBl 2000, 655): Danach „... muß die Begründung der Vorlage eines nationalen Gerichts oder einer Verfassungsbeschwerde, die eine Verletzung in Grundrechten des Grundgesetzes durch sekundäres Gemeinschaftsrecht geltend macht, im Einzelnen darlegen, dass der jeweils als unabdingbar gebotene Grundrechtsschutz generell nicht gewährleistet ist. Dies erfordert eine Gegenüberstellung des Grundrechtsschutzes auf nationaler und auf Gemeinschaftsebene in der Art und Weise, wie das Bundesverfassungsgericht sie in BVerfGE 73, 339, 378 – 381 geleistet hat... “. Vgl. zum Kooperationsverhältnis darüber hinaus *BVerfG*, Beschluss v. 9. 1. 2001 – 1 BvR 1036/99 (BayVBl 2001, 340): eine Zuständigkeit des *EuGH* für den Fall anerkennend, dass Grundrechtseingriffe zwingende Folge des gemeinschaftsrechtlichen Vorrangs sind.

a) *Das Vorlageverfahren gemäß Art. 234 EG*

In diesem Zusammenhang kommt zunächst eine Rechtsschutzgewährung im Rahmen des Vorlageverfahrens gemäß Art 234 EG in Betracht.[542] So könnte der belastete Private vor dem nationalen Gericht geltend machen, dass die ihn belastende Maßnahme der Verwaltungsbehörde, als eine ihn unmittelbar betreffende Umsetzungsentscheidung, auf einer rechtswidrigen Grundlage beruhe, und damit als solche rechtwidrig sei.[543] Schließt sich das nationale Gericht dieser Auffassung an, so ist eine Vorlage an den *EuGH* geboten.

Gerade in dem hier interessierenden Zusammenhang ist allerdings problematisch, dass gemäß Art. 234 EG lediglich nationale Gerichte, nicht aber nationale Behörden befugt sind, ein Vorlageverfahren zu initiieren.[544] Diese fehlende „Dialogmöglichkeit" der nationalen Behörden mit dem *EuGH* ist insofern bedenklich, als sich diese bei ihrer Entscheidung über die Direktwirkung von Gemeinschaftsrechtsakten stets der Gefahr eines Vertragsverletzungsverfahrens aussetzen.[545] Aber auch für die beteiligten Parteien ist die derzeitige Ausgestaltung des Vorlageverfahrens teilweise wenig befriedigend: Zunächst müssen sie abwarten, bis die Rechtssache vor einem nationalen *Gericht* anhängig gemacht wird. Aber selbst wenn dieses Stadium erreicht wurde, können die beteiligten Parteien das nationale Gericht nicht verpflichten, ein Vorlageverfahren zu initiieren – sie können dies lediglich anregen.[546]

---

542 Vgl. ausführlich zum Vorlageverfahren z.B. *Oppermann*, Europarecht, § 8 Rn. 756ff. m.w.N.

543 Vgl. dazu – allerdings in einem allgemeineren Zusammenhang – *Schilling*, EuGRZ 2000, 3 (18).

544 Diesen Umstand führte *GA Lenz* in seinem Schlussantrag vom 25. April 1989 zur Rs. 103/88, Slg. 1989, 1839(1851ff.) – Costanzo, Rn. 36 an, um die sog. objektive Direktwirkung abzulehnen. Vgl. auch *Winter*, NuR 1991, 453 (454), der insofern eine Ausweitung des Anwendungsbereiches von Art. 234 EG (Art. 177 EGV a.F.) vorschlägt. Wenig überzeugend dagegen *Adamek*, EG-Richtlinien im Umweltrecht, S. 652.

545 Dies wird u.a. durch EuGHE 1995, Rs. C-431/92, I-2189 – Großkrotzenburg belegt. In dieser Rechtssache ging es um die Nichtanwendung der UVP-Richtlinie durch nationale Behörden in einem konkreten Fall. Dieser Aspekt ist von der nicht ordnungsgemäß erfolgten normativen Umsetzung der Richtlinie durch den nationalen Gesetzgeber zu unterscheiden.

546 *Lenaerts/Arts/Bray*, Procedural Law of the EU, S. 52: „...the obligation to seek a preliminary ruling cannot be enforced. Instead, compliance with that obligation is based on the relationship of trust linking the hightest national courts and the Court of Justice in a context of efficient collaboration" (ebd., S. 52). Siehe zur Problematik auch *Burgi*, Verwaltungsprozess und Europarecht, S. 38 sowie *Seidel*, Handbuch der Grund- und Menschenrechte, S. 269 und S. 431.

Einen wesentlichen Aspekt bei der Beurteilung der Effektivität des Rechtsschutzes stellt auch die Verfahrensdauer dar – denn die Rechtsschutzgewährung umfasst nicht nur die Möglichkeit des Rechtschutzes an sich, sondern auch die Garantie seiner tatsächlichen Wirksamkeit.[547] Im Hinblick auf das Vorlageverfahren nach Art. 234 EG ist insofern zweifelhaft, ob man noch von einer angemessenen Frist sprechen kann: Allein zwischen der Vorlage durch das nationale Gericht und der Vorlageentscheidung als solcher liegt eine Zeitspanne von ungefähr zwei Jahren.

Angesichts dieser Bedenken ist jedoch zu berücksichtigen, dass das Vorlageverfahren in erster Linie eine „Verzahnungsfunktion"[548] erfüllt: Es soll eine Kooperation zwischen den nationalen Gerichten und dem *EuGH* ermöglichen, um dadurch die Rechtseinheit innerhalb der Gemeinschaft zu gewährleisten.[549] Vor diesem Hintergrund kommt dem Gesichtspunkt der Rechtsschutzgewährung in diesem Verfahren – zumindest zum jetzigen Zeitpunkt – lediglich eine sekundäre Bedeutung zu.

b) Die Nichtigkeitsklage gemäß Art. 230 Abs. 4 EG

Ein – im Vergleich zum Vorlageverfahren – rechtsschutzintensiveres Verfahren vermittelt die in Art. 230 EG verankerte Nichtigkeitsklage.[550] Auch diese Rechtsschutzmöglichkeit kommt allein gegenüber der EG-Richtlinie, nicht jedoch gegenüber der den Privaten belastenden nationalen Maßnahme in Betracht. Die Frage der Rechtmäßigkeit bzw. Gültigkeit von Richtlinien stellt kein spezifisches Problem der Direktwirkung dar. Sie könnte sich also gleichermaßen im Falle einer ordnungsgemäßen Richtlinienumsetzung stellen. Allerdings gewinnt diese Fragestellung in jenen Konstellationen an Brisanz, in denen eine Richtliniennorm als Ermächtigungsgrundlage für eine *unmittelbare materiellrechtliche* Belastung Privater herangezogen wird.[551] Der Staat als „klassischer Adressat" der unmittelbaren Wirkung einer Richtlinie gehört zum Kreis der nach Art. 230 Abs. 2 EG

547 *Von Danwitz*, NJW 1993, 1108 (1113).

548 *Oppermann*, Europarecht, § 8 Rn. 757.

549 *Oppermann*, Europarecht, § 8 Rn. 757.

550 Siehe zu dieser Problematik *von Danwitz*, NJW 1993, 1108 (1114f.); *von Burchard*, EuZW 1995, 254 (255f.); *Klüpfel*, EuZW 1996, 393ff.; *Lenaerts/Arts/Bray*, Procedural Law of the EU, S. 163; *de Witte*, in: *Alston*, The EU and Human Rights, S. 876; *Harlow*, in: *Alston*, The EU and Human Rights, S. 187 (192ff.).

551 Vgl. die ausführliche Erläuterung der hier verwendeten Begriffe zur inhaltlichen Konkretisierung von möglichen Belastungen Privater aus einer Richtliniennorm („unmittelbar" bzw. „mittelbar"; „verfahrensrechtlich" bzw. „materiellrechtlich") in Kap. 6 B II und III.

privilegiert Klagebefugten und kann insofern auch auf Feststellung der Nichtigkeit einer Richtlinie klagen. Demgegenüber sieht der Wortlaut des Art. 230 Abs. 4 EG einen Rechtsschutz Privater lediglich gegen Entscheidungen bzw. – unter bestimmten Voraussetzungen – gegen Verordnungen vor.

aa) Die Rechtsprechung des EuGH/EuG I

Weder der *EuGH* noch das *EuG I* haben bislang eine Klagebefugnis Privater mit Blick auf Richtlinien explizit bejaht. Aus diesem Befund kann allerdings nicht auf eine kategorische Ablehnung einer derartigen Rechtsschutzmöglichkeit geschlossen werden.

Vielmehr lassen sich der *EuGH*-Rechtsprechung Anhaltspunkte dafür entnehmen, dass sich die Bestimmung der Klagebefugnis im Sinne von Art. 230 Abs. 4 EG nicht ausschließlich am Wortlaut dieser Norm zu orientieren hat.[552] So deutet vor allem die *Les Verts*-Entscheidung[553] des *EuGH* aus dem Jahr 1986 auf eine teleologische Interpretation des Art. 230 Abs. 4 EG zum Zwecke der Gewährung eines effektiven Rechtsschutzes hin.[554] In diesem Judikat bejahte der *EuGH* eine (eingeschränkte) Klagebefugnis des *Europäischen Parlaments*, obwohl dieses zum damaligen Zeitpunkt nicht explizit als Kläger in Art. 173 EGV (Art. 230 EG) aufgeführt war. Dabei hob der *EuGH* die Bedeutung der Europäischen Wirtschaftsgemeinschaft als „Rechtsgemeinschaft" hervor.[555] In dieser Gemeinschaft sei ein „umfassendes Rechtsschutzsystem" geschaffen worden, „... innerhalb dessen dem Gerichtshof die Überprüfung der Rechtmäßigkeit der Handlungen der Organe übertragen... " wurde.[556]

Die Tendenz der Gemeinschaftsgerichte hin zu einer teleologischen Interpretation des Art. 230 Abs. 4 EG in dem soeben beschriebenen Sinne wird durch jüngere Judikate des *EuG I* bestätigt. So stellte das *EuG I* in seiner *Federolio*-Entscheidung aus dem Jahr 1997 klar, dass die Gesetzgebungsorgane der Gemeinschaft den Rechtsschutz nach Art. 230 EG nicht durch die Wahl eines bestimmten Rechtsaktes ausschließen können.[557] Zudem waren die Klagen, welche bislang von Individuen gegen Richtlinien eingeleitet wurden, nicht aufgrund der Tatsache, dass es sich um den Typus Richtlinie handelte, sondern aus anderen

552 *Von Danwitz*, NJW 1993, 1108 (1114).
553 EuGHE 1986, Rs. 294/83, S. 1339 – Les Verts.
554 *Von Danwitz*, NJW 1993, 1108 (1114).
555 EuGHE 1986, Rs. 294/83, S. 1339 – Les Verts, Rn. 23.
556 EuGHE 1986, Rs. 294/83, S. 1339 – Les Verts, Rn. 23.
557 EuG I 1997, Rs. T-122/96, II-1559 – Federolio/ Kommission, Rn. 50; so auch bereits EuGHE 1977, Rs. 101/76, 797 – Koninklije Scholten Honig NV/ Rat und Kommission, Rn. 5/7.

Gründen unzulässig.[558] Dieser Befund wird durch die *UEAPME*-Entscheidung des *EuG I* aus dem Jahr 1998 explizit bestätigt: Danach führt allein der Umstand, dass die Rechtmäßigkeit einer *Richtlinie* in Frage steht, nicht automatisch dazu, dass die Klage nach Art. 230 Abs. 4 EG unzulässig ist.[559]

bb) Stellungnahme

Die Nichtberücksichtigung des Typus Richtlinie im „Maßnahmenkatalog" des Art. 230 Abs. 4 EG ist aufgrund des fehlenden „Rechtsschutzbedürfnisses" Privater zum Zeitpunkt der Ausarbeitung des Vertragstextes zunächst nachvollziehbar: Richtlinien sind als Legislativakte grundsätzlich an den Staat adressiert. Private werden dagegen von den Rechtwirkungen einer Richtlinie regelmäßig erst in Gestalt des nationalen Umsetzungsaktes tangiert.

Das Rechtsinstitut der Direktwirkung von Richtlinien – und die damit einhergehende Möglichkeit Privater, sich unmittelbar auf Richtliniennormen zu berufen – ist hingegen erst in der Rechtssache *Van Duyn*[560] aus dem Jahr 1974 entwickelt worden. Seit dieser Grundsatzentscheidung hat der Bestand an Richtlinien und die damit verbundene Anzahl von potentiell unmittelbar wirksamen Richtliniennormen rapide zugenommen.

Aus Rechtsschutzgesichtspunkten ist diese Entwicklung solange unproblematisch, wie die Direktwirkung lediglich gegenüber staatlichen Entitäten geltend gemacht wird.[561] Denn für den von einer Richtliniennorm begünstigten Bürger besteht grundsätzlich kein Anlass, diese rechtlich anzugreifen.

Ein anderer Befund könnte sich für dreipolige Rechtsbeziehungen ergeben: Denn in derartigen Konstellationen führt die Bejahung der Direktwirkung zu

---

558 So z.B., weil die Klagefrist abgelaufen war (EuGHE 1988, Rs. C 352/87, 2281 – Farzoo und Kortmann/ Kommission); weil die angegriffene Maßnahme keine Entscheidung i.S.v. Art. 230 Abs. 4 EG darstellte (EuGHE 1988, Rs. C 160/88, 2281 – Fédération européenne de la santé animale u.a./ Rat); wegen fehlender individueller Betroffenheit des Klägers (EuGHE 1988, Rs. C 138/88, 6393 – Flourez u.a./ Rat sowie EuGHE 1988, Rs. C 160/88, 6399 – Fédération européenne de la santé animale u.a./ Rat). Vgl. in diesem Zusammenhang auch EuG 2000, verb. Rs. T-172/98 u.a., II-2487 – Salamander u.a./Europäisches Parlament und Rat der Europäischen Union: In dieser Entscheidung wurde die Klage gegen eine Richtlinie zwar für unzulässig erklärt, jedoch prüfte das *EuG* zuvor ausführlich, ob die Kläger, jeweils private Unternehmen, unmittelbar und individuell betroffen waren (vgl. eingehend dazu *Cremer*, EuZW 2001, 453 (454ff.)).

559 EuG I 1998, Rs. T-135/96, II-2335 – L'union européenne de l'artisanat et des petits et moyens entreprises/ Rat, Rn. 63 bzw. 90.

560 EuGHE 1974, Rs. 41/74, 1337 – Van Duyn.

561 Der *EuGH* verneint die *horizontale* Direktwirkung sowie die *umgekehrt vertikale* Direktwirkung in ständiger Rechtsprechung.

Belastungen eines Privaten. In diesem Zusammenhang ist allerdings zu berücksichtigen, dass die Direktwirkung einer Richtliniennorm in dreipoligen Konstellationen ganz unterschiedliche Arten von Belastungen hervorrufen kann: So könnte beispielsweise bei so genannten *mittelbaren materiellrechtlichen* bzw. bei *verfahrensrechtlichen* Belastungen Privater aus einer Richtliniennorm ein geringeres „Rechtsschutzbedürfnis" für ein direktes Vorgehen gegen die Richtlinie bestehen, als bei so genannten *unmittelbaren materiellrechtlichen* Belastungen.[562] Sollte eine Direktwirkung von Richtlinien in den letztgenannten Konstellationen für zulässig erachtet werden, so müßte dem belasteten Privaten gleichzeitig die Möglichkeit eröffnet werden, die Rechtmäßigkeit der betreffenden Richtlinie direkt überprüfen zu lassen – denn die durch das Vorlageverfahren nach Art. 234 EG vermittelte Inzidentkontrolle erweist sich als wenig geeignet, einen effektiven Rechtsschutz zu gewährleisten (s.o.).

Wenngleich die vorangegangenen Ausführungen der Gefahr einer Zirkelschluss-Argumentation ausgesetzt sind, so ist doch zunächst zu bedenken, dass sich das materielle Recht nicht zwangsläufig in den Grenzen der Rechtsschutzmöglichkeiten bewegen muss. Die These, dass vielmehr – (auch) umgekehrt – eine Änderung des materiellen Rechts zu einer Ausweitung der Rechtsschutzmöglichkeiten führen kann, wird durch die *Les Verts*-Entscheidung[563] und die später erfolgte Änderung des Art. 173 Abs. 3 EGV a.F. (Art. 230 Abs. 3 EG) bestätigt.[564] Das Rechtsschutzsystem der europäischen Gemeinschaft stellt eine „... an den Integrationszustand der EG angepasste Synthese (bundes-)staatlicher und völkerrechtlicher Elemente"[565] dar. Der für die Gemeinschaft charakteristischen Dynamik sollte insofern auch durch eine Erweiterung der Klagemöglichkeiten Rechnung getragen werden.[566]

Unabhängig von diesen „integrationstheoretischen" Erwägungen deuten allerdings sowohl die Rechtsprechung des *EuGH* (vgl. dazu Kapitel 3) als auch die Rechtsprechung des *EuG* eher darauf hin, dass *unmittelbare materiellrechtliche*[567] Belastungen Privater für unzulässig zu erachten sind – und folglich aus

562 Eine eingehende Erläuterung des Begriffes der *(un)mittelbaren* Belastung sowie des Begriffes der *verfahrens-* bzw. *materiellrechtlichen* Belastung erfolgt in Kap. 6 B II und III.

563 EuGHE 1986, Rs. 294/83, 1339 – Les Verts/Europäisches Parlament.

564 *Richter*, EuR 1988, 394 (403).

565 *Oppermann*, Europarecht, Rn. 717.

566 Vgl. i.E. auch *Richter*, EuR 1988, 394 (403); *von Danwitz*, NJW 1993, 1108 (1115) unter Hinweis darauf, dass die damit einhergehende Zunahme der Geschäftslast des *EuGH* zwar zu Bedenken führen, die gegenwärtige Struktur des *EuGH* jedoch ohnehin keinen Bestand haben könne (ebd., S. 1115).

567 Vgl. ausführlich zum Begriff der *(Un-)mittelbarkeit* einer Belastung sowie zu den Begriffen *materiell-* bzw. *verfahrensrechtliche* Belastung Kap. 6.

Rechtsschutzgesichtspunkten keine Notwendigkeit besteht, dem Privaten in derartigen Konstellationen eine Klagemöglichkeit gemäß Art. 230 Abs. 4 EG zu eröffnen.

In diesem Zusammenhang ist vor allem auf die *Tabakwerbung*-Entscheidung[568] des *EuG* aus dem Jahr 2000 hinzuweisen. In dieser Entscheidung stellte das *EuG* zunächst Folgendes klar: „Die Voraussetzung, dass der einzelne von der angefochtenen Maßnahme der Gemeinschaft unmittelbar betroffen sein muss, verlangt, dass diese Maßnahme sich *auf seine Rechtsstellung unmittelbar auswirkt* und ihren Adressaten, die mit ihrer Durchführung betraut sind, *keinerlei Ermessensspielraum* lässt, diese *Durchführung vielmehr rein automatisch* erfolgt und sich allein aus der Gemeinschaftsregelung ergibt, ohne dass dabei weitere Vorschriften angewandt werden."[569] Unmittelbar im Anschluss an diese Ausführungen prüfte das *EuG*, ob sich die in Frage stehende Richtlinie „aus sich heraus"[570] auf die Rechtsstellung der Klägerinnen auswirkt. Hinter Hinweis auf die *EuGH*-Rechtsprechung, der zufolge „[e]ine Richtlinie... nicht selbst Verpflichtungen für einen einzelnen begründen [kann], so dass ihm gegenüber eine Berufung auf die Richtlinie als solche nicht möglich ist... "[571], kam das *EuG* schließlich zu dem Ergebnis, dass sich die streitige Richtlinie nicht in der oben beschriebenen Form auf die Rechtsstellung der Klägerinnen auswirkt.

Im Vorgriff auf Kapitel 6 ist aus Verständnisgründen darauf hinzuweisen, dass der Begriff der *unmittelbaren materiellrechtlichen Belastung* – jedenfalls nach der vorliegend entwickelten Definition – Parallelen zu der soeben zitierten Definition der *unmittelbaren Betroffenheit* aufweist.[572]

3. Gemeinschaftsrechtliche Staatshaftung

Teilweise wird die Auffassung vertreten, dass der infolge der Direktwirkung belastete Private gegebenenfalls Schadensersatz im Wege der *gemeinschaftsrechtli-*

---

568 EuG 2000, verb. Rs. T-172/98 u.a., II-2487 – Salamander AG u.a./Europäisches Parlament und Rat der Europäischen Union (im Folgenden: Tabakwerbung).

569 EuG 2000, verb. Rs. T-172/98 u.a., II-2487 – Tabakwerbung, Rn. 52 unter Hinweis auf EuGHE 1998, Rs. C-386/96, I-2309 – Dreyfus/Kommission, Rn. 43 – Hervorhebung durch die Verfasserin.

570 EuG 2000, verb. Rs. T-172/98 u.a., II-2487 – Tabakwerbung, Rn. 53.

571 EuG 2000, verb. Rs. T-172/98 u.a., II-2487 – Tabakwerbung, Rn. 54 unter Hinweis auf EuGHE 1986, Rs. 152/84, 723 – Marshall, Rn. 48; EuGHE 1987, Rs. 80/86, 3969 – Kolpinghuis Nijmegen, Rn. 9; EuGHE 1994, Rs. C-94/92, I-3325 – Faccini Dori, Rn. 25; EuGHE 1996, Rs. C-192/94 – El Corte Ingés, Rn. 15.

572 Vgl. dazu Kap. 6 II und III.

chen Staatshaftung[573] verlangen könne: Denn durch die nicht bzw. mangelhaft durchgeführte Umsetzung der Richtlinie in nationales Recht habe der säumige Mitgliedstaat eine erhebliche Rechtsunsicherheit verursacht.[574]

Allerdings ist zweifelhaft, ob ein Schadensersatzanspruch des belasteten Privaten gegenüber dem säumigen Mitgliedstaat mit dem Sinn und Zweck der *gemeinschaftsrechtlichen Staatshaftung* vereinbar wäre. Das Rechtsinstitut der gemeinschaftsrechtlichen Staatshaftung lässt sich – vereinfacht formuliert – wie folgt beschreiben: Der jeweilige Mitgliedstaat übernimmt einen Schadensposten, welcher einem Privaten dadurch entstanden ist, dass der betreffende Mitgliedstaat gegen eine gemeinschaftsrechtliche Verpflichtung verstoßen hat. In dreipoligen Konstellationen sind folgende Grundszenarien denkbar: Die Direktwirkung wird verneint; derjenige Private, welcher insofern um seine durch die Richtlinie vermittelte „Begünstigung" gebracht wurde, kann Schadensersatz im Wege der gemeinschaftsrechtlichen Staatshaftung verlangen. Die Direktwirkung wird bejaht; der nunmehr belastete Private kann entsprechend Schadensersatz gegenüber dem Staat verlangen. Während jedoch der durch eine Richtliniennorm *begünstigte* Private – bei Verneinung der Direktwirkung – einen Schadensposten vorweisen könnte, welcher sich auf die „Vereitelung" der Herstellung einer *gemeinschaftsrechtskonformen* Rechtslage bezieht, würde der *belastete* Private einen Schadensposten geltend machen, welcher ihm auch bei ordnungsgemäßer Umsetzung der betreffenden Richtliniennorm entstanden wäre. Damit käme die Bejahung eines Schadensersatzanspruches zugunsten des *belasteten* Privaten einer Quasibeihilfe „durch die Hintertür" gleich.[575] Vor diesem Hintergrund ist eine entsprechende Rechtsschutzmöglichkeit nicht geboten.

4. Zusammenfassung zur Rechtsschutzproblematik

Auf nationaler Ebene können lediglich die aufgrund der Richtlinie erlassenen staatlichen Maßnahmen angegriffen werden – nicht jedoch die Richtlinie als solche.

---

573 Vgl. zum Rechtsinstitut der gemeinschaftsrechtlichen Staatshaftung grundlegend EuGHE 1991, verb. Rs. C-6/90 und C-9/90, I-5357 – Francovich.

574 *Lackhoff/Nyssens*, ELRev 1998, 397 (412).

575 Vgl. zur Problematik der „Quasibeihilfe" mittels verspäteter Richtlinienumsetzung durch den Mitgliedstaat z.B. *Pagh*, NJIL 1995, 23 (55f.). Durch die Verzögerung der (ordnungsgemäßen) Richtlinienumsetzung verfügen private Unternehmen in dem betreffenden Mitgliedstaat über einen längeren Zeitraum, um sich den ggf. strengeren Umweltstandards des Gemeinschaftsrechts anzupassen. Vor diesem Hintergrund ist nicht einsichtig, aus welchen Gründen den betreffenden Unternehmen – im Falle einer Bejahung der Direktwirkung – ein Schadensersatzanspruch aus gemeinschaftsrechtlicher Staatshaftung zustehen sollte.

Ein direktes Vorgehen des belasteten Privaten gegen Richtlinien ist nach dem Wortlaut des Art. 230 Abs. 4 EG nicht explizit vorgesehen. Allerdings lassen sich der Rechtsprechung des *EuGH* bzw. des *EuG I* zumindest Anhaltspunkte dafür entnehmen, dass eine entsprechende Klagemöglichkeit gegen Richtlinien nicht kategorisch auszuschließen ist.[576] Bei Richtliniennormen, deren Direktwirkung zu einer *unmittelbaren materiellrechtlichen Belastung* führt, sollte der betroffene Private zumindest dann klagebefugt sein, wenn er – was in derartigen Fällen regelmäßig der Fall sein dürfte – eine individuelle und unmittelbare Betroffenheit nachweisen kann.[577] Allerdings deuten die Rechtsprechung des *EuGH* sowie des *EuG* eher darauf hin, dass *unmittelbare materiellrechtliche* Verpflichtungen Privater aus einer Richtliniennorm für unzulässig zu erachten sind – und folglich eine Rechtsschutzmöglichkeit gemäß Art. 230 Abs. 4 EG in diesen Konstellationen nicht erforderlich ist.

C Zusammenfassung und Teilergebnis

Die wesentlichen Gesichtspunkte einer Gegenüberstellung der Argumente für bzw. gegen eine Direktwirkung in dreipoligen Konstellationen lassen sich wie folgt zusammenfassen:

1. Eine Bejahung der Direktwirkung in dreipoligen Konstellationen ist von erheblicher Bedeutung für die Gewährleistung des *effet utile* von Richtlinien. Dies ist insbesondere im Bereich des Umweltrechts der Fall. Angesichts der begrenzten Möglichkeiten der *Europäischen Kommission* im Rahmen des Vertragsverletzungsverfahrens gemäß Art. 226 EG ist die Einbindung von Privatpersonen in den „Kontrollmechanismus" von erheblicher praktischer Relevanz.

Durch eine – auf rein vertikale Konstellationen beschränkte – Direktwirkung wird zudem die *einheitliche Anwendung* des Gemeinschaftsrechts gefährdet. Dies kann zu gravierenden Wettbewerbsverzerrungen führen: So werden Personen und Unternehmen, die infolge korrekter Richtlinienumsetzung bereits strengeren Re-

576 EuGHE 1986, Rs. 294/83, S. 1339- Les Verts, Rn. 23; EuGHE 1987, Rs. 314/85, S. 4199 – Foto-Frost, Rn. 16; EuG I 1997, Rs. T-122/96, II-1559 – Federolio/ Kommission, Rn. 50; EuG I 1998, Rs. T-135/96, II-2335 – L'union européenne de l'artisanat et des petits et moyens entreprises/ Rat, Rn. 63 bzw. 90. Siehe zur letzteren Entscheidung insbesondere *Lenaerts/Arts/Bray*, Procedural Law of the EU, S. 163.

577 So i.E. – wenn auch in allgemeinerem Zusammenhang – *Allkemper*, Rechtsschutz des einzelnen nach dem EGV, S. 111f.: mit ausführlicher Darstellung der Anforderungen an die *unmittelbare* sowie die *individuelle Betroffenheit*. Siehe zu diesen Kriterien auch ausführlich *Pache*, Tatbestandliche Abwägung und Beurteilungsspielraum, S. 424ff.

gelungen ihres nationalen Rechts unterworfen sind, gegenüber Wettbewerbern aus säumigen Mitgliedstaaten benachteiligt. Dieser Befund wird zusätzlich durch die unbefriedigenden Auswirkungen der zum jetzigen Zeitpunkt bei Versagung der Direktwirkung einschlägigen Rechtsinstitute gestützt.

Andere Bereiche des Gemeinschaftsrechts, insbesondere primärrechtliche Normen, bei denen eine Direktwirkung zwischen Privaten vom *EuGH* bereits bejaht wurde, können lediglich begrenzt für die vorliegende Diskussion herangezogen werden. Gleichwohl enthält die jüngere Rechtsprechung des *EuGH* zur so genannten unmittelbaren Drittwirkung des Art. 39 EG (Art. 48 EGV a.F.) Anhaltspunkte für eine Tendenz hin zu einer verstärkten unmittelbaren Verpflichtung Privater aus dem Gemeinschaftsrecht.

2. Gegen eine Bejahung der Direktwirkung von Richtlinien in dreipoligen Konstellationen sprechen zunächst zahlreiche rechtsstaatliche Gesichtspunkte. Bei näherer Betrachtung zeigt sich allerdings, dass die vorgebrachten Zweifel überwiegend unbegründet sind.

So lässt sich das *estoppel*-Prinzip nicht gegen eine Direktwirkung anführen: Denn sowohl die – auch im Falle der Direktwirkung weiterhin bestehende – Pflicht zur normativen Umsetzung als auch etwaige richtlinienimmanente Verpflichtungen obliegen in dreipoligen Konstellationen einer staatlichen Entität.

Auch eine am Wortlaut bzw. an der Systematik des Art. 249 EG orientierte Argumentation vermag im vorliegenden Zusammenhang nicht zu überzeugen: Denn die Direktwirkung stellt sowohl in zeitlicher Hinsicht als auch angesichts ihrer beschränkten Anwendung auf einzelne Richtliniennormen einen Ausnahmefall dar.

Eine Bejahung der Direktwirkung von Richtlinien verstößt auch nicht gegen den Grundsatz vom *Vorbehalt des Gesetzes*. Abgesehen davon, dass die Anwendung des jeweiligen nationalen Grundsatzes problematisch erscheint, lässt sich jedenfalls bei *mittelbaren* Belastungen ein Verstoß, beispielweise gegen den deutschen Gesetzesvorbehalt, nicht feststellen. Auch der *gemeinschaftsrechtliche Gesetzesvorbehalt* steht – zumindest in seiner derzeitigen inhaltlichen Ausgestaltung – einer Direktwirkung von Richtlinien in dreipoligen Rechtsbeziehungen nicht entgegen.[578]

Darüber hinaus sprechen weder der Aspekt des *Vertrauensschutzes* noch der Gedanke der *Rechtssicherheit* gegen eine grundsätzliche Bejahung des Rechtsinstituts der Direktwirkung in dreipoligen Konstellationen.

Schließlich stellt auch der allgemeine Rechtsgrundsatz des *effektiven Rechtsschutzes* kein überzeugendes Argument gegen eine Bejahung der Direktwirkung in dreipoligen Rechtsbeziehungen dar. Zur Überprüfung der belastenden natio-

578 Vgl. auch *Triantafyllou*, Vom Vertrags- zum Gesetzesvorbehalt, S. 91f.

nalen Maßnahme sind Rechtsschutzmöglichkeiten auf nationaler Ebene vorhanden. Demgegenüber kommt ein Rechtsschutz auf Gemeinschaftsebene lediglich sekundär in Betracht.

Kapitel 6
Konzeption zur Beurteilung der Direktwirkung in dreipoligen Konstellationen

Ging es im vorangegangenen Kapitel um die Frage der Zulässigkeit des *Rechtsinstitutes* der Direktwirkung in dreipoligen Rechtsbeziehungen, so ist nunmehr zu klären, anhand welcher Eckpunkte sich die Frage der Direktwirkung *im Einzelfall* beurteilen lässt.

Die folgende Konzeption beruht auf dem – in den Kapiteln 4 und 5 herausgearbeiteten – Befund, dass eine kategorische Bejahung oder Verneinung der Direktwirkung in dreipoligen Konstellationen nicht zu sachgerechten Ergebnissen führen kann: Im Rahmen der Auseinandersetzung mit den Lösungsansätzen des Schrifttums wurden methodische Schwachstellen der einzelnen Positionen offengelegt. Durch die Untersuchung der einzelnen Argumente für und gegen eine Direktwirkung in dreipoligen Konstellationen haben sich inhaltliche Problempunkte, die bei einer Bejahung bzw. Verneinung der Direktwirkung auftreten könnten, herauskristallisiert.

A Dogmatischer Ausgangspunkt

Dogmatischer Ausgangspunkt der Konzeption ist – speziell mit Blick auf die Beurteilung der Direktwirkung – eine grundsätzliche Unterscheidung zwischen der Zulässigkeits- und der Begründetheitsebene eines Rechtsbegehrens.

In dreipoligen Konstellationen ist das *Rechtsinstitut* der Direktwirkung von Richtlinien grundsätzlich zu bejahen. Das heißt, im Unterschied zu *rein horizontalen* Konstellationen[579] ist einem Privaten die prozessuale Geltendmachung von hinreichend bestimmten und unbedingten Richtliniennormen in dreipoligen Rechtsbeziehungen nicht von vornherein verwehrt.

In diesem Zusammenhang hat sich bislang das – in erheblichem Maße konkretisierungsbedürftige – Kriterium der *Betroffenheit* herausgebildet: Der Private muss ein *unmittelbares Interesse* daran haben, dass die zuständige staatliche Entität ihrer richtlinienimmanenten Verpflichtung nachkommt. Ist ein derartiges In-

---

579 *Prechal*, Directives in EC Law, S. 129 und 133 unter Hinweis auf EuGHE 1994, Rs. C-94/92, I-3325 – Faccini Dori. Dies schließt jedoch nicht aus, dass die Richtlinie derartige Verpflichtungen Privater vorsehen kann. Sie sind lediglich nicht vor erfolgter Umsetzung einklagbar. Vgl. zum dogmatischen Standort dieser Problematik auch *Röben*, Einwirkung der Rechtsprechung des EuGH, S. 42f.

teresse gegeben, so kann sich der Einzelne auf die hinreichend bestimmte sowie unbedingte Richtliniennorm berufen.[580] Dabei ist nochmals klarzustellen, dass es an dieser Stelle ausschließlich um die Antrags- bzw. Klagebefugnis eines Privaten auf der Zulässigkeitsebene geht.

Damit erfolgt die eigentliche Entscheidung über die Direktwirkung in dreipoligen Konstellationen im Rahmen der Begründetheit eines Rechtsbegehrens: Auf dieser Ebene werden verschiedene *Eckpunkte* herangezogen, um die Frage der Direktwirkung im konkreten Rechtsstreit zu beurteilen.

B Die einzelnen Entscheidungskriterien auf der Begründetheitsebene

Im Folgenden sollen diese Entscheidungskriterien im Einzelnen dargestellt und anhand von Beispielen erläutert werden.

Dabei ist zunächst von Interesse, zu welchem *Zweck* eine Richtliniennorm im Rahmen der Direktwirkung herangezogen wird (I). Daneben legt die im 3. Kapitel durchgeführte Analyse der *EuGH*-Rechtsprechung eine Unterscheidung nach der *Art* der Belastung eines Privaten nahe (II). Schließlich spielt das Kriterium der *Unmittelbarkeit* der Belastung eine maßgebliche Rolle bei der Entscheidung über die Direktwirkung in dreipoligen Konstellationen (III).

I Erster Schritt: Teleologisches Kriterium

Zunächst ist von erheblicher Bedeutung, welche *Funktion* die in Frage stehende Richtliniennorm im konkreten Einzelfall – im Rahmen der Direktwirkung – erfüllen soll: Dabei ist zwischen der Heranziehung einer Richtliniennorm als *streitentscheidender (Anspruchs-)norm* und ihrer Heranziehung als *Maßstabsnorm* zu unterscheiden.[581]

Diese Differenzierung stützt sich auf den im 1. Kapitel herausgearbeiteten Befund, dem zufolge an die *hinreichende Bestimmtheit* ein und derselben Richtliniennorm, insbesondere mit Blick auf die in dieser Norm verankerte Verpflichtung, unterschiedliche Anforderungen zu stellen sind – je nach dem, ob die Richtliniennorm im konkreten Rechtsstreit als Anspruchsnorm oder (lediglich) als Maßstabsnorm fungiert.

580 EuGHE 1991, verb. Rs. C-87/90 bis C-89/90, I-3757 – Verholen, Rn. 23; bestätigt durch EuGHE 1994, C-343/92, I-571 – Roks, Rn. 39ff. Vgl. ausführlich zu dieser Judikatur z.B. *Ruffert*, Subjektive Rechte im Umweltrecht der EG, S. 179ff.

581 Vgl. dazu ausführlich Kap. 1 B.

1. Die Richtliniennorm als Anspruchsnorm

Die Funktion einer Richtliniennorm als *streitentscheidende (Anspruchs-)norm* kommt zum Tragen, wenn ein Privater unter Berufung auf die betreffende Richtliniennorm ein staatliches Tun oder Unterlassen erwirken möchte.[582] In dieser Konstellation ist erforderlich, dass das Begehren des Privaten *entsprechend konkret* in der betreffenden Richtliniennorm verankert ist: Begehrt der Einzelne von einer staatliche Behörde beispielsweise die Ergreifung spezifischer Maßnahmen der Abfallbeseitigung, so ist erforderlich, dass die geltend gemachte Richtliniennorm eine entsprechend spezifische Verpflichtung enthält. Anderenfalls scheitert die Direktwirkung der betreffenden Richtliniennorm – in ihrer Funktion als Anspruchsnorm – bereits an der *mangelnden Bestimmtheit*, ohne dass eine Prüfung der übrigen Kriterien erforderlich wäre.

2. Die Richtliniennorm als Maßstabsnorm

Erfüllt die in Frage stehende Richtliniennorm hingegen im konkreten Rechtsstreit die Funktion einer *Maßstabsnorm*, so sind an die *hinreichende Bestimmtheit* der Richtliniennorm weniger strenge Anforderungen zu stellen. Sieht die Richtliniennorm zugunsten der staatlichen Entität einen Ermessensspielraum mit Blick auf die *Art und Weise* der Erfüllung ihrer richtlinienimmanenten Verpflichtung vor, so ist lediglich erforderlich, dass die Grenzen des Ermessens hinreichend bestimmt formuliert sind. Ist dies der Fall, so kann die Richtliniennorm von dem zuständigen nationalen Gericht als Maßstab herangezogen werden, um zu ermitteln, ob die staatliche Entität diese richtlinienimmanenten Grenzen eingehalten hat.

Dabei ist bereits an anderer Stelle dargelegt worden, dass der Heranziehung einer Richtliniennorm als *Maßstabsnorm* in dreipoligen Konstellationen eine – bei weitem – größere praktische Bedeutung zukommt als ihrer Heranziehung im Sinne einer *streitentscheidenden (Anspruchs-)norm*.[583]

3. Zusammenfassung

Die Anwendung des *teleologischen* Differenzierungskriteriums zieht mit Blick auf den konkreten Rechtsstreit folgende Konsequenzen nach sich: Beruft sich der begünstigte Private auf eine Richtliniennorm als *streitentscheidende Norm*, so ist für eine entsprechende Berufungsmöglichkeit – im Rahmen der Begründetheit

---

582 Vgl. u.a. *Jarass*, Grundfragen, S. 82. Siehe dazu ausführlich Kap. 1 B I.

583 Vgl. dazu Kap. 1 B.

des Rechtsbegehrens – erforderlich, dass das klägerische Begehren mit einer *entsprechend konkret* formulierten Verpflichtung der staatlichen Entität korrespondiert. Ist dies nicht der Fall, so ist eine Direktwirkung der betreffenden Richtliniennorm als *Anspruchsnorm* mangels hinreichender Bestimmtheit zu verneinen. Wird hingegen dieselbe Richtliniennorm in einem konkreten Rechtsstreit als *Maßstabsnorm* herangezogen, so sind an die hinreichende Bestimmtheit weniger strenge Anforderungen zu stellen (s.o.). Das *teleologische* Kriterium fungiert als „Filter" im Hinblick auf die *hinreichende Bestimmtheit* einer Richtliniennorm. Infolgedessen lässt sich eine abschließend bejahende Entscheidung über die Direktwirkung erst unter Berücksichtigung der übrigen Beurteilungskriterien treffen.

II Zweiter Schritt: Differenzierung nach der Art der Belastung eines Privaten

Einen weiteren Eckpfeiler für die Beurteilung der Direktwirkung in dreipoligen Konstellationen stellt die Differenzierung nach der *Art* der Belastung dar.

Zwar bezieht sich dieses Beurteilungskriterium inhaltlich auf den Pol des *belasteten* Privaten. Gleichwohl kann eine entsprechende Beurteilung in *abstrakter* Form, nämlich unter Anknüpfung an den Regelungsgehalt der betreffenden Richtliniennorm erfolgen. Dabei rechtfertigt die im 3. Kapitel analysierte *EuGH*-Rechtsprechung den Befund, dass so genannte *verfahrensrechtliche* Belastungen eines Privaten aus einer Richtliniennorm für zulässig zu erachten sind (1.). Davon zu unterscheiden sind Richtliniennormen, die zwar unmittelbar an eine staatliche Behörde adressiert sind, jedoch bereits ihrem Regelungsgehalt nach – sozusagen „spiegelbildlich" – eine *materiellrechtliche* Belastung eines Privaten anordnen (2.).

1. *Verfahrensrechtliche Belastungen eines Privaten*

Die im Rahmen des 3. Kapitels untersuchte *EuGH*-Rechtsprechung rechtfertigt den Befund, dass eine – durch die Direktwirkung bedingte – *verfahrensrechtliche* Belastung eines Privaten für zulässig zu erachten ist.

a) Begriffsbestimmung

Dabei ist anzumerken, dass der *EuGH* bislang nicht explizit ausgeführt hat, wie der Begriff der *verfahrensrechtlichen* Belastung in diesem Sinne zu definieren ist. Allerdings weisen jene Belastungen, welche sich als Folge der vom *EuGH* bejahten Direktwirkung ergaben, die Gemeinsamkeit auf, dass sie jeweils die

Stellung eines Privaten im *Stadium der Vorbereitung* einer abschließenden Sachentscheidung[584] der nationalen Verwaltung bzw. des nationalen Gerichts veränderten.

b) Beispiele

Eine derartige *verfahrensrechtliche* – und damit zulässige – Belastung stellt beispielsweise die Pflicht des Anlagenbetreibers zur Duldung einer Umweltverträglichkeitsprüfung dar. Diese Belastung des Privaten ergibt sich als „Kehrseite" der in Art. 2 Abs. 1 und 4 Abs. 2 UVP-RL verankerten Verpflichtung einer staatlichen Behörde zur richtliniengemäßen Durchführung der UVP.

Der Umstand, dass eine richtliniengemäße Durchführung der Umweltverträglichkeit im Ergebnis zur Ablehnung des Genehmigungsantrages bzw. zur Aufhebung der Genehmigung und damit zu einer *materiellrechtlich* nachteiligen Änderung der Rechtslage führen kann, lässt sich zumindest nicht mehr als „unmittelbare" Belastung im Sinne des vom *EuGH* postulierten Belastungsverbots einstufen: Denn die Entscheidung über die Ablehnung des Genehmigungsantrags, eine Auflagenerteilung oder die Genehmigungsaufhebung für den Fall, dass (ggf. nachträglich) erhebliche Auswirkungen auf die Umwelt festgestellt werden, beurteilt sich grundsätzlich nach dem jeweiligen nationalen Recht.[585]

Auch die Pflicht eines Privaten zur Einhaltung von Umweltstandards und Grenzwerten lässt sich als *verfahrensrechtliche* Belastung einstufen: Denn derartige Standards nehmen nicht die Sachentscheidung bezüglich der Genehmigungserteilung vorweg. Vielmehr wird lediglich der Beurteilungs- und Ermessensspielraum der zuständigen Verwaltungsbehörden vorstrukturiert.[586]

Eine *verfahrensrechtliche* – und damit zulässige – Belastung stellt auch die Pflicht eines privaten Anlagenbetreibers zur Beibringung zusätzlicher Unterlagen im Rahmen des Genehmigungsverfahrens[587] dar.

---

584 Vgl. zum Verständnis der Verfahrenshandlung als „Maßnahme zur Vorbereitung einer abschließenden Entscheidung" im deutschen Recht *Maurer*, Allgemeines Verwaltungsrecht, § 9 Rn. 9. Siehe in diesem Zusammenhang auch BVerwGE 100, 238 (243).

585 Die mitgliedstaatliche Zuständigkeit bei der Entscheidung über die *materiellrechtlichen* Folgen einer unterlassenen UVP schließt allerdings nicht aus, dass im Rahmen des Verwaltungsvollzuges gemeinschaftsrechtliche Mindestanforderungen zu beachten sind. Vgl. dazu Kap. 3 B II 2.

586 Ähnlich *Krämer*, WuV 1990, 138 (144): insofern eine Direktwirkung von Umweltstandards bejahend – mit zahlreichen Beispielen.

587 Z.B. Art. 5 Abs. 1 i.V.m. Abs. 3 RL 85/337/EWG (in seiner geänderten Fassung durch Richtlinie 97/11/EG vom 3. März 1997).

Gleichermaßen *verfahrensrechtlicher* Natur ist die Pflicht des Anlagenbetreibers, regelmäßige Inspektionen der Anlage durch die zuständige staatliche Behörde zu dulden.[588]

Schließlich stellt auch eine im Vergleich zum nationalen Recht geänderte Beweislast zu Ungunsten einer Privatpartei lediglich eine *verfahrensrechtliche* Belastung dar.[589]

2. *Materiellrechtliche Belastungen eines Privaten*

Eine andere Ausgangssituation ist gegeben, wenn die Direktwirkung der in Frage stehenden Richtliniennorm eine Änderung der *materiellen* Rechtslage zu Lasten eines Privaten nach sich zieht.

a) Begriffsbestimmung

Dabei geht es nicht um die richtlinienimmanente, vom Regelungsgehalt der Richtliniennorm explizit angeordnete Verpflichtung an sich: Denn diese ist in dreipoligen Rechtskonstellationen an eine staatliche Entität adressiert. Der *EuGH* hat bislang auch den Begriff der *materiellrechtlichen* Belastung nicht näher konkretisiert.

Definiert man jedoch *verfahrensrechtliche* Belastungen – wie es die untersuchten Judikate zumindest nahelegen – als Belastungen, die sich auf die Stellung eines Privaten im *Stadium der Vorbereitung* einer abschließenden Sachentscheidung beziehen, so erscheint es konsequent, Belastungen, die im Zusammenhang mit der *abschließenden Sachentscheidung* auftreten, eine *materiellrechtliche* Natur beizumessen.

b) Beispiele

Materiellrechtliche Belastungen Privater finden sich beispielsweise in der RL 96/61/EG (IVU-Richtlinie). Der in den Art. 6 und 8 RL 96/61/EG verankerte Genehmigungstatbestand ist als eigenständige Rechts- bzw. Ermächtigungsgrundlage für die Zulassung von Industrieanlagen konzipiert:[590] Fällt die – bei

---

588 Z.B. Art. 13 RL 75/442/EWG (in seiner geänderten Fassung durch Richtlinie 91/156/EWG des Rates vom 18. März 1991).

589 Vgl. dazu Kap. 3 B III 2 unter Anknüpfung an EuGHE 1997, Rs. C-180/95, I-2195 – Draehmpaehl.

590 *Becker*, DVBl 1997, 588 (595). Gemeint ist der Umstand, dass die Ausführung des in der IVU-Richtlinie verankerten Genehmigungstatbestandes – im Unterschied zur

Bejahung der Direktwirkung allein auf dieser Grundlage ergangene – abschließende Sachentscheidung für den privaten Antragsteller negativ aus, so stellt dies eine *materiellrechtliche* Belastung des Privaten dar.

Materiellrechtlicher Natur sind auch Belastungen, die sich aus dem Umstand ergeben, dass die staatliche Behörde ihrer in Art. 13 RL 96/61/EG verankerten Pflicht zur Erteilung nachträglicher Anordnungen nachkommt: Denn diese Norm enthält einen rechtlichen Mechanismus, mit dem die *materiellrechtliche* Lage des Anlagenbetreibers zu seinen Lasten verändert wird.

III Dritter Schritt: Das Unmittelbarkeitskriterium

Einen weiteren Eckpfeiler für die Entscheidung über die Direktwirkung in dreipoligen Konstellationen stellt das Kriterium der *Unmittelbarkeit* der Belastung[591] dar.

1. Bedeutung des Unmittelbarkeitskriteriums für die Direktwirkungsproblematik

Im Rahmen des 3. Kapitels ist bereits herausgearbeitet worden, dass der *EuGH* dem Kriterium der *Unmittelbarkeit* bei der Beurteilung der Zulässigkeit von Belastungen Privater eine erhebliche Bedeutung beimisst.[592]

So verneinte der *EuGH* in der *Busseni*-Entscheidung eine Direktwirkung gegenüber Privaten unter Hinweis auf den Umstand, dass anderenfalls eine *unmittelbare* Beeinträchtigung der Rechte dieser Privatgläubiger eingetreten wäre.[593] Die unmittelbare Natur der Rechtsbeeinträchtigungen ergab sich aus dem Umstand, dass eine bevorzugte Befriedigung der EGKS im Konkursverfahren sozusagen „spiegelbildlich" zu einer Verschlechterung der Rangstellung der übrigen Privatgläubiger geführt hätte. Die Sachentscheidung des Konkursverwalters im Hinblick auf die Befriedigung der einzelnen Gläubigerforderungen wurde insofern bereits durch den Regelungsgehalt der EGKS-Empfehlung vorweggenommen. Gleichzeitig hätte die Verschlechterung der Rangstellung, welche bei uneingeschränkter Bejahung der Direktwirkung eingetreten wäre, eine *materiell-*

Umweltverträglichkeitsprüfung gemäß UVP-Richtlinie – nicht von einem Trägerverfahren abhängig ist.

591 Der Begriff Belastung umfasst in diesem Zusammenhang auch eine positive Verpflichtung des Privaten.

592 Vgl. dazu ausführlich Kap. 3 B I 2 a.

593 EuGHE 1990, Rs. C-221/88, I-495 – Busseni, Rn. 24f. Vgl. zu dieser Entscheidung Kap. 3 B I 2 a.

rechtliche – an die Sachentscheidung geknüpfte – Belastung der übrigen Privatgläubiger dargestellt.

Formuliert man die *Busseni*-Entscheidung des *EuGH* im Hinblick auf den Belastungsaspekt um, so sind *materiellrechtliche* Belastungen Einzelner dann unzulässig, wenn sie *unmittelbarer* Natur sind.

Im Zusammenhang mit *verfahrensrechtlichen* Belastungen Privater aus einer Richtliniennorm kommt dem *Unmittelbarkeitskriterium* hingegen keine eigenständige Bedeutung zu. Mit anderen Worten: *Verfahrensrechtliche* Belastungen Privater sind auch dann zulässig, wenn diese *unmittelbarer* Natur sind. Dabei kann insbesondere auf die *EuGH*-Entscheidungen zur Direktwirkung der UVP-Richtlinie verwiesen werden: In diesen Judikaten bejahte der *EuGH* jeweils die Pflicht der zuständigen staatlichen Entitäten zur Durchführung einer UVP nach Maßgabe der Art. 2 Abs. 1 und 4 Abs. 2 UVP-RL. Dabei wurde dem Umstand, dass sich aus dieser staatlichen Verpflichtung sozusagen spiegelbildlich eine *verfahrensrechtliche* Pflicht des privaten Anlagenbetreibers zur Duldung der UVP ergibt, keine eigenständige Bedeutung beigemessen.[594]

2. Inhaltliche Konkretisierung des Unmittelbarkeitskriteriums

Ungeachtet der vom *EuGH* wiederholt vorgenommenen Anknüpfung an das Kriterium der *Unmittelbarkeit*, ist dieser Begriff zum Zwecke einer praktischen Handhabung in erheblichem Maße konkretisierungsbedürftig.

a) Abspaltung des Unmittelbarkeitskriteriums vom Adressaten der richtlinienimmanenten Verpflichtung

Dabei ist zunächst Folgendes zu berücksichtigen: Allein der Umstand, dass in dreipoligen Konstellationen regelmäßig eine staatliche Entität als *Adressat der richtlinienimmanenten Verpflichtung* „zwischengeschaltet" ist, führt nicht zwangsläufig zu dem Befund, dass sämtliche Belastungen Privater lediglich *mittelbarer* Natur sind. Vielmehr können Private auch in dreipoligen Konstellationen mit *unmittelbaren* Belastungen aus einer Richtliniennorm konfrontiert werden.[595]

Dieser Befund stützt sich insbesondere auf die bereits angesprochene *Busseni*-Entscheidung: In ihrer Stellungnahme hatte die *Europäische Kommission* die Zulässigkeit einer *uneingeschränkten* Direktwirkung der EGKS-Empfehlung – auch gegenüber den übrigen Privatgläubigern – dahingehend zu begründen ver-

---

594 Vgl. dazu ausführlich Kap. 3 B II.

595 A.A. *Epiney*, ZUR 1996, 229 (232f.); *Kühling/Röckinghausen*, DVBl 1999, 1614 (1618).

sucht, dass das in der EGKS-Empfehlung verankerte Recht auf bevorzugte Befriedigung gerade nicht gegenüber den Privatgläubigern, sondern vielmehr gegenüber dem Staat, nämlich dem staatlichen Konkursverwalter, geltend gemacht werde.[596] Insofern hatte die *Kommission* versucht, eine lediglich *mittelbare* – und damit zulässige – Belastung der übrigen Privatgläubiger bereits aus der „Zwischenschaltung“ des staatlichen Konkursverwalters abzuleiten: Denn an diesen sei der in der EGKS-Empfehlung verankerte Anspruch auf bevorzugte Befriedigung adressiert. Eine derartige Argumentation wies der *EuGH* jedoch explizit zurück: Er blickte vielmehr hinter die formelle „Fassade“ der Dreipoligkeit und versagte eine Direktwirkung der EGKS-Empfehlung im Verhältnis zu den übrigen Privatgläubigern unter Hinweis darauf, dass eine Bejahung der Direktwirkung diesen gegenüber zu einer *unmittelbaren* Beeinträchtigung ihrer Rechte geführt hätte.[597]

b) Parameter für eine inhaltliche Konkretisierung des Unmittelbarkeitskriteriums

Vor diesem Hintergrund stellt sich die Frage, wie das *Unmittelbarkeitskriterium* zum Zwecke einer praktischen Handhabung weiter konkretisiert werden könnte.

aa) Die „Vorwegnahme“ der behördlichen Sachentscheidung

Ein möglicher Ansatzpunkt für die Entscheidung über die *mittel-* bzw. *unmittelbare* Natur einer Belastung besteht darin, zu ermitteln, ob die betreffende Richtliniennorm – wenngleich diese primär eine staatliche Behörde verpflichtet – ihrem Regelungsgehalt nach die (behördliche) Sachentscheidung gegenüber dem Privaten gleichsam vorwegnimmt. Die in einer Richtliniennorm angelegte „Vorwegnahme“ der behördlichen Sachentscheidung zeigt sich durch den Umstand, dass die staatliche Behörde keine anders geartete Sachentscheidung gegenüber dem Privaten mehr treffen kann – im Hinblick auf diesen Aspekt steht ihr demnach kein *Ermessen* mehr zu.

596 Stellungnahme der *Kommission*, in: EuGHE 1990, Rs. C-221/88, I-495 – Busseni, S. I-502. Dagegen meint *Ulrich M. Gassner*, dass sich die klagende EGKS unmittelbar gegenüber den anderen Gläubigern auf die EGKS-Empfehlung berufen, und aus diesem Grund gar keine dreipolige Konstellation vorgelegen habe (vgl. *ders.*, in: FS Oppermann, S. 503 (508)). Diese Ansicht kann jedoch aufgrund der tatsächlichen strukturellen Gegebenheiten dieses Sachverhaltes nicht überzeugen (vgl. zur Dreipoligkeit der Busseni-Konstellation Kap. 3 I 2a.).

597 EuGHE 1990, Rs. C-221/88, I-495 – Busseni, Rn. 24f.

Der Begriff des *Ermessens im gemeinschaftsrechtlichen Sinne* ist von *Eckhard Pache* wie folgt definiert worden: Dieses „... besteht nach der Rechtsprechung der unmittelbaren Gemeinschaftsgerichte immer dann, wenn das anwendbare Gemeinschaftsrecht den Gemeinschaftsorganen oder den Mitgliedstaaten Entscheidungs-, Gestaltungs- oder Beurteilungsspielräume im Hinblick auf die Voraussetzungen oder den Inhalt ihres Tätigwerdens zuweist."[598] Folglich ist der gemeinschaftsrechtliche Ermessensbegriff weiter zu verstehen als der – an die Rechtsfolgenseite einer Norm geknüpfte – Ermessensbegriff des deutschen Verwaltungsrechts.[599] Gleichwohl sollte im vorliegenden Zusammenhang von einer Verwendung des *Ermessensbegriffes* abgesehen werden. Denn der Begriff des *Ermessens* ist bereits anderweitig belegt und würde insofern die Gefahr von Missverständnissen in sich bergen: Vorliegend geht es nicht um die primär an „normstrukturelle Überlegungen"[600] geknüpfte Frage, ob die nationale Verwaltungsbehörde eine *materiellrechtliche* Belastung des Privaten – dem Wortlaut der Richtliniennorm nach – vornehmen *kann* (dann Ermessen), oder ob sie dies tun *muss* (dann kein Ermessen). Vielmehr ist hier von Interesse, ob die *materiellrechtliche* Belastung des Privaten in der Richtliniennorm dergestalt angelegt ist, dass die staatliche Behörde ihre richtlinienimmanente Verpflichtung lediglich dann ordnungsgemäß erfüllen kann, wenn sie die abschließende Sachentscheidung *zu Lasten* des Privaten trifft.

bb) Der Begriff des Sachentscheidungsspielraumes

Vor diesem Hintergrund soll der – insofern unbeanspruchte – Begriff des *Sachentscheidungsspielraumes* herangezogen werden, um den hier interessierenden Aspekt begrifflich zu umreißen.

(1) Unmittelbare materiellrechtliche Belastungen

Wird die Sachentscheidung gegenüber einem Privaten durch den Regelungsgehalt der betreffenden Richtliniennorm vorweggenommen – steht der Behörde also *kein Sachentscheidungsspielraum* mehr zu, so sind *materiellrechtliche* Belastun-

---

598 *Pache*, Tatbestandliche Abwägung und Beurteilungsspielraum, S. 291.

599 Vgl. zum Ermessensbegriff im Sinne des deutschen Verwaltungsrechts – unter ausführlicher Darstellung der geschichtlichen Entwicklung dieses Begriffes – *Pache*, Tatbestandliche Abwägung und Beurteilungsspielraum, S. 20ff. m.w.N. Siehe zum gemeinschaftsrechtlichen Ermessensbegriff *ders.*, aaO, S. 408ff.

600 *Pache*, Tatbestandliche Abwägung und Beurteilungsspielraum, S. 391: unter Hinweis darauf, dass auch im Gemeinschaftsrecht ein Ermessensspielraum der Verwaltung grundsätzlich aus normstrukturellen Erwägungen hergeleitet werde.

gen des Einzelnen, welche sich aus der Erfüllung der staatlichen Verpflichtung ergeben, *unmittelbarer* Natur. Die Belastung des Privaten ergibt sich dann gleichsam spiegelbildlich aus dem Umstand, dass die staatliche Entität ihrer richtlinienimmanenten Verpflichtung nachkommt.

Eine *unmittelbare materiellrechtliche* Belastung ist beispielsweise gegeben, wenn die staatliche Behörde nach dem Regelungsgehalt einer Richtliniennorm verpflichtet wird, eine Genehmigung unter bestimmten Voraussetzungen aufzuheben. Der Behörde steht *kein Sachentscheidungsspielraum* bezüglich der Entscheidung über die Genehmigung zu: Das heißt, sie kann ihre richtlinienimmanente Verpflichtung lediglich dann ordnungsgemäß erfüllen, wenn sie die betreffende Genehmigung tatsächlich aufhebt. Die Erfüllung dieser behördlichen Verpflichtung führt auf Seiten des Genehmigungsinhabers gleichsam spiegelbildlich zu einer – für ihn nachteiligen – Änderung der *materiellen* Rechtslage.

(2) Mittelbare materiellrechtliche Belastungen

Trifft der Regelungsgehalt einer Richtliniennorm dagegen keine Aussage im Hinblick auf die abschließende Sachentscheidung – steht der Behörde also noch ein *Sachentscheidungsspielraum* zu, so können *materiellrechtliche* Belastungen eines Privaten, welche dadurch entstehen, dass die Behörde ihrer richtlinienimmanenten Verpflichtung nachkommt, nicht als *unmittelbar* angesehen werden. Derartige Belastungen sind infolge ihrer (lediglich) *mittelbaren* Natur zulässig.

Lediglich *mittelbare* Belastungen stellen Veränderungen der materiellen Rechtslage dar, welche sich als Folge einer – nach Maßgabe der UVP-Richtlinie durchgeführten – Umweltverträglichkeitsprüfung ergeben. Ruft man sich die im 3. Kapitel untersuchten Judikate zur UVP-Richtlinie ins Gedächtnis, so lässt sich zusammenfassend festhalten, dass der *EuGH* allein die Unanwendbarkeit der betreffenden nationalen Regelung sowie die Durchführung der Umweltverträglichkeitsprüfung postulierte. Dagegen schwieg er zu den *materiellrechtlichen* Konsequenzen, die in Frage stehen, wenn die Genehmigungsbehörde im Nachhinein, nämlich als Ergebnis der nachgeholten UVP, feststellt, dass das betreffende Vorhaben in dieser Form nicht hätte genehmigt werden dürfen. Dem Vorhabenträger werden somit aufgrund der UVP-Richtlinie allenfalls die Pflicht zur Duldung der Durchführung einer Umweltverträglichkeitsprüfung bzw. etwaige Mitwirkungsobliegenheiten auferlegt. Dabei handelt es sich jedoch lediglich um *verfahrensrechtliche* Belastungen (s.o.). Dass die gegebenenfalls nachträgliche Durchführung der UVP im Ergebnis zur Versagung der Genehmigung, zur Erteilung von Auflagen oder gar zur Aufhebung einer bereits erteilten Genehmigung und damit zur Änderung der *materiellen* Rechtslage zu Lasten eines Privaten führen kann, lässt sich jedenfalls nicht mehr als *unmittelbare* Belastung einstufen. Denn die

Entscheidung über eine Auflagenerteilung bzw. eine etwaige Aufhebung der Genehmigung für den Fall, dass erhebliche Auswirkungen auf die Umwelt festgestellt werden, beurteilt sich grundsätzlich nach dem jeweiligen nationalen Recht.[601]

C Zusammenfassung und Teilergebnis

Die im Rahmen dieses Kapitels entwickelten Eckpunkte zur Beurteilung der Direktwirkung in dreipoligen Konstellationen lassen sich in Form folgender Thesen zusammenfassen:

1. In dreipoligen Konstellationen ist das Rechtsinstitut der Direktwirkung von Richtlinien grundsätzlich zu bejahen: Das heißt, die prozessuale Geltendmachung entsprechender Richtliniennormen ist Privaten – im Unterschied zu *rein horizontalen* Konstellationen – nicht verwehrt.

2. Unabhängig davon ist im Rahmen der Zulässigkeit eines Rechtsbegehrens erforderlich, dass der Private, welcher sich auf eine Richtliniennorm beruft, eine *Individualberechtigung* nachweisen kann. Dabei sind die Anforderungen an eine derartige Berechtigung infolge gemeinschaftsrechtlicher Einflüsse – zumindest im Vergleich zum deutschen Verwaltungsrecht – herabgesetzt.

3. Die eigentliche Entscheidung über die Zulässigkeit der Direktwirkung einer Richtliniennorm erfolgt auf der Begründetheitsebene. Zu diesem Zweck werden drei Beurteilungskriterien herangezogen: Das *teleologische* Kriterium stellt – je nach Funktion der Richtliniennorm im konkreten Rechtsstreit – unterschiedliche Anforderungen an die *Bestimmtheit* der Norm. Mit Hilfe des Kriteriums der *Belastungsart* wird zwischen *verfahrensrechtlichen* Belastungen und *materiellrechtlichen* Belastungen unterschieden. An diese Unterscheidung knüpft das *Unmittelbarkeitskriterium* an: Denn dieses Kriterium ist allein bei *materiellrechtlichen* Belastungen von Bedeutung.

4. In dem vorliegend interessierenden Zusammenhang werden *verfahrensrechtliche* Belastungen als jene Belastungen definiert, welche die Stellung eines Privaten im *Stadium der Vorbereitung* einer abschließenden Sachentscheidung der nationalen Verwaltung bzw. des nationalen Gerichts verändern.

5. *Materiellrechtliche* Belastungen sind dagegen jene Belastungen, welche sich im Zusammenhang mit der *abschließenden Sachentscheidung* ergehen.

6. Mit Blick auf derartige *materiellrechtliche* Belastungen kommt dem Unmittelbarkeitskriterium eine entscheidende Bedeutung zu: Während *mittelbare*

601 Vgl. dazu Kap. 3 B II 2.

materiellrechtliche Belastungen zulässig sind, ist die Direktwirkung im Falle einer *unmittelbaren* materiellrechtlichen Belastung eines Privaten zu verneinen.

7. Allein der Umstand, dass in dreipoligen Konstellationen regelmäßig eine staatliche Entität als *Adressat der richtlinienimmanenten Verpflichtung* „zwischengeschaltet" ist, führt nicht zwangsläufig zu dem Befund, dass sämtliche Belastungen eines Privaten lediglich *mittelbarer* Natur sind. Vielmehr können Private auch in dreipoligen Konstellationen mit *unmittelbaren* Belastungen aus einer Richtliniennorm konfrontiert werden.

8. Ein möglicher Ansatzpunkt für die Entscheidung über die *(un-)mittelbare* Natur einer Belastung besteht darin, zu ermitteln, ob die betreffende Richtliniennorm – wenngleich sie primär eine staatliche Behörde verpflichtet – ihrem Regelungsgehalt nach die (behördliche) Sachentscheidung gegenüber dem Privaten gleichsam vorwegnimmt: Wird die Sachentscheidung gegenüber dem Privaten durch den Regelungsgehalt der betreffenden Richtliniennorm vorweggenommen – steht der Behörde also *kein Sachentscheidungsspielraum* mehr zu, so sind *materiellrechtliche* Belastungen Privater, welche sich aus der Erfüllung der staatlichen Verpflichtung ergeben, *unmittelbarer* Natur. Trifft der Regelungsgehalt einer Richtliniennorm keine Aussage bezüglich der abschließenden Sachentscheidung – steht der Behörde also noch ein *Sachentscheidungsspielraum* zu, so können *materiellrechtliche* Belastungen Einzelner, welche dadurch entstehen, dass die Behörde ihrer richtlinienimmanenten Verpflichtung nachkommt, nicht als *unmittelbar* angesehen werden. Derartige Belastungen sind infolge ihrer (lediglich) *mittelbaren* Natur zulässig.

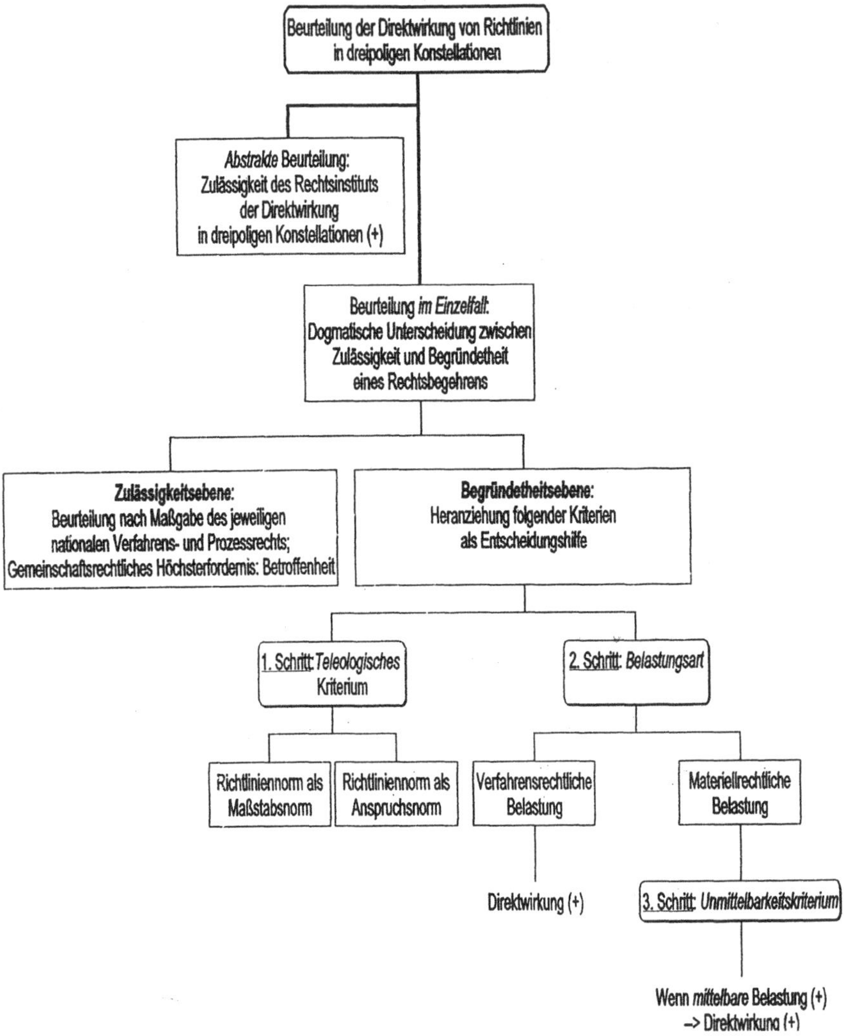

Graphische Darstellung: Eckpunkte zur Beurteilung der Direktwirkung von Richtlinien in dreipoligen Konstellationen

Kapitel 7
Die Direktwirkung von Richtlinien in dreipoligen Konstellationen und das deutsche Verwaltungsverfahrens- bzw. Prozessrecht

Während die Direktwirkungsproblematik in den vorangegangenen Kapiteln vorwiegend unter dem Blickwinkel des Gemeinschaftsrechts betrachtet worden ist, soll die Kernfrage der Untersuchung, die Direktwirkung in dreipoligen Konstellationen, nunmehr aus Sicht des deutschen Verwaltungsverfahrens- bzw. Prozessrechts untersucht werden.

Hintergrund dessen ist die gemeinschaftsrechtlich vorgegebene Prämisse, wonach die prozessuale Geltendmachung unmittelbar wirksamer Richtliniennormen – mangels entsprechender gemeinschaftsrechtlicher Mechanismen – grundsätzlich nach Maßgabe des jeweiligen nationalen Verfahrens- und Prozessrechts erfolgt.[602] Insofern wird das deutsche Rechtssystem beispielhaft aus der Vielzahl der mitgliedstaatlichen Rechtssysteme herausgegriffen.

Die konkrete rechtliche Ausgestaltung mehrpoliger Rechtsbeziehungen stellt im deutschen Verwaltungsrecht – ungeachtet der vorliegend noch hinzutretenden Direktwirkungsproblematik – einen vieldiskutierten Problembereich dar.[603] Dabei bereitet der Versuch, diese Problematik anhand von Instrumentarien zu erfassen, welche primär auf die *bipolare* Rechtskonstellation Staat-Bürger ausgerichtet sind, erhebliche Schwierigkeiten.[604]

Bezieht man die in den vorangegangenen Kapiteln gewonnenen Erkenntnisse in diese Überlegungen ein, so ergeben sich – bedingt durch die Verzahnung der gemeinschaftlichen Rechtspositionen mit dem deutschen Verwaltungsverfahrens- und Prozessrecht – einige spezifische Problembereiche.

---

602 Z.B. EuGHE 1999, Rs. C-120/97, I-223 – Upjohn, Rn. 32. Diese Prämisse ergibt sich aus der fehlenden Kompetenz der Gemeinschaft zur Regelung des allgemeinen Verwaltungsrechts. Dies ist auch von der Gemeinschaft wiederholt anerkannt worden (vgl. z.B. die 19. Erklärung zur Anwendung des Gemeinschaftsrechts zum Vertrag von Maastricht sowie die 43. Erklärung zum Protokoll über die Anwendung der Grundsätze der Subsidiarität und der Verhältnismäßigkeit im Rahmen des Amsterdamer Vertrages).

603 Vgl. zur Problematik dreipoliger Beziehungen im deutschen Verwaltungsrecht z.B. *Battis*, Allgemeines Verwaltungsrecht, S. 155f.; *ders.*, Öffentliches Baurecht und Raumordnungsrecht, S. 250.

604 *Schmidt-Preuß*, Kollidierende Privatinteressen im Verwaltungsrecht, S. 3. Damit ist insbesondere das subjektiv-öffentliche Recht sowie der Verwaltungsakt i.S.v. § 35 VwVfG gemeint.

Diese sollen im Folgenden für die Zulässigkeitsebene (Teil A) sowie für die Begründetheitsebene eines Rechtsbegehrens (Teil B) aufgezeigt werden.[605] Im Anschluss daran erfolgt eine zusammenfassende Betrachtung dieser Problembereiche (Teil C).

A Die Zulässigkeitsebene eines Rechtsbegehrens

Auf der Zulässigkeitsebene führt die soeben angedeutete Verzahnung insbesondere im Bereich der Antrags- und Klagebefugnis (I) sowie im Bereich der Fristen (II) zu erläuterungsbedürftigen Fragestellungen.

I Die Antrags- bzw. Klagebefugnis

Die im Rahmen der Antrags- bzw. Klagebefugnis auftretenden Probleme sind weniger an die Dreipoligkeit der Konstellation, als vielmehr an den Umstand geknüpft, dass die vom *EuGH* relativ großzügig bejahten Rechtspositionen auf das „Nadelöhr" der deutschen *Schutznormtheorie* treffen. Dabei ist nochmals klarzustellen, dass in diesem Stadium noch nicht über die Frage einer möglichen Einschränkung der Direktwirkung entschieden wird: Denn das *Rechtsinstitut* der Direktwirkung ist in dreipoligen Rechtsbeziehungen – anders als im horizontalen Rechtsverhältnis – grundsätzlich zulässig.[606] Die Frage einer *im Einzelfall* gebotenen Einschränkung der Direktwirkung ist hingegen erst auf der Begründetheitsebene zu beurteilen.[607]

1. Die Ausgangssituation des deutschen Rechts: Das Primat der Schutznormtheorie

Gemäß § 42 Abs. 2 VwGO ist die Anfechtungs- bzw. Verpflichtungsklage – soweit gesetzlich nichts anderes bestimmt ist – zulässig, wenn der Kläger geltend macht, durch den Verwaltungsakt oder seine Ablehnung oder Unterlassung in seinen *Rechten* verletzt zu sein. Auch § 47 Abs. 2 S. 1 VwGO setzt für das Nor-

605 Auf eine Erläuterung sämtlicher Sachurteilsvoraussetzungen bzw. gemeinschaftsrelevanter Gesichtspunkte im Rahmen der Begründetheit muß vorliegend verzichtet werden. Vgl. insofern ausführlich zu dieser Problematik *Rengeling/Middeke/Gellermann*, Rechtsschutz in der EU, § 37 Rn. 1067ff. sowie *Burgi*, Verwaltungsprozess und Europarecht, S. 30ff.

606 Vgl. insofern die ausführliche Auseinandersetzung mit dieser Problematik in Kap. 5.

607 Vgl. dazu Kap. 6.

menkontrollverfahren nunmehr voraus, dass der Antragsteller durch die Rechtsvorschrift oder deren Anwendung in seinen *Rechten* verletzt ist. Im deutschen Recht wird das subjektiv-öffentliche Recht definiert als „... *die einem einzelnen kraft öffentlichen Rechts verliehene Rechtsmacht, vom Staat zur Verfolgung eigener Interessen ein bestimmtes Verhalten verlangen zu können*“[608]. Die Ermittlung eines derartigen Rechtes bestimmt sich nach Maßgabe der so genannten *Schutznormtheorie*: Danach „... werden subjektive Rechte von jeder Norm begründet, soweit diese zumindest *auch* dem Schutz des Betreffenden dient, also nicht *nur* Belange der Allgemeinheit wahren soll“[609]. Die Anwendung dieser Theorie kann im Einzelfall mit erheblichen Problemen behaftet sein. Infolgedessen ist sie – was ihre Anwendung im *rein innerstaatlichen* Kontext angeht – bisweilen erheblicher Kritik ausgesetzt.[610]

Im vorliegenden Zusammenhang ist von besonderem Interesse, dass eine bloße *faktische* Begünstigung nach herrschender Meinung nicht für die Bejahung eines subjektiv-öffentlichen Rechts ausreicht.[611]

2. *Erweiterung der Antrags- und Klagebefugnis bei einer prozessualen Geltendmachung von unmittelbar wirksamen Richtliniennormen*

Allerdings ist bereits an anderer Stelle dargelegt worden, dass im Rahmen der prozessualen Geltendmachung von unmittelbar wirksamen Richtliniennormen ei-

---

608 *Mauer*, Allgemeines Verwaltungsrecht, § 8 Rn. 2 – kurs. i.O. Vgl. ausführlich zum Begriff, den Voraussetzungen sowie den Funktionen des subjektiv-öffentlichen Rechts im deutschen Verwaltungsrecht *Battis*, Allgemeines Verwaltungsrecht, S. 102ff.

609 *Classen*, Europäisierung der Verwaltungsgerichtsbarkeit, S. 40 – kurs. i.O. Siehe ausführlich zur Problematik *Battis*, Allgemeines Verwaltungsrecht, S. 104ff. unter Hinweis auf BVerwGE 41, 58 (63); BVerwGE 51, 193 (211); BVerwGE 52, 122 (129).

610 Vgl. z.B. *Winter*, NVwZ 1999, 467 (468): „Das Kernproblem dieser Doktrin ist die *Annahme, man könne zwischen individueller und allgemeiner Schutzrichtung von Gesetzen unterscheiden*... Rechtstechnisch hat diese Unterscheidung von Beginn an Schwierigkeiten gemacht... Wenn ein Gesetz zum Beispiel die Gesundheit der Bevölkerung bezweckt, so geschieht dies nicht zum Schutz eines imaginären Abstraktums, sondern zum Schutz aller als Einzelpersonen.“ (ebd., S. 468) – kurs. i.O. Vgl. zur Problematik auch *Classen*, Europäisierung der Verwaltungsgerichtsbarkeit, S. 40ff.: mit kritischen Anmerkungen zu den von Literatur und Rechtsprechung entwickelten Fallgruppen.

611 *Battis*, Allgemeines Verwaltungsrecht, S. 104 sowie m.w.N. zur Diskussion um mögliche Neuansätze zur Bestimmung des subjektiv-öffentlichen Rechts (ebd., S. 105).

ne Erweiterung der Antrags- bzw. Klagebefugnis geboten ist.[612] Diese Erweiterung wird zum einen durch – im Vergleich zur Schutznormtheorie – herabgesetzte Anforderungen an die Subjektivierung des Klägers erreicht.[613] Dabei ist lediglich zu fordern, dass der Kläger ein *unmittelbares Interesse* daran geltend machen kann, dass die in einer *hinreichend konkreten* sowie *unbedingten* Richtliniennorm enthaltene Verpflichtung befolgt wird.[614]

Überdies wird die Erweiterung der Klagebefugnis durch eine Ausweitung der einklagbaren Rechtspositionen realisiert. Dies führt insbesondere mit Blick auf zwei Aspekte, die in dreipoligen Konstellationen häufig relevant werden, zu Konflikten mit dem deutschen Verwaltungsrecht: Einen dieser Konfliktbereiche stellt die Einklagbarkeit *verfahrensrechtlicher Mängel* dar, der andere Problembereich bezieht sich auf die Einklagbarkeit von *Grenzwerten.*

Die Geltendmachung *verfahrensrechtlicher Mängel* ist vor allem im Zusammenhang mit der UVP-Richtlinie von erheblicher Bedeutung: Verfahrensrechtlicher Natur ist beispielsweise eine Berufung auf den Umstand, dass eine gemeinschaftsrechtlich gebotene Umweltverträglichkeitsprüfung unterlassen, oder eine gemäß der UVP-Richtlinie erforderliche Beteiligung der Öffentlichkeit nicht durchgeführt worden ist. Die Einklagbarkeit derartiger Verfahrensmängel erfährt in § 44a S. 1 VwGO eine erhebliche Einschränkung: Danach können Rechtsbehelfe gegen behördliche Verfahrenshandlungen lediglich gleichzeitig mit den gegen die Sachentscheidung zulässigen Rechtsbehelfen geltend gemacht werden.[615]

Die Rechtmäßigkeit der daraus resultierenden Einschränkung des Rechtsschutzes lässt sich allerdings – zumindest im Zusammenhang mit der innerstaatlichen Durchsetzung gemeinschaftsrechtlicher Rechtspositionen – in Zweifel ziehen. So könnte eine Kollision mit dem Gemeinschaftsrecht gegeben sein, wenn dieses „... dem einzelnen ein selbständiges Verfahren einräumt, das jederzeit vor den nationalen Gerichten durchsetzbar sein soll“[616].

Dabei ist zu berücksichtigen, dass die Geltendmachung von Verfahrensmängeln bereits durch den Umstand eingeschränkt wird, dass ein entsprechender

---

612 Vgl. Kap. 2 A II.

613 Vgl. Kap. 1 C IV 1.

614 Vgl. insbesondere EuGHE 1991, verb. Rs. C-87/90 bis C-89/90, I-3757 – Verholen, Rn. 23; bestätigt durch EuGHE 1994, C-343/92, I-571 – Roks, Rn. 39ff. Vgl. zu möglichen Ansätzen für eine inhaltliche Konkretisierung des Betroffenheitskriteriums *Rengeling/Middeke/Gellermann*, Rechtsschutz in der EU, § 37 Rn. 1083ff.

615 Die in § 44a S. 2 VwGO statuierte Ausnahme dürfte hingegen im vorliegenden Zusammenhang von eher geringer Relevanz sein. Gemäß dieser Norm ist ein allein gegen behördliche Verfahrenshandlungen gerichteter Rechtsbehelf gleichwohl zulässig, wenn die betreffende Handlung vollstreckt werden kann oder gegen einen Nichtberechtigten ergeht.

616 *Ehlers*, Europäisierung des Verwaltungsprozessrechts, S. 69.

Mangel lediglich dann zur Aufhebung der Sachentscheidung führt, wenn nicht ausgeschlossen werden kann, dass die Sachentscheidung ohne den betreffenden Mangel anders ausgefallen wäre.[617] Dieses an das *Ergebnis* der Sachentscheidung geknüpfte Postulat steht – für sich betrachtet – nicht im Widerspruch zum gemeinschaftsrechtlichen *Effizienzgebot*.[618] Würde man jedoch diese (wohl zulässige) Form der Unbeachtlichkeit von Richtlinienverstößen noch durch den Umstand verschärfen, dass Verfahrensmängel *auch im Vorfeld* der Sachentscheidung nicht separat gerügt werden können, so wäre die innerstaatliche Wirksamkeit der aus einer Richtliniennorm resultierenden Verfahrensregeln in einem noch stärkeren Maße eingeschränkt. Gleichzeitig ist ein normatives Äquivalent zu § 44a S. 1 VwGO auf der Ebene des Gemeinschaftsrechts nicht vorhanden.[619]

Eine Anwendung von § 44a S. 1 VwGO im Zusammenhang mit der *prozessualen* Beanstandung eines Verstoßes gegen Verfahrensregeln, die in einer unmittelbar wirksamen Richtliniennorm verankert sind, würde damit dem gemeinschaftsrechtlichen *Effizienzgebot* widersprechen. Selbst wenn man der Umweltverträglichkeitsprüfung insofern keine *materiellrechtliche*[620], sondern (lediglich) eine *verfahrensrechtliche*[621] Bedeutung beimisst, ist daher – im Falle der Anerkennung eines Rechtes auf Durchführung einer UVP bzw. auf Einbeziehung in das Verfahren – die Möglichkeit einer separaten gerichtlichen Geltendmachung zu eröffnen.[622]

Einen weiteren, für dreipolige Konstellationen sehr bedeutsamen Bereich stellt die Frage nach der Einklagbarkeit von *Grenzwerten* dar: Während Grenzwerte im deutschen Umweltrecht als „Vorsorgenormen" i.S. von § 5 Abs. 1 Nr. 2

---

617 Vgl. z.B. BVerwGE 100, 238 (247ff.).

618 Vgl. dazu Kap. 3 B II 2. Der Grundsatz der *Nichtdiskriminierung* ist aufgrund der unterschiedslosen Anwendung dieser Norm von vornherein nicht einschlägig.

619 Im Unterschied dazu war mit Blick auf Art. 46 VwVfG festgestellt worden, dass auf der gemeinschaftsrechtlichen Ebene mit Art. 230 Abs. 2 EG ein Äquivalent existiert: Beide Normen knüpfen an das Erfordernis einer *ergebnisbeeinflussenden* Wirkung des Verfahrensmangels an. Die gleichzeitige Berücksichtigung des Umstandes, dass Art. 46 VwVfG keine *absolute* Unbeachtlichkeit von Form- bzw. Verfahrensmängeln postuliert, führte zu dem Befund, dass eine Anwendung des Art. 46 VwVfG auf Verfahrensmängel im Zusammenhang mit der UVP-Richtlinie nicht gegen das *Effizienzgebot* verstößt (vgl. dazu ausführlich Kap. 3 B II 2).

620 So aber z.B. *Steinberg*, DÖV 1996, 221 (228); *Kloepfer*, Umweltrecht, § 5 Rn. 104; *Ehlers*, Europäisierung des Verwaltungsprozessrechts, S. 70.

621 Vgl. BVerwG, DVBl 1994, 763f.; BVerwGE 100, 238 (243); 370 (376); BVerwG, DVBl 1997, 1119 (1121); *Schmidt-Preuß*, DVBl 1995, 485 (494).

622 *Ehlers*, Europäisierung des Verwaltungsprozessrechts, S. 70f. m.w.N. zur Diskussion um die dogmatische Herleitung entsprechender Rechtspositionen bzw. zur Diskussion um den Drittschutz.

BImSchG grundsätzlich keine drittschützende Wirkung entfalten,[623] ist ihnen eine derartige Wirkung aus Sicht des Gemeinschaftsrechts zumindest dann beizumessen, wenn ihre Einhaltung durch eine EG-Richtlinie geboten ist.[624]

Dabei ist zu bedenken, dass die abschließende Klärung der Frage, ob sich beispielsweise der Nachbar einer Industrieanlage auf die – im Vergleich zum nationalen Recht – strengeren Umweltstandards einer Richtliniennorm berufen kann, um eine Auflagenerteilung seitens der Verwaltungsbehörde durchzusetzen, erst auf der Begründetheitsebene erfolgt.[625] Denn die Beurteilung dieser Problematik ist von weiteren Faktoren abhängig, welche nicht an den Pol des *begünstigten* Privaten – bzw. an die von ihm geltend gemachte Rechtsposition – geknüpft sind.

3. *Integration der gemeinschaftsrechtlichen Postulate in das deutsche Verwaltungsrecht*

Im vorliegenden Zusammenhang ist auch problematisch, wie die gemeinschaftsrechtlich postulierte Erweiterung der Klagebefugnis *rechtstechnisch* in das deutsche Rechtsschutzsystem integriert werden kann: Dabei geht es primär um jene gemeinschaftlichen Rechtspositionen Privater, welche bei strikter Anwendung des § 42 Abs. 2 VwGO *kein* subjektiv-öffentliches Recht darstellen.[626]

Diese Fragestellung ist zwar *auch* in Fällen von Bedeutung, in denen – wie vorliegend vertreten – die Direktwirkung von Richtlinien in dreipoligen Konstellationen grundsätzlich für zulässig erachtet wird. Gleichwohl kann nicht von einem Spezifikum gesprochen werden, welches an die *Dreipoligkeit* der Konstellationen geknüpft ist. Daher soll an dieser Stelle lediglich eine überblicksartige Erläuterung der Problematik erfolgen.[627] Zur Vermeidung von Missverständnissen ist nochmals klarzustellen, dass vorliegend nicht die Geltendmachung von Rechtspositionen *aus Richtlinienumsetzung* in Frage steht.[628] Vielmehr soll hier

---

623 Vgl. *Kloepfer*, Umweltrecht, § 8 Rn. 21 unter Hinweis auf BVerwGE 65, 313 (320) sowie m.w.N. zur Diskussion um die Zuordnung von Grenzwerten zum Bereich der Vorsorge.

624 *Rengeling*, VVDStRL 53 (1994), 202 (211) unter Hinweis auf EuGHE 1991, Rs. C-361/88, I-2567 – Kommission/Bundesrepublik Deutschland (TA Luft), Rn. 16. Siehe zur Problematik auch *Böhm*, ZUR 2002, 6 (10).

625 Vgl. zu dazu Kap. 6.

626 *Schwarze*, NVwZ 2000, 241 (248).

627 Eine ausführliche Auseinandersetzung mit dieser Problematik erfolgt z.B. bei *Ehlers*, Europäisierung des Verwaltungsprozessrechts, S. 61ff.: insgesamt für eine differenzierende Lösung eintretend.

628 Mit Blick auf diese Konstellation stehen sich grundsätzlich zwei Positionen gegenüber: Teilweise wird für eine Einstufung derartiger Rechtspositionen als „anderwei-

ausschließlich die Geltendmachung von Rechtspositionen im Rahmen der *unmittelbaren Wirkung* einer Richtliniennorm interessieren.[629]

Da es sich insofern um die *direkte* Anwendung von Gemeinschaftsrecht handelt, kommt eine Qualifikation derartiger Rechtspositionen als „anderweitige gesetzliche Regelung" gemäß § 42 Abs. 2 VwGO nicht in Betracht. Vielmehr ist entweder eine erweiternde Auslegung des Begriffes „Recht" im Sinne von § 42 Abs. 2 VwGO[630] oder eine explizite Klarstellung im Gesetzestext[631] geboten.

II Die Fristenproblematik

Im Rahmen der Zulässigkeit stellt auch die Einhaltung der Fristen einen Problembereich dar. Die erhebliche Brisanz dieser Problematik ergibt sich aus der Kombination der Umstände, dass – erstens – eine *dreipolige* Konstellation gegeben ist, in der – zweitens – eine *unmittelbar wirksame Richtliniennorm* geltend gemacht wird.

Dabei dürfte das Kernproblem in der Beantwortung der Frage bestehen, wie die rechtlichen Folgen einer Missachtung der in § 70 Abs. 1 VwGO verankerten Widerspruchsfrist zu beurteilen sind.

1. Verfristung eines Widerspruchs in dreipoligen Konstellationen

Der Hintergrund des deutschen Rechts lässt sich wie folgt beschreiben: Während die Dispositionsbefugnis der Widerspruchsbehörde zur *sachlichen* Bescheidung eines – an sich verfristeten – Widerspruchs in zweipoligen[632] Konstellationen

---

tige gesetzliche Bestimmung" gemäß § 42 Abs. 2 VwGO plädiert (vgl. z.B. *Gerstner*, Drittschutzdogmatik, S. 268f.). Andere Autoren schlagen eine erweiternde Auslegung des Begriffes „Recht" in § 42 Abs. 2 VwGO vor (*Ruthig*, BayVBl 1997, 289 (292ff.)).

629 Vgl. zur Notwendigkeit einer derartigen Differenzierung z.B. *Classen*, VerwArch 1997, 645 (651); *Ruffert*, DVBl 1998, 69 (70ff.).

630 Wohl bejahend *Frenz*, DVBl 1995, 408 (412); *Halfmann*, VerwArch 2000, 74 (85): für eine Auslegung bzw. Anwendung des § 42 Abs. 2 VwGO dergestalt, dass die Klagebefugnis „im Ergebnis" zu bejahen ist; *Ruffert*, DVBl 1998 69 (74): zumindest mit Blick auf die Durchsetzung von „Rechten aus unmittelbarer Wirkung" für eine „erweiternde Auslegung" des § 42 Abs. 2 VwGO plädierend.

631 Vgl. dazu z.B. *Wegener*, Interessenklage im europ. Umweltrecht, S. 295f. mit folgendem Formulierungsvorschlag für einen neuen § 42 Abs. 2 *S. 2* VwGO: „Abweichend von Satz 1 ist die Klage auch dann zulässig, wenn der Kläger eine Beeinträchtigung von Interessen geltend macht, deren Verteidigung ihm durch Normen des europäischen Gemeinschaftsrechts ermöglicht ist.".

632 Gemeint ist die Beziehung Staat-Bürger.

unterschiedlich beurteilt wird,[633] besteht bei dreipoligen Konstellationen Einigkeit darüber, dass sich eine Sachentscheidung der Behörde nach Ablauf der Widerspruchsfrist verbietet.[634] Zur Begründung wird auf den Umstand verwiesen, dass der einen Privaten begünstigende Verwaltungsakt mit Ablauf der Widerspruchsfrist Bestandskraft erlangt, und dem begünstigten Privaten daraus eine gesicherte Rechtsposition erwächst. Diese Rechtsposition würde durch eine erneute Sachentscheidung der Behörde *nach Fristablauf* beeinträchtigt: Denn damit wäre dem durch den ursprünglichen Verwaltungsakt belasteten Privaten – trotz Verfristung seines Widerspruchs – der Klageweg eröffnet.[635]

2. *Verfristung eines Widerspruchs und prozessuale Geltendmachung unmittelbar wirksamer Richtliniennormen*

Gleichwohl bleibt zu prüfen, ob dieser Befund auch für dreipolige Konstellationen, in denen es um die Einklagbarkeit *unmittelbar wirksamer* Richtliniennormen geht, Geltung beanspruchen kann.

a) Die EuGH-Rechtsprechung zur Fristenproblematik

Die fristgerechte Geltendmachung derartiger Rechtspositionen wird häufig unter Anknüpfung an die *Emmott*-Entscheidung[636] aus dem Jahre 1991 problematisiert.[637]

In dem dieser Vorabentscheidung zugrunde liegenden Sachverhalt hatte sich die Klägerin vor den irischen Behörden auf eine Rechtsposition aus der RL 79/7/EWG[638] berufen. Die nationalen Behörden verwiesen Frau Emmott hinge-

633 Pro Dispositionsbefugnis der Widerspruchsbehörde z.B. BVerwGE 57, 343 (344); VGH BW, VBlBW 1992, 96 (97); *Maurer*, Allgemeines Verwaltungsrecht, § 10 Rn. 28; *Battis*, Allgemeines Verwaltungsrecht, S. 159. Contra Dispositionsbefugnis z.B. *Pietzner/Ronellenfitsch*, Assessorexamen im Öffentlichen Recht, § 17 Rn. 4 sowie § 42 Rn. 3ff.; *Merten*, NJW 1983, 1993 (1996) m.w.N.

634 Vgl. z.B. BVerwGE 65, 313 (318f.); BayVBl 1983, 27 (28); *Maurer*, Allgemeines Verwaltungsrecht, § 10 Rn. 28 unter Hinweis auf BVerwG, DÖV 1982, 940f.; *Battis*, Allgemeines Verwaltungsrecht, S. 159 unter Hinweis auf BVerwG, NVwZ 1983, 285.

635 Vgl. beispielhaft insofern *Battis*, Allgemeines Verwaltungsrecht, S. 159 unter Hinweis auf BVerwG, NVwZ 1983, 285.

636 EuGHE 1991, Rs. C-208/90, I-4269 – Emmott.

637 Vgl. insofern z.B. *Rengeling/Middeke/Gellermann*, Rechtsschutz in der EU, § 37 Rn. 1097.

638 Richtlinie zur schrittweisen Verwirklichung der Gleichbehandlung von Männern und Frauen im Bereich der sozialen Sicherheit, ABlEG 1979 L 6, S. 24.

gen auf den Umstand, dass die besagte Richtlinie Gegenstand eines laufenden Verfahrens sei, und infolgedessen noch nicht über das Begehren der Antragstellerin entschieden werde könne. Die später von Frau Emmott eingereichte Klage war nach nationalem Recht verfristet. Zu diesem Zeitpunkt hatte man die RL 79/7/EWG allerdings noch immer nicht ordnungsgemäß in nationales Recht umgesetzt.

Im Rahmen seiner Vorlageentscheidung zur Rechtssache *Emmott* stellte der *EuGH* zunächst Folgendes klar: „Solange nämlich eine Richtlinie nicht ordnungsgemäß in nationales Recht umgesetzt wurde, sind die einzelnen nicht in die Lage versetzt worden, in vollem Umfang von ihren Rechten Kenntnis zu erlangen“[639]. Mit Blick auf diesen „Unsicherheitsfaktor“[640] führte der *EuGH* sodann aus, „... dass sich der säumige Mitgliedstaat bis zum Zeitpunkt der ordnungsgemäßen Umsetzung der Richtlinie nicht auf die Verspätung einer Klage berufen kann, die ein einzelner zum Schutz der ihm durch die Bestimmungen der Richtlinie verliehenen Rechte gegen ihn erhoben hat, und dass eine Klagefrist des nationalen Rechts erst zu diesem Zeitpunkt beginnen kann“[641]. Auf die besonderen Umstände des Sachverhalts ging der *EuGH* in seiner Begründung hingegen nicht ein.

Vor diesem Hintergrund gingen sowohl das Schrifttum als auch die nationalen Gerichte im Anschluss an die *Emmott*-Entscheidung überwiegend davon aus, dass die nationalen Fristen zur Geltendmachung richtlinienimmanenter Rechte erst *ab dem Zeitpunkt der ordnungsgemäßen Richtlinienumsetzung* zu laufen beginnen.[642] Dieser Grundsatz ist als „Emmott'sche Fristenhemmung“ bekannt geworden.

Damit einher ging teilweise die Befürchtung, dass in derartigen Fallkonstellationen die Bestandskraft von Verwaltungsakten generell ausgeschlossen sei. Daran anknüpfend ist dem *EuGH* sogar eine Überschreitung der Gemeinschaftskompetenzen vorgeworfen worden.[643]

Allerdings sind weder eine Verallgemeinerung der *Emmott*-Entscheidung in dem soeben beschriebenen Sinne noch die damit verbundenen Befürchtungen berechtigt.

Vielmehr belegen einige Judikate aus jüngerer Zeit, dass der *EuGH* in seiner *Emmott*-Entscheidung aus dem Jahr 1991 keine generelle Verschiebung der nationalen Fristen auf den Zeitpunkt der ordnungsgemäßen Umsetzung postulieren

639 EuGHE 1991, Rs. C-208/90, I-4269 – Emmott, Rn. 21.

640 *Gundel*, NVwZ 1998, 910 (912).

641 EuGHE 1991, Rs. C-208/90, I-4269 – Emmott, Rn. 23.

642 Z.B. *Rengeling/Middeke/Gellermann*, Rechtsschutz in der EU, § 37 Rn. 1097; *Adamek*, EG-Richtlinien im Umweltrecht, S. 662.

643 *Stadie*, NVwZ 1994, 435 (436ff.).

wollte: So bejahte der *EuGH* in den Rechtssachen *Steenhorst-Neerings*[644] und *Johnson*[645] die Zulässigkeit von zeitlichen Beschränkungen, welche im nationalen Recht für einen rückwirkenden Bezug von Leistungen aus einer Richtliniennorm vorgesehen waren.

In den betreffenden Judikaten ging es – wie bereits in der Rechtssache *Emmott* – um die Beseitigung einer geschlechtspezifischen Diskriminierung im Bereich des Sozialrechts. Einer Berufung auf die *Emmott*-Grundsätze hielt der *EuGH* jeweils entgegen, dass die Geltendmachung der in Frage stehenden Rechte lediglich *zeitlich begrenzt*, grundsätzlich aber *möglich* gewesen sei.[646] Diese – vom *EuGH* selbst vorgenommene – einschränkende Interpretation der *Emmott*-Entscheidung ist allerdings vielfach unbeachtet geblieben.[647]

Unabhängig davon distanzierte sich der *EuGH* in seiner *Fantask*-Entscheidung[648] aus dem Jahr 1997 in nunmehr eindeutiger Form von einer Verallgemeinerung der *Emmott*-Entscheidung mit Blick auf den gesamten Richtlinienbereich.

In dem betreffenden Sachverhalt ging es um die Rückerstattung von Abgaben, welche unter Verstoß gegen die Richtlinie 69/335/EWG erhoben worden waren. Unter Hinweis auf die Rechtssachen *Steenhorst-Neerings*[649] und *Johnson*[650] stellte der *EuGH* klar, dass die *Emmott*-Entscheidung aus der besonderen Einzelfallsituation heraus begründet werden müsse. Diese Situation sei dadurch gekennzeichnet gewesen, dass der Klägerin im Ausgangsverfahren *jede Möglichkeit* versperrt war, ihre richtlinienimmanenten Rechte geltend zu machen.[651]

Die aus diesen Judikaten hervorgehende *Relativierung* der *Emmott*-Entscheidung ist in mehrfacher Hinsicht überzeugend. Zum einen wäre bei einer kategorischen Anwendung der „Emmott'schen Fristenhemmung" auf Richtlinien zweifelhaft, ob der vom *EuGH* hervorgehobene „Unsicherheitsfaktor"[652] tatsächlich grundsätzlich gegeben ist. So dürfte es beispielsweise international ausgerichteten Unternehmen, die sich auf eine Richtliniennorm zur Wahrung ihrer

644 EuGHE 1993, Rs. C-338/91, I-5475 – Steenhorst-Neerings.
645 EuGHE 1994, Rs. C-410/92, I-5483 – Johnson.
646 EuGHE 1993, Rs. C-338/91, I-5475 – Steenhorst-Neerings, Rn. 18ff.; EuGHE 1994, Rs. C-410/92, I-5483 – Johnson, Rn. 27ff. Zustimmend insofern *Classen*, DV 1998, 307 (315); *Hoskins*, ELRev 1996, 365 (371): „... although the *extent* of Mrs. Steenhorst-Neerings' claim was limited, it was not completely blocked by a national rule of limitation... ".
647 *Gundel*, NVwZ 1998, 910 (914) m.w.N.
648 EuGHE 1997, Rs. C-188/95, I-6783 – Fantask.
649 EuGHE 1993, Rs. C-338/91, I-5475 – Steenhorst-Neerings.
650 EuGHE 1994, Rs. C-410/92, I-5483 – Johnson, Rn. 26.
651 EuGHE 1997, Rs. C-188/95, I-6783 – Fantask, Rn. 47ff.; bestätigt durch *EuGH*, Urteil vom 15. 9. 2000, Rs. C-231/96 – Edis, Rn. 46.
652 *Gundel*, NVwZ 1998, 910 (912).

wirtschaftlichen Interessen berufen, in Anbetracht ihrer regelmäßig exzellent ausgestatteten Rechtsabteilungen ohne größere Schwierigkeiten möglich sein, eventuelle richtlinienimmanente Rechte auch *vor* der Umsetzung in nationales Recht zu erkennen und geltend zu machen.[653]

Darüber hinaus belegt gerade die der Rechtssache *Emmott* zugrunde liegende Sachverhaltskonstellation, dass auch private Individuen durchaus in der Lage sind, ihre richtlinienimmanenten Rechte bereits *vor* Ablauf der Umsetzungsfrist zu erkennen: Dass Frau Emmott ihre gemeinschaftsrechtliche Position letztlich nicht innerhalb der nationalen Verfahrensfrist geltend machen konnte, lag nicht an einer mangelnden Kenntnis dieser Position: Vielmehr kannte die Klägerin ihre Rechte bereits *vor* Umsetzung der Richtlinie in nationales Recht. Sie wurde jedoch durch die „Hinhalte- bzw. Verzögerungstaktik" der nationalen Behörden in diesem konkreten Fall daran gehindert, die ihr bekannte Rechtsposition unter Einhaltung der nationalen Frist geltend zu machen.

Unabhängig von diesen praktischen Überlegungen ließe sich eine kategorische Anwendung der „Emmott'schen Fristenhemmung" auf den gesamten Richtlinienbereich nur schwer mit dem Konzept der unmittelbaren Wirkung vereinbaren: Denn dieses Rechtsinstitut zeichnet sich anerkanntermaßen gerade dadurch aus, dass dem Einzelnen bei Vorliegen der betreffenden Voraussetzungen die Möglichkeit eröffnet wird, einzelne Richtliniennormen bereits *vor* einer ordnungsgemäßen Umsetzung in nationales Recht geltend zu machen.

b) Die Rechtsprechung des deutschen Bundesverwaltungsgerichts zur Fristenproblematik

Angesichts der soeben aufgezeigten *EuGH*-Rechtsprechung erscheint die Position des *Bundesverwaltungsgerichts*, der zufolge die „Emmott'sche Fristenhemmung" nicht auf die Widerspruchsfrist des § 70 VwGO sowie die Klagefrist des § 74 VwGO übertragen werden könne, wenig revolutionär.

Beide Normen sehen eine Einmonatsfrist ab Bekanntgabe des Verwaltungsaktes vor. Auf diese unterschiedslos anwendbaren Rechtsvorschriften dürfte das *Diskriminierungsverbot* von vornherein keine Anwendung finden.[654] Auch eine Verletzung des *Effizienzgebotes* lässt sich mit Blick auf die Einmonatsfrist nicht feststellen: Vielmehr ist eine derartige Frist vom *EuGH* in der *Rewe (Äpfel)*-Entscheidung[655] für „angemessen"[656] erachtet worden.

653 Ähnlich *Hoskins*, ELRev 1996, 365 (370).
654 So auch *Burgi*, Verwaltungsprozess und Europarecht, S. 65.
655 EuGHE 1976, Rs. 33/76, 1989 – Rewe (Äpfel), S. 1989.
656 EuGHE 1976, Rs. 33/76, 1989 – Rewe (Äpfel), S. 1989, Rn. 5: mit Blick auf die Widerspruchsfrist. Diese Einschätzung wird auch vom deutschen Schrifttum geteilt.

In einem kürzlich vom *BVerwG* entschiedenen Fall war der Widerspruch gegen einen (angeblich) gemeinschaftsrechtswidrigen Abgabenbescheid verfristet erhoben worden. Im Rahmen seines Beschlusses stellte das *BVerwG* in erster Linie auf die vom *EuGH* entwickelten allgemeinen Verwaltungsgrundsätze der *Effektivität* und der *Nichtdiskriminierung* ab. Dabei stützte sich das *BVerwG* explizit auf die *EuGH*-Rechtssachen *Rewe (Äpfel)*[657] sowie *Fantask*[658]. Im Ergebnis führte das *BVerwG* aus: „Nichts spricht dafür, dass im Zeitpunkt der Beitragsfestsetzung 1994 durch die Widerspruchsfrist für die Klägerin die Durchsetzung von Rechten aus dem Gemeinschaftsrecht praktisch unmöglich gemacht oder übermäßig erschwert worden sein könnte. ... Die Klägerin war unter diesen Umständen nicht gehindert, gegen den Gebührenbescheid Widerspruch einzulegen und sich auf den Verstoß des Landesrechts gegen Bundes- oder Gemeinschaftsrecht zu berufen"[659].

c) Zusammenfassung

Die Rechtsprechung des *EuGH* sowie des deutschen *BVerwG* lässt sich wie folgt zusammenfassen: Die Ausgestaltung der Verfahrensfristen obliegt grundsätzlich dem nationalen Gesetzgeber. Auch im Falle einer prozessualen Geltendmachung von unmittelbar wirksamen Richtliniennormen kommen diese Fristen zur Anwendung, sofern sie den vom *EuGH* entwickelten Grundsätzen der *Effektivität* und der *Nichtdiskriminierung* genügen.[660] Dies ist in Bezug auf die in § 70 Abs. 1 VwGO verankerte Frist der Fall. Die eingangs aufgeworfene Frage nach einer Sonderbehandlung dreipoliger Rechtsbeziehungen stellt sich damit nicht. Vielmehr dürfte der soeben aufgezeigte Befund in diesen Konstellationen *erst recht* Geltung beanspruchen.

Vgl. dazu – jeweils unter Hinweis das Erfordernis einer Rechtsbehelfsbelehrung (vgl. § 58 VwGO) sowie die Möglichkeit einer Wiedereinsetzung (vgl. § 60 VwGO) *Huthmacher*, Der Vorrang des Gemeinschaftsrechts, S. 196 sowie *Burgi*, Verwaltungsprozess und Europarecht, S. 65.

657 EuGHE 1976, Rs. 33/76, 1989 – Rewe (Äpfel).

658 EuGHE 1997, Rs. C-188/95, I-6783 – Fantask.

659 *BVerwG*, Beschluss vom 4. 10. 1999 – 1 B 55.99, NVwZ 2000, 193 (193).

660 *Gundel*, NVwZ 1998, 910 (914); ähnlich *Burgi*, Verwaltungsprozess und Europarecht, S. 66.

B Die Begründetheitsebene eines Rechtsbegehrens – Umfang des gerichtlichen Kontrollauftrages

Nach der vorliegend vertretenen Konzeption erfolgt die Beurteilung der Direktwirkung auf der Ebene der Begründetheit. Im Falle einer Bejahung der Direktwirkung in dreipoligen Konstellationen stellt sich vor allem die Frage nach dem *Umfang des gerichtlichen Kontrollauftrages.*

I Abhängigkeit der Rechtmäßigkeitsprüfung vom Ausmaß der Rechtsverletzung

Die gegenwärtige Situation im deutschen Verwaltungsprozessrecht lässt sich wie folgt skizzieren: Eine Anfechtungsklage ist gemäß § 113 Abs. 1 S. 1 VwGO begründet, wenn der Verwaltungsakt rechtswidrig und der Kläger *dadurch* in seinen Rechten verletzt ist. Infolgedessen muss der klagende Dritte darlegen, dass die Rechtwidrigkeit des Verwaltungsaktes auf einer Verletzung seiner rechtlich geschützten Interessen beruht. Die Darlegung einer Verletzung objektiv-rechtlicher Normen genügt somit nicht.[661]

In Dreieckskonstellationen ergibt sich aus diesem Postulat eine Einschränkung der verwaltungsgerichtlichen Kontroll- und Sachentscheidungsbefugnis.[662] Mit anderen Worten: Die Rechtswidrigkeit des Verwaltungsaktes ist lediglich in dem Maße relevant, als sie sich auf *drittschützende* Aspekte erstreckt. Eine „Sonderstellung" nimmt insofern die Normenkontrolle gemäß § 47 VwGO ein: Dieses Verfahren erfordert zwar auf der Zulässigkeitsebene die Verletzung eines subjektiven Rechts, ist jedoch im Rahmen der Begründetheit auf eine *objektive* Rechtmäßigkeitskontrolle angelegt.[663]

Gerade im Hinblick auf die Überprüfbarkeit von Satzungen in dem für dreipolige Konstellationen relevanten Bereich des Baurechts ist der zwingende Zusammenhang zwischen Rechtsverletzung und Rechtswidrigkeit somit nicht zu verzeichnen.

---

661 *Battis*, Öffentliches Baurecht und Raumordnungsrecht, S. 253; *Bull*, Allgemeines Verwaltungsrecht, Rn. 231 bzw. 931ff.; *Schmidt*, in: *Eyermann*, VwGO-Kommentar, § 113 Rn. 18 m.w.N.

662 *Battis*, Öffentliches Baurecht und Raumordnungsrecht, S. 262 unter Hinweis auf BVerwG, NVwZ 1983, 285.

663 *Kopp/Schenke*, VwGO, § 47 Rn. 112 m.w.N.

II Direktwirkung von Richtliniennormen und Erweiterung der verwaltungsgerichtlichen Kontrollbefugnis bzw. -pflicht

Geht es in dreipoligen Konstellationen um die Direktwirkung von Richtlinien, so ist problematisch, ob an der *eingeschränkten Kontroll- und Sachentscheidungsbefugnis* festgehalten werden kann.

Entsprechende Zweifel ergeben sich, wenn man den Umstand berücksichtigt, dass nationale Behörden und Gerichte *von Amts wegen* verpflichtet sind, hinreichend konkrete sowie unbedingte Richtliniennormen zu beachten.[664] Die nationalen Gerichte kommen insofern ihrer Funktion als Gemeinschaftsgerichte nach: Sie sind gemeinschaftsrechtlich verpflichtet, die Beseitigung der durch die nationale Exekutive verursachten Vollzugsdefizite sicherzustellen. Es handelt sich insofern nicht nur um eine Kontroll*befugnis* der Verwaltungsgerichte, sondern vielmehr um eine gemeinschaftsrechtlich postulierte Kontroll*pflicht.* Bei einer derartigen Prüfung sind auch jene – im Gemeinschaftsrecht verankerten – Rechtmäßigkeitsaspekte inbegriffen, welche nicht mit dem beeinträchtigten Recht des Klägers im Sinne der deutschen Schutznormtheorie in Zusammenhang stehen.

C Zusammenfassende Betrachtung der Problembereiche

Ruft man sich ins Gedächtnis, dass vorliegend die *Ausweitung der Klagebefugnis* auf der Zulässigkeitsebene mit einer – hinsichtlich gemeinschaftsrechtlicher Aspekte – *umfassenden Rechtmäßigkeitskontrolle* auf der Begründetheitsebene zusammentrifft, so stellt sich die Frage, ob dies mit dem „stimmigen Gesamtkonzept des verwaltungsgerichtlichen Rechtsschutzes“[665] vereinbar ist.

Hintergrund etwaiger Bedenken ist die vielfach geäußerte Forderung, mit der – durch die Ausweitung der Klagebefugnis erreichten – Intensivierung der ver-

664 Vgl. u.a. EuGHE 1989, Rs. 103/88, 1839 – Costanzo; EuGHE 1991, verb. Rs. C-87/90 bis C-89/90, 3757 – Verholen. Siehe zur Einhaltung von „unmissverständlichen Verpflichtungen“ aus einer Richtliniennorm EuGHE 1995, Rs. 431/91, I-2189 – Großkrotzenburg, Rn. 26; später bestätigt durch EuGHE 1996, Rs. C-72/95, I-5403 – Kraaijeveld, Rn. 55ff. sowie EuGHE 1999, Rs. C-365/97, I-7773 – San Rocco, Rn. 63.

665 So die freilich in einem etwas allgemeineren Zusammenhang gestellte Kernfrage von *Schoch*, in: *Schmidt-Aßmann/Hoffmann*-Riem, Strukturen des Europäischen Verwaltungsrechts, S. 279 (311).

fahrensrechtlichen Kontrolle gleichzeitig die gerichtliche Kontrolldichte[666] auf der Begründetheitsebene einzuschränken.[667] Damit einher geht vor allem die Befürchtung, dass eine erweiterte Klagebefugnis – verbunden mit einer umfassenden richterlichen Kontrolle des materiellen Rechts nach deutschem Vorbild – eine „Maximierung des Individualrechtsschutzes“[668] nach sich ziehen würde. Dies wiederum könnte in hohem Maße die Verwaltungseffizienz gefährden.[669]

Allerdings birgt eine allzu pauschale Realisierung dieser Forderung die Gefahr in sich, dass der Individualrechtsschutz, welcher durch eine Erweiterung der Klagebefugnis sichergestellt werden soll, *im Ergebnis* ausgehebelt wird:[670] Die erweiterte Klagebefugnis würde lediglich eine umfassende Überprüfung der Einhaltung von Verfahrensvorschriften gewährleisten, dem Privaten hingegen mit Blick auf sein im Gemeinschaftsrecht verankertes *materielles* Begehren wenig nützen.[671]

Bei der prozessualen Geltendmachung von *unmittelbar wirksamen Richtliniennormen* ist überdies zu berücksichtigen, dass die festgestellten „Erweiterungen“ des Rechtsschutzes im Vergleich zum deutschen Recht ihren Ursprung jeweils im Gemeinschaftsrecht haben. Diese doppelte „Erweiterung“ lässt sich vor allem aus dem Umstand heraus erklären, dass das Gemeinschaftsrecht, aber auch einige andere mitgliedstaatliche Rechtssysteme,[672] eine Verbindung zwischen der

666 Dabei geht es um die „Frage, inwieweit das administrative Handeln der richterlichen Nachprüfung unterworfen bzw von dieser freigestellt wird“ (vgl. *Schwarze*, NVwZ 2000, 241 (249)).

667 Vgl. z.B. *Schoch*, in: *Schmidt-Aßmann/Hoffmann*-Riem, Strukturen des Europäischen Verwaltungsrechts, S. 279 (311f.); *Jarass*, DVBl 2000, 945 (952).

668 *Kokott*, DV 1998, 335 (369).

669 *Kokott*, DV 1998, 335 (369). Vgl. zum Spannungsverhältnis zwischen dem Umfang der Klagebefugnis und dem Umfang der gerichtlichen Kontrolle bereits *Krebs*, DV 1988, 155ff. Siehe zur Problematik auch *Schmidt-Aßmann*, DVBl 1997, 281 (285ff.):„... Die deutsche Rechtsordnung bewegt sich, wenn sie in dieser Situation ihre Kontrolldichtemaßstäbe weiter heraufsetzt, auf die *Scherenentwicklung* einer Rechtsschutzintensivierung zu, die zu unbedachten Folgen führen kann.“ (ebd., S. 286) – kurs. i.O. Ausführlich zu dieser Problematik *Halfmann*, VerwArch 2000, 74 (88ff.).

670 Ähnlich die Kritik von *Kokott*, DV 1998, 335 (368f.); *Schoch*, in: *Schmidt-Aßmann/Hoffmann-Riem*, Strukturen des Europäischen Verwaltungsrechts, S. 279 (312).

671 Ähnlich *Kokott*, DV 1998, 335 (369).

672 Beispielhaft kann auf das englische Rechtssystem verwiesen werden. Auch dem französischen „recours pour excès de pouvoir“ liegt eine gänzlich andere Prämisse zugrunde. Siehe zu den Unterschieden der einzelnen mitgliedstaatlichen Rechtssysteme hinsichtlich der Bedeutung subjektiver Rechte *Prechal*, Directives in EC Law, S. 126f.

Klagebefugnis im Rahmen der Zulässigkeit und dem subjektiven Recht auf der Begründetheitsebene im Sinne des deutschen Rechts nicht kennen.

Teilweise wird im Hinblick auf eine erweiterte Klageberechtigung und die gleichzeitige Beibehaltung bzw. Erweiterung der gerichtlichen Kontrollintensität befürchtet, dass sich die „... Gewichte zwischen Exekutive und Judikative zu Lasten der ersteren verschieben und den Grundsatz der Gewaltenteilung berühren“[673] könnten.

Zumindest im vorliegenden Zusammenhang sind derartige Bedenken jedoch unbegründet. Dabei ist von Bedeutung, dass die gerichtliche Kontrollpflicht bei *richtlinienimmanenten Ermessenspielräumen* der Verwaltung strikt begrenzt ist: Die Kontrollpflicht bezieht sich in derartigen Fällen allein darauf zu prüfen, ob die *Ermessengrenzen überschritten* wurden. Beispielhaft sei in diesem Zusammenhang nochmals auf die *EuGH*-Entscheidungen zur Direktwirkung der UVP-Richtlinie verwiesen. Die Konsequenzen einer Ermessensüberschreitung beschrieb der *EuGH* in der Rechtssache *Kraaijeveld* wie folgt: „Ist dieser Ermessensspielraum überschritten und haben daher die nationalen Bestimmungen insoweit außer Acht zu bleiben, so ist es Sache der Träger öffentlicher Gewalt des Mitgliedstaats, *im Rahmen ihrer Zuständigkeiten* alle erforderlichen allgemeinen und besonderen Maßnahmen zu treffen, damit die Projekte im Hinblick darauf geprüft werden, ob bei ihnen mit erheblichen Auswirkungen auf die Umwelt zu rechnen ist, und, wenn dies der Fall ist, einer Untersuchung ihrer Auswirkungen unterzogen werden“[674]. Damit wird explizit klargestellt, dass die *gerichtliche* Überprüfung der Frage, ob die richtlinienimmanenten Ermessensgrenzen eingehalten wurden, nicht die – gegebenenfalls zu wiederholende – Ermessensbetätigung durch die zuständigen nationalen *Verwaltungsbehörden* ersetzt.

D Teilergebnis

Im Rahmen dieses Kapitels hat sich gezeigt, dass eine Direktwirkung von Richtlinien in dreipoligen Konstellationen sowohl auf der Zulässigkeitsebene als auch auf der Ebene der Begründetheit eines Rechtsbegehrens jeweils mit dem deutschen Konzept des Individualrechtsschutzes „kollidiert“.

Dabei wird sich anhand des *Ob* und des *Wie* einer Integration der dargelegten gemeinschaftsrechtlichen Postulate in das deutsche Recht letztlich auch zeigen,

673 *Halfmann*, VerwArch 2000, 74 (88).

674 EuGHE 1996, Rs. C-72/95, I-5403 – Kraaijeveld, Rn. 61 – Hervorhebung durch die Verfasserin.

inwieweit das recht abstrakte Bekenntnis zur „offenen Staatlichkeit“[675], als eine der verfassungsrechtlichen Grundlagen der Bundesrepublik Deutschland, in einen konkreten Handlungswillen zur Umgestaltung der Rechtspraxis transformiert werden kann.

Die Frage nach den Folgen einer Nichtbeachtung der Widerspruchs- bzw. Klagefrist hat sich hingegen als unproblematisch erwiesen. Dies bedeutet, dass die entsprechenden Fristen auch bei der prozessualen Geltendmachung von Richtliniennormen in dreipoligen Konstellationen uneingeschränkt zur Anwendung kommen.

---

675 *Rengeling*, VVDStRL 53 (1994), 202 (217). Ausführlich dazu auch *Tomuschat*, in: Bonner Kommentar zum GG, Art. 24 Rn. 14ff.

Ergebnis der Untersuchung

Da die einzelnen *Teilergebnisse* dieser Untersuchung bereits im Anschluss an das jeweils untersuchte Kapitel dargelegt und in den weiteren Untersuchungsverlauf integriert worden sind, sollen sich die folgenden Ausführungen auf eine zusammenfassende Einschätzung der *Gesamtproblematik* beschränken.

Im Rahmen der Untersuchung hat sich gezeigt, dass die Frage nach der Direktwirkung von Richtlinien in dreipoligen Rechtsbeziehungen nicht mit einer schlichten Bejahung oder Verneinung beantwortet werden kann.

Für eine Bewertung, die eine angemessene Berücksichtigung der beteiligten Interessen anstrebt, ist auch eine Auseinandersetzung mit einigen elementaren Fragen der Direktwirkung von Richtlinien erforderlich. So ist beispielsweise die Frage, ob eine Richtliniennorm lediglich im Falle ihrer unmittelbaren Wirkung als Maßstabsnorm in einem konkreten Einzelfall heranzuziehen ist, für den belasteten Privaten von erheblicher Bedeutung.

Überdies hat sich herausgestellt, dass eine Begrenzung des Untersuchungsgegenstandes auf die Fragestellung, „... ob eine Richtliniennorm auch dann unmittelbare Wirkung entfalten kann, wenn sie zwar einen Bürger gegenüber dem Staat begünstigt, einen anderen Bürger oder ein privates Unternehmen aber dadurch *mittelbar* belastet..."[676], die eigentliche Problematik der Direktwirkung in dreipoligen Konstellationen nicht vollständig zu erfassen vermag: Denn unter dieser Prämisse bleibt unberücksichtigt, dass die Belastungen Einzelner, welche sich als Folge der Direktwirkung ergeben können, höchst unterschiedlicher Natur sind. Allein die „Zwischenschaltung" einer staatlichen Entität zieht insofern nicht eine (lediglich) *mittelbare* Natur derartiger Belastungen nach sich.

Die im Rahmen der Untersuchung vorgenommene Auswertung der verschiedenen Lösungsansätze des Schrifttums zur Beurteilung dreipoliger Konstellationen hat ein ausgesprochen heterogenes Bild offenbart. Unabhängig von entsprechenden Divergenzen im Hinblick auf das Ergebnis (Bejahung oder Verneinung der Direktwirkung), bestehen auch bezüglich der methodischen Behandlung der Problematik erhebliche Unterschiede: Während teilweise eine *generelle* Bejahung bzw. Verneinung der Direktwirkung favorisiert wird, treten andere Autoren

676 *Ruffert*, Subjektive Rechte im Umweltrecht der EG, S. 76 – Hervorhebung durch die Verfasserin.

für eine *abstrakte* Lösung[677] der Problematik ein. Wiederum andere Vertreter des Schrifttums schlagen eine am *konkreten Einzelfall* orientierte Lösung[678] vor. Diese Unterschiedlichkeit der Lösungsansätze verdeutlicht auch die Notwendigkeit, dreipolige Konstellationen in den Gesamtkomplex der Direktwirkung mit all seinen – teilweise noch nicht hinreichend geklärten – Fragestellungen einzubetten.

Die *abstrakte* Analyse der einzelnen Argumente hat zu dem Befund geführt, dass das *Rechtsinstitut* der Direktwirkung in dreipoligen Rechtsbeziehungen für zulässig zu erachten ist. Dabei hat sich allerdings auch gezeigt, dass die Argumente für und gegen eine Direktwirkung in dreipoligen Konstellationen nicht im Sinne einer „Waagschale“ gegenübergestellt und dergestalt „gewichtet“ werden können, dass ein bestimmtes Argument eine kategorische Bejahung oder Verneinung der Direktwirkung nach sich zieht. Dieser Umstand dürfte unter anderem auf die – zumindest teilweise zu verzeichnende – inhaltliche Verflechtung der einzelnen Argumente zurückzuführen sein.[679] Vor allem bei der Untersuchung der Direktwirkungsproblematik unter dem Gesichtspunkt der *einheitlichen Anwendung des Gemeinschaftsrechts* ist deutlich geworden, dass eine Betrachtung dreipoliger Konstellationen im Sinne eines „geschlossenen“ Dreiecks (Behörde; Anlagenbetreiber; Nachbar) der gemeinschaftsrechtlichen Dimension dieser Fragestellung nicht gerecht wird: Denn die behördliche (bzw. gerichtliche) Entscheidung über die Direktwirkung einer Richtliniennorm wirkt sich nicht lediglich in dem oben beschriebenen „Dreiecksverhältnis“ aus. Indirekt betroffen sind vielmehr auch die in den anderen Mitgliedstaaten ansässigen wirtschaftlichen Konkurrenten desjenigen Privaten, welcher zunächst von der unterlassenen Richtlinienumsetzung in „seinem“ Mitgliedstaat profitiert.[680] Dies kann zu erheblichen Wettbewerbsverzerrungen innerhalb des Binnenmarktes führen. Insbesondere die auf der Verwaltungsebene vorzunehmende Beurteilung der Problematik dürfte insofern zu jenen Entscheidungen gehören, die „... im Binnenmarkt eine »Breitenwirkung« [entfalten], für die die richtigen Formen der Verwaltungskommunikation erst noch gefunden werden müssen“[681].

677 Gemeint ist die Differenzierung nach drittbegünstigenden und drittbelastenden Richtlinien sowie die Bejahung der Direktwirkung bei Existenz richtlinienimmanenter subjektiver Rechte.

678 Gemeint ist die Einbeziehung von Vertrauensschutzgesichtspunkten bzw. von Grundrechten.

679 Damit ist die Verflechtung „Argument-Gegenargument“ gemeint.

680 Vgl. ausführlich dazu Kap. 5 A II.

681 *Schmidt-Aßmann*, in: *Schmidt-Aßmann/Hoffmann-Riem*: Strukturen des Europäischen Verwaltungsrechts, S. 9 (40): mit Blick auf mehrpolige Rechtsverhältnisse im Allgemeinen. Vgl. zu dieser erweiterten Dimension mehrseitiger Rechtsverhältnisse mit gemeinschaftsrechtlichem Bezug auch *Schoch*, in: *Schmidt-Aßmann/Hoffmann-Riem*: Strukturen des Europäischen Verwaltungsrechts, S. 279 (307).

Gerade in dem für dreipolige Konstellationen äußerst relevanten Bereich des Umwelt- und Planungsrechts zeichnen sich die Entscheidungsprozesse häufig durch eine hohe Komplexität aus. Vor diesem Hintergrund wird die Frage der Direktwirkung von Richtliniennormen lediglich ein kleines – wenngleich bedeutsames – Fragment im gesamten Mosaik einer Verwaltungs- bzw. Gerichtsentscheidung darstellen.

Literaturverzeichnis

Abele, Roland: Urteilsanmerkung zur Rechtssache C-226/97 – Strafverfahren gegen Johannes Martinius Lemmens, in: Europäische Zeitschrift für Wirtschaftsrecht 1998, 571ff.

Adamek, Melanie: EG-Richtlinien im Umweltrecht (Schriftenreihe: Schriften zum Umweltrecht, Bd. 1), Starnberg 1997, zit.: *Adamek*, EG-Richtlinien im Umweltrecht.

Albin, Silke: Unmittelbare Anwendbarkeit von Richtlinien mit „Doppelwirkung" im Umweltbereich – Ein Scheinproblem? – Anmerkungen anlässlich des „Großkrotzenburg"-Urteils des EuGH, in: Natur und Recht 1997, 29ff.

- *dies.*: Die Vollzugskontrolle des europäischen Umweltrechts (Schriftenreihe: Schriften zum Europarecht; Bd. 61), Berlin 1999, zit.: *Albin*, Vollzugskontrolle.

Allkemper, Ludwig: Der Rechtsschutz des einzelnen nach dem EG-Vertrag (Schriftenreihe: Europäisches Recht, Politik und Wirtschaft; Bd. 176), Baden-Baden 1995, zit.: *Allkemper*, Rechtsschutz des einzelnen nach dem EGV.

Bach, Albrecht: Direkte Wirkungen von EG-Richtlinien, in: Juristenzeitung 1990, 1108ff.

Baldus, Christian/*Becker*, Rainer: „Quasi-Beihilfe" statt horizontaler Direktwirkung? – Zur Vereinbarkeit der Francovich-Rechtsprechung des EuGH mit dem Rechtsgedanken des Binnenmarktes, in: Europarecht 1999, 375ff.

Barth, Michael/*Demmke*, Christoph/*Ludwig*, Grit: Die Europäisierung des nationalen Verwaltungsverfahrens- und Verwaltungsorganisationsrechts im Bereich des Umweltrechts, in: Natur und Recht 2001, 133ff.

Battis, Ulrich: Allgemeines Verwaltungsrecht, 2., neubearb. Aufl. Heidelberg 1997.

- *ders.*: Öffentliches Baurecht und Raumordnungsrecht, 4., neubearb. Aufl. Stuttgart u.a. 1999.

- *ders.*: Verwaltungsrecht als konkretisiertes Gemeinschaftsrecht, in: Die Öffentliche Verwaltung 2001, 988 ff.

- *ders.*/*Krautzberger*, Michael/*Löhr*, Rolf-Dieter: Die Umsetzung des neuen UVP-Rechts in das Baugesetzbuch – Zur Novellierung des BauGB 2001, in: Neue Zeitschrift für Verwaltungsrecht 2001, 961ff.

Becker, Bernd: Einführung in Inhalt, Bedeutung und Probleme der Umsetzung der Richtlinie 96/61/EG des Rates der Europäischen Union vom 24. Septem-

ber 1996 über die integrierte Vermeidung und Verminderung der Umweltverschmutzung, in: Deutsches Verwaltungsblatt 1997, 588ff.
Beckmann, Martin, Rechtsschutz Drittbetroffener bei der Umweltverträglichkeitsprüfung, in: Deutsches Verwaltungsblatt 1991, 358ff.
Betlem, Gerrit: Medium Hard Law – Still no Horizontal Direct Effect of European Community Directives after Facini Dori, in: The Columbia Journal of European Law (Vol. 1) Fall/Winter 1994/95, 469ff.
Boch, Christine: The Enforcement of the Environmental Assessment Directive in the National Courts, A breach in the „Dyke"?, in: Journal of Environmental Law (Vol. 9) 1997, 119ff.
- *dies*.: The Iroquois at the Kirchberg; or some Naive Remarks on the Status and Relevance of Direct Effect, in: Harvard Jean Monnet Working Paper 6/99 http://www.jeanmonnetprogram.org/papers/
Bosenius, Udo: Der Entwurf der EG-Wasserrahmenrichtlinie – Die Sicht der Beratungen auf europäischer Ebene, in: Neue Zeitschrift für Verwaltungsrecht 1998, 1039ff.
Böhm, Monika: Umsetzungsdefizite und Direktwirkung der IVU- und UVP-Änderungsrichtlinie, in: Zeitschrift für Umweltrecht 2002, 6ff.
Brechmann, Winfried: Die richtlinienkonforme Auslegung – Zugleich ein Beitrag zur Dogmatik der EG-Richtlinie, München 1994, zit.: *Brechmann*, Die richtlinienkonforme Auslegung.
Breuer, Rüdiger: EG-Richtlinien und deutsches Wasserrecht, in: Wirtschaft und Verwaltung 1990, 79ff.
- *ders*.: Der Entwurf der EG-Wasserrahmenrichtlinie – Die Sicht des Staatsorganisationsrechts, in: Neue Zeitschrift für Verwaltungsrecht 1998, 1001ff.
- *ders*.: Europäisierung des Wasserrechts, in: Natur und Recht 2000, 541ff.
Bull, Hans Peter: Allgemeines Verwaltungsrecht, 5., neubearb. Aufl. Heidelberg 1997.
Burgi, Martin: Verwaltungsprozess und Europarecht: eine systematische Darstellung (Schriftenreihe: Studien zum Öffentlichen Recht und zur Verwaltungslehre; Bd. 59), München 1996, zit.: *Burgi*, Verwaltungsprozess und Europarecht.
Callies, Christian: Zur unmittelbaren Wirkung der EG-Richtlinie über die Umweltverträglichkeitsprüfung und ihre Umsetzung im deutschen Immissionsschutzrecht, in: Neue Zeitschrift für Verwaltungsrecht 1996, 339ff.
Caspar, Johannes: Nationale Grundrechtsgarantien und sekundäres Gemeinschaftsrecht, in: Die Öffentliche Verwaltung 2000, 349ff.
Classen, Claus, Dieter: Zur Bedeutung von EWG-Richtlinien für Privatpersonen, in: Europäische Zeitschrift für Wirtschaftsrecht 1993, 83ff.

- *ders.*: Europäische Integration und demokratische Legitimation, in: Archiv des öffentlichen Rechts 1994, 238ff.
- *ders.*: Die Europäisierung der Verwaltungsgerichtsbarkeit – Eine vergleichende Untersuchung zum deutschen, französischen und europäischen Verwaltungsprozessrecht, 1. Aufl. Tübingen 1996, zit.: *Classen*, Europäisierung der Verwaltungsgerichtsbarkeit.
- *ders.*: Der einzelne als Instrument zur Durchsetzung des Gemeinschaftsrechts?, in: Verwaltungsarchiv 1997, 645ff.
- *ders.*: Das nationale Verwaltungsverfahren im Kraftfeld des europäischen Gemeinschaftsrechts, in: Die Verwaltung 1998, 307ff.

Claßen, Christiane: Nichtumsetzung von Gemeinschaftsrichtlinien (Schriftenreihe: Beiträge zum Europäischen Wirtschaftsrecht, Bd. 11), Berlin 1999.

Craig, Paul/*de Búrca*, Gráinne: EU Law, Text, Cases, and Materials, 2. Aufl. Oxford 1998, zit.: *Craig/de Búrca*, EU Law.

Craig, Paul: Once upon a Time in the West: Direct Effect and the Federalization of EEC Law, in: Oxford Journal of Legal Studies (Vol. 12) 1992, 453ff.
- *ders.*: Substantive Legitimate Expectations in Domestic and Community Law, in: Cambridge Law Journal 1996, 289ff.
- *ders.*: Directives: Direct Effect, Indirect Effect and the Construction of National Legislation, in: European Law Review 1997, 519ff.

Cremer, Wolfram: Individualrechtsschutz gegen Richtlinien, in: Europäische Zeitschrift für Wirtschaftsrecht 2001, 453ff.

Curtin, Deidre: Directives: The Effectiveness of Judicial Protection of Individual Rights, in: Common Market Law Review 1990, 709ff.
- *dies.*: The Provinence of Government: Delimiting the Direct Effect of Directives in the Common Law Context, in: European Law Review 1990, 195ff.

Dal Farra, Thierry: L'invocabilité des directives communautaires devant le juge national de la légalité, in: Revue trimestrielle de droit européen 1992, 631ff.

De Witte, Bruno: Direct Effect, Supremacy, and the Nature of the Legal Order, in: *Craig, Paul/de Búrca*, Gráinne (Hrsg.): The Evolution of EU Law, 1. Aufl. Oxford 1999, S. 177ff., zit: *de Witte*, in: *Craig/de Búrca*, The Evolution of EU Law.
- *ders.*: The Past and Future of the European Court of Justice in the Protection of Human Rights, in: *Alston*, Philip (Hrsg.): The EU and Human Rights, 1. Aufl. Oxford 1999, S. 859ff., zit.: *de Witte*, in: *Alston*, The EU and Human Rights.

Dehousse, Renaud: Comparing National and EC Law: The Problem of the Level of Analysis, in: The American Journal of Comparative Law 1994, 761ff.

Dendrinos, Antonios: Rechtsprobleme der Direktwirkung der EWG-Richtlinien – unter besonderer Berücksichtigung der Rechtslage in Griechenland (Schrif-

tenreihe: Europäische Hochschulschriften; Bd. 841), Frankfurt/a.M. u.a. 1989, zit.: *Dendrinos*, Direktwirkung.
Dörr, Oliver: Europäischer Verwaltungsrechtsschutz (EVR), in: *Sodan*, Helge/*Ziekow*, Jan (Hrsg.): Nomos-Kommentar zur Verwaltungsgerichtsordnung, Baden-Baden 1996, zit.: *Dörr*, in: *Sodan/Ziekow*, Nomos-Kommentar zur VwGO, EVR.
Dolde, Klaus-Peter: Die EG-Richtlinie über die integrierte Vermeidung und Verminderung der Umweltverschmutzung (IVU-Richtlinie) – Auswirkungen auf das deutsche Umweltrecht, in: Neue Zeitschrift für Verwaltungsrecht 1997, 313ff.
Dougan, Michael: The „Disguised" Vertical Direct Effect of Directives?, in: Cambridge Law Journal 2000, 586ff.
Due, Ole/*Gulmann*, Claus: Community Fundamental Rights as Part of National Law, in: Scritti in onore di Giuseppe Federico Mancini – Volume II: Diritto dell'Unione Europea, Mailand 1998, zit.: *Due/Gulmann*, in: FS Mancini – Bd. 2.
Easson, A.J.: Can Directives Impose Obligations on Individuals, in: European Law Review 1979, 67ff.
Edward, David: Direct Effect, the Separation of Powers and the Judicial Enforcement of Obligations, in: Scritti in onore di Giuseppe Federico Mancini – Volume II: Diritto dell'Unione Europea, Mailand 1998, zit.: *Edward*, in: FS Mancini – Bd. 2.
Ehlers, Dirk: Die Europäisierung des Verwaltungsprozessrechts (Schriftenreihe: Völkerrecht – Europarecht – Staatsrecht; Bd. 26), Köln u.a. 1999, zit.: *Ehlers*, Europäisierung des Verwaltungsprozessrechts.
Eleftheriadis, Pavlos Z.: The Direct Effect of Community Law: Conceptual Issues, in: Yearbook of European Law (Vol. 16) 1996, 205ff.
Emmert, Frank: Horizontale Drittwirkung von Richtlinien? Lieber ein Ende mit Schrecken als ein Schrecken ohne Ende!, in: Europäisches Wirtschafts- & Steuerrecht 1992, 56ff.
Emmert, Frank/*Pereira de Azevedo*, Monique: Les jeux sont faits: rien ne va plus ou une nouvelle occasion perdue par la CJCE, in: Revue trimestrielle de droit européen 1995, 11ff.
Enders, Rainald/*Krings*, Michael: Zur Änderung des Gesetzes über die Umweltverträglichkeitsprüfung durch das Artikelgesetz zur Umsetzung der UVP-Änderungsrichtlinie, in: Deutsches Verwaltungsblatt 2001, 1242ff.
Engelsberger, Christian: Der Vollzug europarechtlicher Vorschriften auf dem Gebiet des Umweltschutzes: rechtliche Vorgaben und Verwaltungspraxis anhand einer empirischen Umfrage bei Behörden und Umweltschutzverbänden

in Deutschland (Schriftenreihe: Schriften zum europäischen Umweltrecht; Bd. 49), Berlin 1998, zit.: *Engelsberger*, Empirische Umfrage.

Epiney, Astrid: Unmittelbare Anwendbarkeit und objektive Wirkung von Richtlinien – Zur Entscheidung des EuGH vom 11. 8. 1995 – Rs. C- 431/92 – Großkrotzenburg, in: Deutsches Verwaltungsblatt 1996, 409ff.

- *dies.*: Dezentrale Durchsetzungsmechanismen im gemeinschaftlichen Umweltrecht, in: Zeitschrift für Umweltrecht 1996, 229ff.

- *dies.*: Grundlagen und Überblick, in: *Rengeling*, Hans-Werner (Hrsg.): Handbuch zum europäischen und deutschen Umweltrecht – Eine systematische Darstellung des europäischen Umweltrechts mit seinen Auswirkungen auf das deutsche Recht und mit rechtspolitischen Perspektiven – Bd. I (Allgemeines Umweltrecht), 1. Aufl. Köln u.a. 1998, S. 927ff. (§ 30), zit.: *Epiney*, in: *Rengeling*, Hdb. zum europ. und dt. UmweltR I.

Erbguth, Wilfried/*Stollmann*, Frank: Die Bindung der Verwaltung an die FFH-Richtlinie, in: Deutsches Verwaltungsblatt 1997, 453ff.

Everling, Ulrich: Zur innerstaatlichen Wirkung der EG-Richtlinien: Ein Beispiel richterlicher Rechtsfortbildung auf der Basis gemeinsamer Rechtsgrundsätze, in: *Börner*, Bodo/*Hermann*, Jahrreiß/*Stern*, Klaus: Einigkeit und Recht und Freiheit – Festschrift für Karl Carstens, Bd. 1, Köln u.a. 1985, S. 95ff., zit.: *Everling*, in: FS Carstens.

- *ders.*: Umsetzung von Umweltrichtlinien durch normkonkretisierende Verwaltungsanweisungen – Zur jüngsten Rechtsprechung des Europäischen Gerichtshofes, in: Recht der Internationalen Wirtschaft 1992, 379ff.

Ewer, Wolfgang: Rechtsschutz gegenüber der Auswahl und Festsetzung von FFH-Gebieten, in: Natur und Recht 2000, 361ff.

Faßbender, Kurt: Gemeinschaftsrechtliche Anforderungen an die normative Umsetzung der neuen EG-Wasserrahmenrichtlinie, in: Neue Zeitschrift für Verwaltungsrecht 2001, 241ff.

Feldmann, Andreas: Defizite bei der Umsetzung der FFH-Richtlinie durch das BNatSchG, in: Zeitschrift für Umweltrecht 2001, 252ff.

Fischer, Hans Georg: Zur unmittelbaren Anwendung von EG-Richtlinien in der öffentlichen Verwaltung, in: Neue Zeitschrift für Verwaltungsrecht 1992, 635ff.

Forsthoff, Ulrich: Drittwirkung der Grundfreiheiten, Das EuGH-Urteil Angonese, in: Europäisches Wirtschafts- & Steuerrecht 2000, 389ff.

Fronia, Joachim: Anmerkung zur Rechtssache C-194/94 – CIA Security International SA/Signalson SA u. Securitel SPRL, in: Europäische Zeitschrift für Wirtschaftsrecht 1996, 383ff.

Gaentzsch, Günter: Zur Umweltverträglichkeitsprüfung von Bebauungsplänen und zu Fehlerfolgen insbesondere bei unmittelbarer Anwendbarkeit der UVP-Richtlinie, in: Umwelt- und Planungsrecht 2001, 287ff.

Ganten, Ted Oliver: Die Drittwirkung der Grundfreiheiten – Die EG-Grundfreiheiten als Grenze der Handlungs- und Vertragsfreiheit im Verhältnis zwischen Privaten (Schriftenreihe: Untersuchungen zum Europäischen Privatrecht; Bd. 3), Berlin 2000, zit.: *Ganten*, Die Drittwirkung der Grundfreiheiten.

Gassner, Ulrich M.: Richtlinien mit Doppelwirkung, in: *Classen*, Claus Dieter; *Dittmann*, Armin; *Fechner*, Frank; *Gassner*, Ulrich M.; *Kilian* Michael (Hrsg.): In einem vereinten Europa dem Frieden der Welt zu dienen... – Liber amicorum Thomas Oppermann (Schriftenreihe: Tübinger Schriften zum Staats- und Verwaltungsrecht; Bd. 59), Berlin 2001, S. 503ff., zit.: *Gassner*, in: FS Oppermann.

Geddes, Hudrew: Protection of Individual Rights and EC Law, 1. Aufl. London u.a. 1995.

Gellermann, Martin: Beeinflussung des bundesdeutschen Rechts durch Richtlinien der EG – dargestellt am Beispiel des Umweltrechts (Schriftenreihe: Schriften zum deutschen und europäischen Umweltrecht; Bd. 2), Köln u.a. 1993, zit.: *Gellermann*, Beeinflussung des bundesdeutschen Rechts.

- *ders.*: Auflösung von Normwidersprüchen zwischen europäischem und nationalem Recht – Zu den Folgen der Gemeinschafswidrigkeit der Übergangsvorschrift des § 22 UVPG, in: Die Öffentliche Verwaltung 1996, 433ff.

- *ders.*: Das FFH-Regime und die sich daraus ergebenden Umsetzungsverpflichtungen, in: Neue Zeitschrift für Verwaltungsrecht 2001, 500ff.

Gerstner, Stephan: Die Drittschutzdogmatik im Spiegel des französischen und britischen Verwaltungsgerichtsverfahrens – Eine vergleichende Untersuchung zur öffentlich-rechtlichen Klagebefugnis am Beispiel des Umweltrechts (Schriftenreihe: Schriften zum Prozessrecht; Bd. 122), Berlin 1995, zit.: *Gerstner*, Drittschutzdogmatik.

Gstaltmeyr, Martin: Bewehrung von EG-Richtlinien: Sanktionssysteme bei fehlender oder fehlerhafter Umsetzung durch die Mitgliedstaaten (Schriftenreihe: Rechtswissenschaftliche Forschung und Entwicklung; Bd. 589), München 1998, zit.: *Gstaltmeyr*, Bewehrung von Richtlinien.

Gundel, Jörg: Keine Durchbrechung nationaler Verfahrensfristen zugunsten von Rechten aus nicht umgesetzen Richtlinien – Zum Ende der „Emmott'schen Fristenhemmung" nach der Fantask-Entscheidung des EuGH, in: Neue Zeitschrift für Verwaltungsrecht 1998, 910ff.

- *ders.*: Neue Grenzlinien für die Direktwirkung nicht umgesetzter EG-Richtlinien unter Privaten, in: Europäische Zeitschrift für Wirtschaftsrecht 2001, 143ff.
Hahn, Oliver/*Oberrath*, Jörg-Dieter: Die Rechtsakte der EG – eine Grundlegung, in: Bayerische Verwaltungsblätter 1998, 388ff.
Halama, Günter: Die FFH-Richtlinie – unmittelbare Auswirkungen auf das Planungs- und Zulassungsrecht, in: Neue Zeitschrift für Verwaltungsrecht 2001, 506ff.
Halfmann, Ralf: Entwicklungen des Verwaltungsrechtsschutzes in Deutschland, Frankreich und Europa, in: Verwaltungsarchiv 2000, 74ff.
Haneklaus, Winfried: Direktwirkung von EG-Richtlinien zu Lasten einzelner?, in: Deutsches Verwaltungsblatt 1993, 129ff.
Harlow, Carol: Access to Justice as a Human Right: The European Convention and the European Union, in: *Alston*, Philip (Hrsg.): The EU and Human Rights, 1. Aufl. Oxford 1999, S. 187ff.
Hartley, Trevor C.: The Foundations of European Community Law, 1. Aufl. Oxford 1981, zit.: *Hartley*, Foundations of EC Law.
Herdegen, Matthias: Die EG-Gentechnikrichtlinien und das deutsche Gentechnikgesetz, in: Recht der Internationalen Wirtschaft 1992, 89ff.
- *ders.*: Europarecht, 3., überarb. und erw. Aufl. München 2001.
Hilf, Meinhard: Die Richtlinie der EG – ohne Richtung, ohne Linie?, Hans Peter Ipsen zum 85. Geburtstag, in: Europarecht 1993, 1ff.
Hilson, Chris/*Downes*, Tony: Making Sense of Rights: Community Rights in EC Law, in: European Law Review 1999, 121ff.
Hirsch, Günter: Europarechtliche Perspektiven der Verwaltungsgerichtsbarkeit, in: Verwaltungsblätter für Baden-Württemberg 2000, 71ff.
Holtmeier, Ernst-Ludwig, in: Ministerium für Umwelt, Raumordnung und Landwirtschaft des Landes Nordrhein-Westfalen (Hrsg.), Umweltrechtstage 1997 (Tagungsband), S. 68, zit.: *Holtmeier*, in: Umweltrechtstage 1997.
- *ders.*: Umsetzung der EG-Wasser-Rahmen-Richtlinie (WRR), in: Zeitschrift für Wasserrecht 1999, 69ff.
Hoskins, Mark: Tilting the Balance: Supremacy and National Procedural Rules, in: European Law Review 1996, 365ff.
Huthmacher, Karl Eugen: Der Vorrang des Gemeinschaftsrechts bei indirekten Kollisionen, Saarbrücken 1983, zit.: *Huthmacher*, Der Vorrang des Gemeinschaftsrechts.
Hutka, Rainer: Gemeinschaftsrechtsbezogene Prüfungs- und Verwerfungskompetenz der deutschen Verwaltung gegenüber Rechtsnormen nach europäischem Gemeinschaftsrecht und nach deutschem Recht (Schriftenreihe:

Würzburger Rechtswissenschaftliche Schriften; Bd. 7), Würzburg 1997, zit.: *Hutka*, Gemeinschaftsrechtsbezogene Prüfungs- und Verwerfungskompetenz.

Iven, Klaus: Urteilsanmerkung zur Rs. C-431/92 – Großkrotzenburg, in: Natur und Recht 1996, 102 (105f.).

Jaensch, Michael: Die unmittelbare Drittwirkung der Grundfreiheiten (Schriftenreihe: Nomos Universitätsschriften; Bd. 248), Baden-Baden 1997.

Jans, Jan H.: European Environmental Law, 1. Aufl. Den Haag u.a. 1995.

Jarass, Hans D.: Voraussetzungen der innerstaatlichen Wirkung des EG-Rechts, in: Neue Juristische Wochenschrift 1990, 2420ff.

- *ders.*: Folgen der innerstaatlichen Wirkung von EG-Richtlinien, in: Neue Juristische Wochenschrift 1991, 2665ff.

- *ders.*: Grundfragen der innerstaatlichen Bedeutung des EG-Rechts – Die Vorgaben des Rechts der Europäischen Gemeinschaft für die nationale Rechtsanwendung und die nationale Rechtssetzung nach Maastricht (Schriftenreihe: Völkerrecht – Europarecht – Staatsrecht; Bd. 14), 1. Aufl. Köln u.a. 1994, zit.: *Jarass*, Grundfragen.

- *ders.*: Bundes-Immissionsschutzgesetz (BImschG) – Kommentar, 4., überarb. Aufl. München 1999, zit.: *Jarass*, BImschG-Kommentar.

- *ders.*: Europäisierung des Planungsrechts, in: Deutsches Verwaltungsblatt 2000, 945ff.

Kadelbach, Stefan: Allgemeines Verwaltungsrecht unter europäischem Einfluss, Tübingen 1999.

- *ders.*: Der Einfluss des Europarechts auf das deutsche Planungsrecht, in: *Erbguth*, Wilfried/*Oebbecke*, Janbernd/*Rengeling*, Hans-Werner/Schulte, Martin (Hrsg.): Planung – Festschrift für Werner Hoppe zum 70. Geburtstag, München 2000, S. 1071ff., zit.: *Kadelbach*, in: FS Hoppe.

Kingreen, Thorsten: Die Gemeinschaftsgrundrechte, in: Juristische Schulung 2000, 857ff.

Kinley, David: Direct Effect of Directives: Stuck on Vertical Hold, in: European Public Law 1995, 79ff.

Klein, Eckard: Unmittelbare Geltung, Anwendbarkeit und Wirkung von Europäischem Gemeinschaftsrecht (Schriftenreihe: Vorträge, Reden und Berichte aus dem Europa-Institut; Bd. 119), Saarbrücken 1988, zit.: *Klein*, Unmittelbare Geltung.

- *ders.*: Objektive Wirkung von Richtlinien, in: *Due*, Ole/*Lutter*, Markus/*Schwarze*, Jürgen (Hrsg.): Festschrift für Ulrich Everling – Bd. 1, Baden-Baden 1995, S. 641ff., zit.: *Klein*, in: FS Everling – Bd. 1.

Kloepfer, Michael: Umweltrecht, 2. Aufl. München 1998, zit.: *Kloepfer*, Umweltrecht.

- *ders.*: Die Europäische Herausforderung – Spannungslagen zwischen deutschem und europäischem Umweltrecht, in: Neue Zeitschrift für Verwaltungsrecht 2002, 645ff.
Klüpfel, Karin: Zur Anfechtbarkeit von Richtlinien durch nicht-privilegierte Kläger – Anmerkungen zu EuGH, EuZW 1996, 218 – Asocarne/Rat, in: Europäische Zeitschrift für Wirtschaftsrecht 1996, 393ff.
Knopp, Günther-Michael: Die künftige Europäische Wasserrahmenrichtlinie – Der deutsche Beitrag zur Entstehung und die deutsche Position zum Inhalt, in: Zeitschrift für Wasserrecht 1999, 257ff.
Koch, Hans-Joachim/*Siebel-Huffmann*: Das Artikelgesetz zur Umsetzung der UVP-Änderungsrichtlinie, der IVU-Richtlinie und weiterer Umweltschutzrichtlinien, in: Neue Zeitschrift für Verwaltungsrecht 2001, 1081ff.
König, Christian: Bedürfen die Bundesländer einer institutionellen Hilfestellung beim Verwaltungsvollzug von Europäischem Gemeinschaftsrecht?, in: Deutsches Verwaltungsblatt 1997, 581ff.
Kokott, Juliane: Europäisierung des Verwaltungsprozessrechts, in: Die Verwaltung 1998, 335ff.
Kopp, Ferdinand/*Schenke*, Wolf-Rüdiger: Verwaltungsgerichtsordnung, 12., neubearb. Aufl. München 2000, zit.: Kopp/Schenke, VwGO.
Krämer, Ludwig: Zur innerstaatlichen Wirkung von Umwelt-Richtlinien der EWG, in: Wirtschaft und Verwaltung 1990, 138ff.
- *ders.*: Direct Effect of EC Environmental Law, in: *Somsen*, Han (Hrsg.): Protecting the European Environment: Enforcing EC Environmental Law, 1. Aufl. London 1996, S. 99ff., zit.: *Krämer*, in: Somsen, Protecting the European Environment.
Krautzberger, Michael/*Stemmler*, Johannes: Die Neuregelung der UVP in der Bebauungsplanung durch die UVPG-Novelle 2001, in: Umwelt- und Planungsrecht 2001, 241ff.
Krebs, Walter: Verwaltungskontrolle durch Verwaltungsgerichte? Zu den Grenzen der Verwendung der Verwaltungsgerichtsbarkeit als Instrument der Verwaltungskontrolle, in: Die Verwaltung 1988, 155ff.
Kühling, Jürgen/*Röckinghausen*, Marc: Legislative Umsetzungsdefizite und exekutive Schadensbegrenzung – Zur (in)direkten Wirkung der IVU-Richtlinie in Deutschland, in: Deutsches Verwaltungsblatt 1999, 1614ff.
Lackhoff, Klaus/*Nyssens*, Harold: Direct Effect of Directives in Triangular Situations, in: European Law Review 1998, 397ff.
Langenfeld, Christine: Zur Direktwirkung von EG-Richtlinien, in: Die Öffentliche Verwaltung 1992, 955ff.
Leitao, A.R.: L'effet direct des directives: une mythification?, in: Revue trimestrielle de droit européen 1981, 17ff.

Lenaerts, Koen/*Arts*, Dirk/*Bray*, Robert: Procedural Law of the European Union, 1. Aufl. London 1999, zit.: *Lenaerts/Arts/Bray*, Procedural Law of the EU.

Lenaerts, Koen/*van Nuffel*, Piet/*Bray*, Robert: Constitutional Law of the European Union, 1. Aufl. London 1999, zit.: *Lenaerts/van Nuffel/Bray*, Constitutional Law of the EU.

Lenz, Carl Otto: Entwicklung und unmittelbare Geltung des Gemeinschaftsrechts, in: Deutsches Verwaltungsblatt 1990, 903ff.

- *ders*.: Zur horizontalen Anwendbarkeit von Richtlinien, in: *Rodriguez Iglesias*, Gil Carlos/*Due*, Ole/*Schintgen*, Roman/*Elsen*, Charles (Hrsg.): Mélanges en hommage à Fernand Schockweiler, Baden-Baden 1999, S. 371ff., zit.: *Lenz*, in: Mélanges Schockweiler.

Lenz, Miriam/*Sif Tynes*, Dóra/*Young*, Lorna: Horizontal What? Back to Basics, in: European Law Review 2000, 509ff.

Leonard, Axel: Die Rechtsfolgen der Nichtumsetzung von EG-Richtlinien: unter besonderer Berücksichtigung der Staatshaftungs- sowie der Normenerlassklage (Schriftenreihe: Europäische Hochschulschriften – Reihe 2, Rechtswissenschaft; Bd. 2186), Frankfurt/a.M. u.a.1997, zit.: *Leonard*, Rechtsfolgen der Nichtumsetzung von EG-Richtlinien.

Lindseth, Peter L.: Democratic Legitimacy and the Administrative Character of Supranationalism: The Example of the European Community, in: Columbia Law Review (Vol. 99) 1999, 628ff.

Manin, Philippe: L'invocabilité des directives: Quelques interrogations, in: Revue trimestrielle de droit européen 1990, 669ff.

Mastroianni, Roberto: On the Distinction between Vertical and Horizontal Direct Effects of Community Directives: What Role for the Principle of Equality?, in: European Public Law 1999, 417ff.

Maurer, Hartmut: Allgemeines Verwaltungsrecht, 13., überarb. und erg. Aufl. München 2000, zit.: *Maurer*, Allgemeines Verwaltungsrecht.

Mead, Philip: The Obligation to apply European Law: is Duke dead?, in: European Law Review 1991, 490ff.

Mecklenburg, Wilhelm: Anmerkungen zur Rechtsfigur des potentiellen FFH-Gebietes, in: Umwelt- und Planungsrecht 2002, 124ff.

Merten, Detlef: Bestandskraft von Verwaltungsakten, in: Neue Juristische Wochenschrift 1983, 1993ff.

Michaelis, Lars Oliver: Unmittelbare Drittwirkung der Grundfreiheiten – Zum Fall Angonese, in: Neue Juristische Wochenschrift 2001, 1841ff.

Middecke, Andreas: Nationaler Umweltschutz im Binnenmarkt – Rechtliche Möglichkeiten und Grenzen umweltrelevanter Alleingänge im Verhältnis zum freien Warenverkehr (Schriftenreihe: Schriften zum deutschen und europäischen Umweltrecht; Bd. 3), Berlin u.a. 1994, zit.: *Middecke*, Nationaler Umweltschutz im Binnenmarkt.

Moench, Christoph/*Sandner*, Wolfram: Rechtsschutz vor deutschen Gerichten – § 46, in: *Rengeling*, Hans-Werner (Hrsg.): Handbuch zum europäischen und deutschen Umweltrecht – Eine systematische Darstellung des europäischen Umweltrechts mit seinen Auswirkungen auf das deutsche Recht und mit rechtspolitischen Perspektiven – Bd. I (Allgemeines Umweltrecht), 1. Aufl. Köln u.a., zit.: *Moench/Sandner*, in: *Rengeling*, Hdb. zum europ. und dt. UmweltR I.

Molkenbur, Gerhard: Gemeinschaftsrecht und Normenharmonisierung im Baurecht (Schriftenreihe: Beiträge zum Siedlungs- und Wohnungswesen und zur Raumplanung; Bd. 136), Münster 1991, zit.: *Molkenbur*, Normenharmonisierung.

Nettesheim, Martin: Der Grundsatz der einheitlichen Wirksamkeit des Gemeinschaftsrechts, in: *Randelzhofer*, Albrecht/*Scholz*, Ruppert/*Wilke*, Dieter (Hrsg.): Gedächtnisschrift für Eberhard Grabitz, München 1995, S. 447ff., zit.: *Nettesheim*, in: FS Grabitz.

- *ders*.: Die mitgliedstaatliche Durchführung von EG-Richtlinien: eine Untersuchung am Beispiel der Luftqualitätsrahmenrichtlinie, Umweltbundesamt (Hrsg.), Berlin 1999, zit.: *Nettesheim*, Die mitgliedstaatliche Durchführung von EG-Richtlinien.

Nicklas, Cornelia: Implementationsprobleme des EG-Umweltrechts: Unter besonderer Berücksichtigung der Luftreinhalterichtlinien (Schriftenreihe: Frankfurter Schriften zum Umweltrecht; Bd. 17), Baden-Baden 1997, zit.: *Nicklas*, Implementationsprobleme.

Nicolaysen, Gert: Richtlinienwirkung und Gleichbehandlung von Männern und Frauen beim Zugang zum Beruf – Besprechung der EuGH-Urteile vom 10. 4. 1984 – Rs. 14/83 und Rs. 79/83, in: Europarecht 1984, 380ff.

Oldenbourg, Andreas: Die unmittelbare Wirkung von EG-Richtlinien im innerstaatlichen Bereich (Schriftenreihe: Europarecht – Völkerrecht; Bd. 2); München 1984, zit.: *Oldenbourg*, Unmittelbare Wirkung von EG-Richtlinien.

Oppermann, Thomas, Europarecht, 2., vollst. überarb. Aufl., München 1999.

Otto, Sandra: Die UVP-Änderungsrichtlinie und IVU-Richtlinie der EU: Probleme aus der Nichtumsetzung nach Ablauf der Fristen, in: Neue Zeitschrift für Verwaltungsrecht 2000, 531ff.

Pache, Eckhard: Tatbestandliche Abwägung und Beurteilungsspielraum: zur Einheitlichkeit administrativer Entscheidungsfreiräume und zu deren Konsequenzen im verwaltungsgerichtlichen Verfahren (Schriftenreihe: Jus publicum; Bd. 76); Tübingen 2001, zit.: *Pache*, Tatbestandliche Abwägung und Beurteilungsspielraum.

Pagh, Peter: „Direct Effect Doctrine“ in EC Environmental Law, in: Nordic Journal of International Law (Vol. 64) 1995, 23ff.

Papier, Hans-Jürgen: Direkte Wirkung von Richtlinien der EG im Umwelt- und Technikrecht – Verwaltungsrechtliche Probleme des nationalen Vollzuges, in: Deutsches Verwaltungsblatt 1993, 809ff.

- *ders*.: Umweltverträglichkeitsprüfung und Gemeinschaftsrecht, in: *Wendt*, Rudolf/*Höfling*, Wolfram/*Karpen*, Ulrich/*Oldiges*, Martin (Hrsg.): Staat – Wirtschaft – Steuern – Festschrift für Karl Heinrich Friauf zum 65. Geburtstag, Heidelberg 1996, S. 105ff., zit.: *Papier*, in: FS Friauf.

Pechstein, Matthias: Die Anerkennung der rein objektiven unmittelbaren Richtlinienwirkung – Anmerkung zum UVP-Urteil des EuGH, in: Europäisches Wirtschafts- & Steuerrecht 1996, 261ff.

Pernice, Ingolf: Gestaltung und Vollzug des Umweltrechts im europäischen Binnenmarkt – Europäische Impulse und Zwänge für das deutsche Umweltrecht, in: Neue Zeitschrift für Verwaltungsrecht 1990, 414ff.

- *ders*.: Kriterien der normativen Umsetzung von Umweltrichtlinien der EG im Lichte der Rechtsprechung des EuGH, in: Europarecht 1994, 325ff.

Pernice, Ingolf/*Kadelbach*, Stefan: Verfahren und Sanktionen im Wirtschaftsverwaltungsrecht, in: Deutsches Verwaltungsblatt 1996, 1100ff.

Peters, Heinz-Joachim: Zur Direktwirkung der geänderten UVP-Richtlinie der Europäischen Union, in: Umwelt- und Planungsrecht 2000, 172ff.

Pieper, Ulrich: Die Direktwirkung von Richtlinien der Europäischen Gemeinschaft – Zum Stand der Entwicklung, in: Deutsches Verwaltungsblatt 1990, 684ff.

Pietzner, Rainer/*Ronellenfitsch*, Michael: Das Assessorexamen im Öffentlichen Recht – Widerspruchsverfahren und Verwaltungsprozess, 10., neubearb. und erw. Aufl. Düsseldorf 2000, zit.: *Pietzner/Ronellenfitsch*, Assessorexamen im Öffentlichen Recht.

Prechal, Sacha: Remedies after Marshall, in: Common Market Law Review 1990, 451ff.

- *dies*.: Directives in European Community Law – a Study of Directives and their Enforcement in National Courts, 1. Aufl. Oxford 1995, zit.: *Prechal*, Directives in EC Law.

- *dies*.: EC Requirements for an Effective Remedy, in: *Lombay*, Julian/*Biondi*, Andrea (Hrsg.): Remedies for Breach of EC Law, Chichester u.a. 1997, S. 3ff., zit.: *Prechal*, in: *Lonbay/Biondi*, Remedies for Breach of EC Law.

- *dies*.: Community Law in National Courts: the Lessons from Van Schijndel, in: Common Market Law Review 1998, 681ff.

- *dies*.: Does Direct Effect still matter?, in: Common Market Law Review 2000, 1047ff.

Pühs, Wolfgang: Der Vollzug von Gemeinschaftsrecht: Formen und Grenzen eines effektiven Gemeinschaftsrechtsvollzugs und Überlegungen zu seiner Effektuierung (Schriftenreihe: Schriften zum europäischen Recht; Bd. 39), Berlin 1997, zit.: *Pühs*, Vollzug von Gemeinschaftsrecht.

Raubenheimer, Andreas: The possible Effects of EU Directives on Relations between Individuals, in: International Review of Industrial Property and Copyright 1997, 191ff.

Reinhardt, Michael: Bewirtschaftungsplanung im Wasserrecht, in: Zeitschrift für Wasserrecht 1999, 300ff.

- *ders.*: Wasserrechtliche Richtlinientransformation zwischen Gewässerschutzrichtlinie und Wasserrahmenrichtlinie, in: Deutsches Verwaltungsblatt 2001, 145ff.

Rengeling, Hans-Werner: Deutsches und europäisches Verwaltungsrecht – wechselseitige Einwirkungen, in: Veröffentlichungen der Vereinigung der Deutschen Staatsrechtslehrer 1994, S. 202ff.

- *ders.*/*Middecke*, Andreas/*Gellermann*, Martin: Rechtsschutz in der Europäischen Union – Durchsetzung des Gemeinschaftsrechts vor europäischen und deutschen Gerichten (Schriftenreihe der Neuen Juristischen Wochenschrift; Heft 56), 1. Aufl. München 1994, zit.: *Rengeling/Middecke/Gellermann*, Rechtsschutz in der EU.

Renke, Ilona: EG-Richtlinien und verwaltungsgerichtlicher Rechtsschutz – unter besonderer Berücksichtigung des Umweltrechts, Darmstadt 1999, zit.: Renke, EG-Richtlinien und verwaltungsgerichtlicher Rechtsschutz.

Richter, Stefan: Die unmittelbare Wirkung von EG-Richtlinien zu Lasten Einzelner – Zu den EuGH-Urteilen, Rs. 80/86-Kolpinghuis und Rs. 152/84-Marshall, in: Europarecht 1988, 394ff.

Röben, Volker: Die Einwirkung der Rechtsprechung des Europäischen Gerichtshofes auf das mitgliedstaatliche Verfahren in öffentlich-rechtlichen Streitigkeiten (Schriftenreihe: Beiträge zum ausländischen öffentlichen Recht und Völkerrecht; Bd. 133), Berlin 1998, zit.: *Röben*, Einwirkung der Rechtsprechung des EuGH.

Rörig, Ursula: Die Direktwirkung von Richtlinien in Privatrechtsverhältnissen – Eine Abgrenzung der richtlinienkonformen Auslegung vom Phänomen der Direktwirkung (Schriftenreihe des Zentrums für Europäische Rechtspolitik an der Universität Bremen; Bd. 37), Baden-Baden 2001, zit.: *Rörig*, Direktwirkung von Richtlinien in Privatrechtsverhältnissen.

Royla, Pascal/*Lackhoff*, Klaus: Die innerstaatliche Beachtlichkeit von EG-Richtlinien und das Gesetzmäßigkeitsprinzip, in: Deutsches Verwaltungsblatt 1998, 1116ff.

Ruchay, Dietrich: Die Wasserrahmenrichtlinie der EG und ihre Konsequenzen für das deutsche Wasserrecht, in: Zeitschrift für Umweltrecht 2001, 115ff.
Ruffert, Matthias: Subjektive Rechte im Umweltrecht der Europäischen Gemeinschaft – Unter besonderer Berücksichtigung ihrer prozessualen Durchsetzung (Schriftenreihe: Umwelt- und Technikrecht; Bd. 33), Heidelberg 1996, zit.: *Ruffert*, Subjektive Rechte im Umweltrecht der EG.
- *ders.*: Subjektive Rechte und unmittelbare Wirkung von EG-Umweltschutzrichtlinien, in: Zeitschrift für Umweltrecht 1996, 235ff.
- *ders.*: Rights and Remedies in European Community Law: A Comparative View, in: Common Market Law Review, 1997, 307ff.
- *ders.*: Dogmatik und Praxis des subjektiv-öffentlichen Rechts unter dem Einfluss des Gemeinschaftsrechts, in: Deutsches Verwaltungsblatt 1998, 69ff.
- *ders.*: Art. 249 EG-Vertrag, in: *Callies*, Christian/*Ruffert*, Matthias (Hrsg.), Kommentar des Vertrages über die Europäische Union und des Vertrages zur Gründung der Europäischen Gemeinschaft, 1. Aufl. Neuwied 1999, zit.: *Ruffert*, in: *Callies/Ruffert*, EUV/EGV.
Ruthig, Josef: Transformiertes Gemeinschaftsrecht und die Klagebefugnis des § 42 Abs.2 VwGO, in: Bayerische Verwaltungsblätter 1997, 289ff.
Sach, Karsten: Kontrolle der Durchführung und der Beachtung von Gemeinschaftsrecht, in: *Rengeling*, Hans-Werner (Hrsg.), Handbuch zum europäischen und deutschen Umweltrecht – Eine systematische Darstellung des europäischen Umweltrechts mit seinen Auswirkungen auf das deutsche Recht und mit rechtspolitischen Perspektiven – Bd. I (Allgemeines Umweltrecht), 1. Aufl. Köln u.a. 1998, S. 1477ff. (§ 44), zit.: *Sach*, in: *Rengeling*, Hdb. zum europ. und dt. UmweltR I.
Scherzberg, Arno: Die innerstaatlichen Wirkungen von EG-Richtlinien, in: JURA 1993, 225ff.
Scheuing, Dieter H.: Instrumente zur Durchführung des Europäischen Umweltrechts, in: Neue Zeitschrift für Verwaltungsrecht 1999, 475ff.
Schilling, Theodor: Bestand und allgemeine Lehren der bürgerschützenden allgemeinen Rechtsgrundsätze des Gemeinschaftsrechts, in: Europäische Grundrechte Zeitschrift 2000, 3ff.
Schink, Alexander: Folgen der EG-Rechtswidrigkeit der Übergangsvorschriften zum UVP- Gesetz, in: Neue Zeitschrift für Verwaltungsrecht 1995, 953ff.
- *ders.*: Die Umweltverträglichkeitsprüfung – offene Kompetenzfragen, in: Deutsches Verwaltungsblatt 2001, 321ff.
Schmalholz, Michael: Die EU-Wasserrahmenrichtlinie – „Der Schweizer Käse“ im europäischen Gewässerschutz?, in: Zeitschrift für Wasserrecht 2001, 69ff.

Schmidt, Jörg: § 113 VwGO, in: *Eyermann*, Erich: Verwaltungsgerichtsordnung-Kommentar, 11. Aufl. München 2000, zit.: *Schmidt*, in: *Eyermann*, VwGO-Kommentar.

Schmidt-Aßmann, Eberhard: Deutsches und Europäisches Verwaltungsrecht – Wechselseitige Einwirkungen, in: Deutsches Verwaltungsblatt 1997, 281ff.

- *ders.*: Die Kontrolldichte der Verwaltungsgerichte: Verfassungsgerichtliche Vorgaben und Perspektiven, in: Deutsches Verwaltungsblatt 1997, 281ff.

- *ders./Ladenburger*, Clemens: Umweltverfahrensrecht, in: *Rengeling*, Hans-Werner (Hrsg.): Handbuch zum europäischen und deutschen Umweltrecht – Eine systematische Darstellung des europäischen Umweltrechts mit seinen Auswirkungen auf das deutsche Recht und mit rechtspolitischen Perspektiven – Bd. I (Allgemeines Umweltrecht), 1. Aufl. Köln u.a. 1998, S. 500ff. (§ 18), zit.: *Schmidt-Aßmann/Ladenburger*, in: *Rengeling*, Hdb. zum europ. und dt. UmweltR I.

- *ders.*: Strukturen des Europäischen Verwaltungsrechts: Einleitende Problemskizze, in: *Schmidt-Aßmann*, Eberhard/*Hoffmann-Riem*, Wolfgang (Hrsg.): Strukturen des Europäischen Verwaltungsrechts (Schriftenreihe: Schriften zur Reform des Verwaltungsrechts; Bd. 6), 1. Aufl. Baden-Baden 1999, S. 9ff., zit.: *Schmidt-Aßmann*, in: *ders./Hoffmann-Riem*, Strukturen des Europäischen Verwaltungsrechts.

Schmidt-Preuß, Matthias: Kollidierende Privatinteressen im Verwaltungsrecht – Das subjektive öffentliche Recht im multipolaren Verwaltungsrechtsverhältnis, Berlin 1992, zit.: *Schmidt-Preuß*, Kollidierende Privatinteressen im Verwaltungsrecht.

- *ders.*: Der verfahrensrechtliche Charakter der Umweltverträglichkeitsprüfung, in: Deutsches Verwaltungsblatt 1995, 485ff.

- *ders.*: Integrative Anforderungen an das Verfahren der Vorhabenzulassung – Anwendung und Umsetzung der IVU-Richtlinie, Neue Zeitschrift für Verwaltungsrecht 2000, 252ff.

- *ders.*: Die Entwicklung des deutschen Umweltrechts als verfassungsgeleitete Umsetzung der Maßgaben supra- und internationaler Umweltpolitik, in: Juristenzeitung 2000, 581ff.

- *ders.*: Fachplanung und subjektiv-rechtliche Konfliktschlichtung, in: *Erbguth*, Wilfried/*Oebbecke*, Janbernd/*Rengeling*, Hans-Werner/*Schulte*, Martin (Hrsg.): Planung – Festschrift für Werner Hoppe zum 70. Geburtstag, München 2000, S. 1071ff., zit.: *Schmidt-Preuß*, in: FS Hoppe.

Schneider, Jens-Peter: Effektiver Rechtsschutz Privater gegen EG-Richtlinien nach dem Maastricht-Urteil des Bundesverfassungsgerichts, in: Archiv des öffentlichen Recht 1994, 294ff.

Schoch, Friedrich: Europäisierung des deutschen Verwaltungsrechts, in: *ders.* (Hrsg.): Das Verwaltungsrecht als Element der europäischen Integration – Referate und Diskussionsbeiträge des Neunten Deutsch-Polnischen Verwaltungskolloquiums vom 5. – 10. September 1994 in Tübingen, Tübingen 1994, S. 13ff., zit.: *Schoch*, in: *ders.*, Verwaltungsrecht als Element der europäischen Integration.
- *ders.*: Die europäische Perspektive des Verwaltungsverfahrens- und Verwaltungsprozessrechts, in: *Schmidt-Aßmann*, Eberhard/*Hoffmann-Riem*, Wolfgang: Strukturen des Europäischen Verwaltungsrechts (Schriftenreihe: Schriften zur Reform des Verwaltungsrechts; Bd. 6), Baden-Baden 1999, S. 279ff., zit.: *Schoch*, in: *Schmidt-Aßmann/Hoffmann-Riem*, Strukturen des Europäischen Verwaltungsrechts.
- *ders.*: Individualrechtsschutz im deutschen Umweltrecht unter dem Einfluss des Gemeinschaftsrechts, in: Neue Zeitschrift für Verwaltungsrecht 1999, 457ff.

Schockweiler, Fernand: Der Schadensersatzanspruch gegenüber dem Staat: Eine vollwertige Alternative zur „horizontalen Wirkung" von nicht fristgemäß umgesetzten Richtlinien?, in: *Due*, Ole (Hrsg.): Festschrift für Ulrich Everling – Bd. 2, Baden-Baden 1995, S. 1315ff., zit.: *Schockweiler*, in: FS Everling Bd. 2.

Schwartmann, Rolf/*Maus*, Moritz: Die Richtlinie 96/61/EG des Rates vom 24. 9. 1996 (IVU-Richtlinie) und Konsequenzen ihrer fehlenden Umsetzung in das innerstaatliche Recht, in: Europäische Zeitschrift für Wirtschaftsrecht 2000, 74ff.

Schwarze, Jürgen: Europäisches Verwaltungsrecht: Entstehung und Entwicklung im Rahmen der Europäischen Gemeinschaften (Bd. 1 und 2), 1. Aufl. Baden-Baden 1988, zit.: *Schwarze*, Europäisches Verwaltungsrecht.
- *ders.*: Konvergenz im Verwaltungsrecht der EU-Mitgliedstaaten – Zugleich ein Beitrag zu Chancen und Risiken der Kodifikation allgemeiner Grundsätze des indirekten Vollzuges von Gemeinschaftsrecht, in: Deutsches Verwaltungsblatt 1996, 881ff.
- *ders.*: Europäische Rahmenbedingungen für die Verwaltungsgerichtsbarkeit, in: Neue Zeitschrift für Verwaltungsrecht 2000, 241ff.
- *ders.*: Die Vergabe öffentlicher Aufträge im Lichte des europäischen Wirtschaftsrechts, in: Europäische Zeitschrift für Wirtschaftsrecht 2000, 133ff.

Seidel, Gerd: Handbuch der Grund- und Menschenrechte auf staatlicher, europäischer und universeller Ebene: Eine vergleichende Darstellung der Grund- und Menschenrechte des deutschen Grundgesetzes, der europäischen Menschenrechtskonvention von 1950 und des Internationalen Pakts über bürgerliche und politische Rechte von 1966 sowie der Entscheidungspraxis des Bun-

desverfassungsgerichts und der zuständigen Vertragsorgane, 1. Aufl. Baden-Baden 1996, zit.: *Seidel*, Handbuch der Grund- und Menschenrechte.
Seidel, Wolfgang: Die geplante Wasserrahmenrichtlinie der Europäischen Gemeinschaft, in: Umwelt- und Planungsrecht 1998, 430ff.
Sendler, Horst: Deutsche Schwierigkeiten mit dem EG-Recht – Zur Misere der Umsetzung von EG-Umweltschutz-Richtlinien, in: Neue Juristische Wochenschrift 2000, 2871ff.
Simon, Denys: La directive européenne, 1. Aufl. Éditions Dalloz Paris 1997, zit.: *Simon*, La directive européenne.
Singer, J. David: The Level-of-Analysis Problem in International Relations, in: *Knorr*, Klaus/*Verba*, Sidney (Hrsg.): The International System – Theoretical Essays, Princeton 1961, zit.: *Singer*, in: *Knorr/Verba*, The International System.
Somsen, Han: Francovich and its Application to EC Environmental Law, in: *ders.* (Hrsg.): Protecting the European Environment: Enforcing EC Environmental Law, 1. Aufl. London 1996, S. 135ff., zit.: *Somsen*, in: *ders.*: Protecting the European Environment.
Stadie, Holger: Unmittelbare Wirkung von EG-Richtlinien und Bestandskraft von Verwaltungsakten, in: Neue Zeitschrift für Verwaltungsrecht 1994, 435ff.
Staupe, Jürgen: Anwendung der UVP-Änderungsrichtlinie nach Ablauf der Umsetzungsfrist, in: Neue Zeitschrift für Verwaltungsrecht 2000, 508ff.
- *ders.*: Die vollständige Koordination des Behördenhandelns gemäß IVU-Richtlinie, in: Zeitschrift für Umweltrecht 2000, 368ff.
Steinberg, Rudolf: Probleme der Europäisierung des deutschen Umweltrechts, in: Archiv des Öffentlichen Rechts 1995, 549ff.
- *ders.*: Chancen zur Effektuierung der Umweltverträglichkeitsprüfung durch die Gerichte?, in: Die Öffentliche Verwaltung 1996, 221ff.
Steiner, Josephine: Direct Applicability in EEC Law – A Chameleon Concept, in: The Law Quarterly Review (Vol. 98) 1982, 229ff.
Stollberg, Jules: Urteilsanmerkung zu den Rechtssachen C-192/94, El Corte Inglés; C-129/94, Rafael Ruiz Bernáldez und C-441/93, Panagis Pafitis, in: Common Market Law Review 1996, 1261ff.
Streinz, Rudolf/*Leible*, Stefan: Die unmittelbare Drittwirkung der Grundfreiheiten, in: Europäische Zeitschrift für Wirtschaftsrecht 2000, 459ff.
Suerbaum, Joachim: Die Europäisierung des nationalen Verwaltungsrechts am Beispiel der Rückabwicklung gemeinschafsrechtswidriger Beihilfen, in: Verwaltungsarchiv 2000, 169ff
Timmermans, Christiaan: Directives: Their Effect within the National Legal Systems, in: Common Market Law Review 1979, 533ff.

- *ders.*: Community Directives Revisited, in: Yearbook of European Law (Vol. 17) 1997, 1ff.
Triantafyllou, Dimitris: Vom Vertrags- zum Gesetzesvorbehalt (Schriftenreihe: Europäisches Recht, Politik und Wirtschaft; Bd. 180), Baden-Baden 1996.
- *ders.*: Zur Europäisierung des subjektiven öffentlichen Rechts, in: Die Öffentliche Verwaltung 1997, 192ff.
Ukrow, Jörg: Unmittelbare Wirkung von Richtlinien und gemeinschaftsrechtliche Staatshaftung nach Maastricht, in: Neue Juristische Wochenschrift 1994, 2469ff.
van Gerven, Walter: Of Rights, Remedies and Procedures, in: Common Market Law Review 2000, 501ff.
von Burchard, Friedrich: Unzulässigkeit einer Individualklage gegen Richtlinien – Urteilsanmerkung zur Rs. T-99/94 – Asocarne/Rat, in: Europäische Zeitschrift für Wirtschaftsrecht 1995, 254 (255f.).
von Danwitz, Thomas: Die Garantie effektiven Rechtsschutzes im Recht der Europäischen Gemeinschaft – Zur Verbesserung des Individualrechtsschutzes vor dem EuGH, in: Neue Juristische Wochenschrift 1993, 1108ff.
- *ders.*: Zur Grundlegung einer Theorie der subjektiv-öffentlichen Gemeinschaftsrechte, in: Die Öffentliche Verwaltung 1996, 481ff.
Waelbroeck, Michel: L'immédiateté communautaire, caractéristique de la supranationalité: quelques conséquences pour la pratique, in: Le droit international demain – International Law Tomorrow (collection de travaux publiés par la faculté de droit et des sciences économiques de l'Université de Neuchatel, série juridique N° 8), Neuchatel 1974, S. 85ff., zit.: *Waelbroeck*, in: Le droit international demain.
Wahl, Rainer: Materiell-integrative Anforderungen an die Vorhabenzulassung – Anwendung und Umsetzung der IVU-Richtlinie, in: Neue Zeitschrift für Verwaltungsrecht 2000, 502ff.
- *ders./Schütz*: § 42 Abs. 2 VwGO, in: *Schoch*, Friedrich/*Schmidt-Aßmann*, Eberhard/*Pietzner*, Rainer (Hrsg.), Verwaltungsgerichtsordnung Kommentar – Bd. 1, Stand: Juni 2001, zit.: *Wahl/Schütz*, in: *Schoch/Schmidt-Aßmann/Pietzner*, VwGO – Bd. 1.
Wasielewski, Andreas: Stand der Umsetzung der UVP-Änderungs- und der IVU-Richtlinie, in: Neue Zeitschrift für Verwaltungsrecht 2000, 15ff.
Weber, Albrecht/*Hellmann*, Ulrich: Das Gesetz über die Umweltverträglichkeitsprüfung (UVP-Gesetz), in: Neue Juristische Wochenschrift 1990, 1625ff.
Wegener, Bernhard W.: Vollzugskontrolle durch Klagerechte vor mitgliedstaatlichen Gerichten, in: *Lübbe-Wolff*, Gertrude (Hrsg.): Der Vollzug des europäischen Umweltrechts (Schriftenreihe: Umweltrecht; Bd. 1), Berlin 1996, S.

145ff., zit.: *Wegener*, in: *Lübbe-Wolff*, Vollzug des europäischen Umweltrechts.

Wernicke, Stephan: Die Privatwirkung im Europäischen Gemeinschaftsrecht: Strukturen und Kategorien der Pflichtenstellungen Privater aus dem primären Gemeinschaftsrecht unter besonderer Berücksichtigung der Privatisierungsfolgen (Schriftenreihe Europäisches Verfassungsrecht; Bd. 9), Baden-Baden 2002, zit.: *Wernicke*, Privatwirkung im Europäischen Gemeinschaftsrecht.

Wilrich, Thomas: Vereinsbeteiligung und Vereinsklage im neuen Bundesnaturschutzgesetz, Deutsches Verwaltungsblatt 2002, 872ff.

Winter, Gerd: Die Vereinbarkeit des Gesetzentwurfes der Bundesregierung über die Umweltverträglichkeitsprüfung vom 29. 6. 1988 mit der EG-Richtlinie 85/337 und die Direktwirkung dieser Richtlinie, in: Natur und Recht 1989, 197ff.

- *ders.*: Direktwirkung von EG-Richtlinien, in: Deutsches Verwaltungsblatt 1991, 657ff.
- *ders.*: Rechtsschutz gegen Behörden, die Umweltrichtlinien der EG nicht beachten, in: Natur und Recht 1991, 453ff.
- *ders.*: Individualrechtsschutz im deutschen Umweltrecht unter dem Einfluss des Gemeinschaftsrechts, in: Neue Zeitschrift für Verwaltungsrecht 1999, 467ff.

Winter, J.A.: Direct Applicability and Direct Effects – Two Distinct and Different Concepts in Community Law, in: Common Market Law Review 1970, 425ff.

Wyatt, Derrick: Litigating Community Environmental Law – Thoughts on the Direct Effect Doctrine, in: Journal of Environmental Law (Vol. 10) 1998, 9ff.

Zuleeg, Manfred: Umweltschutz in der Rechtsprechung des Europäischen Gerichtshofes, in: Neue Juristische Wochenschrift 1993, 31ff.

Philippe Gréciano

Die Anwendung des Europarechts im innerstaatlichen Bereich

Rechtsvergleichende Analyse: Österreich-Frankreich

Mit einem Vorwort von Theodor Öhlinger

Frankfurt/M., Berlin, Bern, Bruxelles, New York, Oxford, Wien, 2002. 278 S.
Europäische Hochschulschriften: Reihe 2, Rechtswissenschaft. Bd. 3392
ISBN 3-631-39378-4 · br. € 45.50*

Zum aktuellen Thema des Europarechts führt die Arbeit eine komparative Analyse in den unterschiedlichen Staatsorganisationen durch, insbesondere zwischen Bundesstaat und Zentralstaat. Der Vergleich konzentriert sich auf den Vorrang und die unmittelbare Anwendbarkeit des Gemeinschaftsrechts und den dadurch geschaffenen Rechtsschutz. Der Schwerpunkt der Problematik liegt bei der Implementierung und im Vollzug der supranationalen Rechtsakte, welche zu inhaltlichen, strukturellen und verfahrensrechtlichen Veränderungen der beiden Rechtsordnungen führen. Anpassungsfragen sind aufgeworfen, in erster Linie im Prozessrecht, wo oft wegen verschiedener Rechtskulturen und -traditionen noch keine einheitliche europäische Lösung gefunden wurde. Die Arbeit bietet Beispiele für die Problemlösung im österreichischen und französischen Streitverfahren.

Aus dem Inhalt: Vergleichendes Recht Österreich-Frankreich · Europarecht · Anwendung · Strukturelle und verfahrensrechtliche Veränderungen · Anpassungen im Prozessrecht · Verschiedene Rechtskulturen

Frankfurt/M · Berlin · Bern · Bruxelles · New York · Oxford · Wien
Auslieferung: Verlag Peter Lang AG
Moosstr. 1, CH-2542 Pieterlen
Telefax 00 41 (0) 32 / 376 17 27

*inklusive der in Deutschland gültigen Mehrwertsteuer
Preisänderungen vorbehalten

Homepage http://www.peterlang.de

FSC
www.fsc.org
MIX
Papier | Fördert gute Waldnutzung
FSC® C083411

Kolibri 360 GmbH
Ferdinand-Jühlke-Straße 7
99095 Erfurt, Deutschland
produktsicherheit@kolibri360.de

Druck:
CPI Druckdienstleistungen GmbH
im Auftrag der
Kolibri 360 GmbH
Ferdinand-Jühlke-Str. 7
99095 Erfurt